Ursula Müller

UNBEHINDERT ARBEITEN

Wie Menschen mit Behinderung
ihre Berufsziele erreichen

mandelbaum *verlag*

Gefördert aus Mitteln des Bundesministeriums für Arbeit, Soziales, Gesundheit und Konsumentenschutz

Bundesministerium
Arbeit, Soziales, Gesundheit
und Konsumentenschutz

Gefördert vom Dachverband berufliche Integration Austria

dabei
dachverband
berufliche integration
austria

mandelbaum.at • mandelbaum.de

ISBN 978-3-85476-579-0

Lektorat: Tanja Gausterer
Satz: Kevin Mitrega
Umschlag: Michael Baiculescu
Druck: Primerate, Budapest

INHALTSVERZEICHNIS

VORWORT

Martin Ladstätter

Arbeit ist mehr als Geldverdienen

Die Inklusion in das Arbeitsleben ist eine der Voraussetzungen für die Inklusion in der Gesellschaft. Beim Thema Arbeit geht es um mehr als um das Geldverdienen, Arbeit bedeutet, eine Aufgabe zu haben, sie bedeutet, etwas beitragen zu können und Teil eines sozialen Netzwerkes zu sein.

Menschen mit Behinderungen können und wollen arbeiten. Manche brauchen dafür Unterstützungsleistungen wie Persönliche Assistenz am Arbeitsplatz oder technische Hilfsmittel. Immer noch ist diese Personengruppe bei der Arbeitssuche benachteiligt. Vorurteile potentieller Arbeitgeberinnen bzw. Arbeitgeber führen oft dazu, dass sie nicht einmal die Chance auf ein persönliches Vorstellungsgespräch bekommen. Auch mangelnde Barrierefreiheit stellt ein Problem dar.

Die UN-Konvention als erster Schritt

Österreich hat 2008 die UN-Konvention über die Rechte von Menschen mit Behinderungen ratifiziert. Dieses Ereignis ist für uns zweifellos ein wichtiger Meilenstein, weil darin die Rechte von Menschen mit Behinderungen – auch im Arbeitsbereich – festgeschrieben wurden.

Doch sehen wir als Betroffene immer wieder, dass noch einiges zu tun ist, was die gesellschaftliche Teilhabe von Menschen mit Behinderungen betrifft. Wichtige Ressourcen werden gekürzt und Grundlagen für ein selbstbestimmtes Leben von Menschen mit Behinderungen in Frage gestellt.

Die Praxis zeigt auch, dass Gesetze und Konventionen wichtig sind, um sich darauf berufen zu können, aber für die tatsächliche Umsetzung der Forderungen nicht ausreichen. Teilhabe und Gleichberechtigung müssen ständig neu erkämpft werden und mit gesellschaftlichen Bedingungen mitwachsen.

Der Weg zur vollen Teilhabe ist ein Prozess, der in den Köpfen von Menschen beginnt. Häufig beginnt sie in den Köpfen jener Menschen, die sich mit bestimmten Lebensbedingungen nicht mehr abfinden wollen, die ihr Leben so leben wollen, wie sie es möchten und dazu dieselben Chancen und Möglichkeiten einfordern, wie sie Menschen ohne Behinderung haben. Ziel ist natürlich, dass der Mehrwert einer inklusiven Gesellschaft allgemein erkannt und dementsprechend gehandelt wird.

Wenn wir auf das Jahrzehnt zurückblicken, das seit der Ratifizierung der UN-Konvention über die Rechte von Menschen mit Behinderungen vergangen ist, sehen wir häufig nur das, was noch nicht umgesetzt wurde. Der kritische Blick zurück ist notwendig, um die gewünschten Verbesserungen zu erreichen. Der Blick nach vorne ist aber ebenso notwendig.

Wie könnte dieser Blick nach vorne aussehen? Er könnte darauf gerichtet sein, Menschen mit Behinderungen als Teil unserer Gesellschaft zu sehen. Diese neigt dazu, Menschen mit Behinderungen entweder als Opfer widriger Umstände, Bittsteller oder als medial aufgebauschte Heldinnen und Helden zu sehen. Solche Darstellungen sagen nichts über das wirkliche Leben und die Teilhabe dieser Personengruppe aus.

Die in diesem Buch beschriebenen Beispiele geben einen Einblick in gelebte Teilhabe. Vom Apotheker bis zur Umweltberaterin, all diese Menschen haben sich etwas aufgebaut und leben in der Mitte unserer Gesellschaft ein selbstbestimmtes Leben.

Diese Geschichten führen uns noch einmal vor Augen, warum es so wichtig ist, die Forderungen der UN-Konvention in die Tat umzusetzen. Denn fehlen die Rahmenbedingungen, verliert die Gesellschaft eine Menge Potenzial an Arbeitskraft, talentierten Menschen und kreativen Ideen. Vielfalt, die uns allen guttut.

Martin Ladstätter ist Journalist und Aktivist der Selbstbestimmt-Leben-Bewegung. Gemeinsam mit anderen hat er das erste Selbstbestimmt-Leben-Zentrum BIZEPS in Österreich gegründet. Die Mitarbeiterinnen und Mitarbeiter von BIZEPS setzen sich dafür ein, dass Menschen mit Behinderungen vollständig in die Gesellschaft inkludiert werden. Martin Ladstätter, der in verschiedenen Gremien tätig ist, ist seit dem Jahr 2008 Mitglied des Monitoringausschusses zur Umsetzung der UN-Konvention über die Rechte von Menschen mit Behinderungen.

EINLEITUNG

Alle Menschen sollen gleichberechtigt am gesellschaftlichen Leben teilhaben können. Alle Menschen haben ein Recht auf ein selbstbestimmtes Leben, ein Recht auf Arbeit und Bildung, heißt es im Übereinkommen über die Rechte von Menschen mit Behinderungen. Diese UN-Konvention ist am 26. Oktober 2008 in Österreich in Kraft getreten. Doch Menschen mit einer Behinderung, einer altersbedingten Beeinträchtigung oder einer chronischen Erkrankung finden sehr schwer eine existenzsichernde Erwerbsarbeit und sind in einem hohen Ausmaß von Armut, Diskriminierung und sozialer Exklusion bedroht.

Menschen mit Behinderung werden oft als bemitleidenswerte Geschöpfe oder tapfere Helden gesehen. Die »armen Hascherl« schaut man am besten gar nicht direkt an, Kinderfragen werden häufig schon im Keim erstickt. Die Siegerfiguren werden auf ein Podest gehoben, ihre Extremleistungen bewundert und beklatscht. Doch die meisten Menschen mit Behinderung wollen weder von oben herab bemitleidet noch von unten hinauf bestaunt werden, sondern wünschen sich, respektvoll und auf Augenhöhe behandelt zu werden. Sie möchten über sich selbst bestimmen und mitten in der Gesellschaft leben und arbeiten. Wunsch und Wirklichkeit liegen jedoch häufig weit auseinander. Viele erleben immer wieder, dass sie diskriminiert und bevormundet werden, dass sie zu wenig Geld zur Verfügung haben und keinen Job finden. Wie gelingt es, eine Beschäftigung zu bekommen und am allgemeinen Arbeitsmarkt Fuß zu fassen? Das vorliegende Buch und der dazugehörige Film *Unbehindert arbeiten – selbstbestimmt leben* von Stefan Bohun und Gregor Centner berichten darüber, wie Menschen mit Behinderung ihre Berufsziele erreichen.

Vorgesetzte und Beschäftigte wissen oft gar nicht, wie der konkrete Arbeitsalltag einer Person, die eine Behinderung hat, abläuft. Noch immer existieren zahlreiche Vorurteile und große Berührungsängste, wenn sich ein Mensch mit einer Beeinträchtigung um eine Arbeitsstelle bewirbt.

Die positiven Beispiele sollen Unternehmerinnen und Unternehmer motivieren, das Potential von Menschen mit Behinderungen zu erkennen und zu nutzen, ihr Augenmerk auf die Fähigkeiten und Fertigkeiten zu legen und Bewerberinnen und Bewerber, die eine Beeinträchtigung haben, einzustellen. Diese gelungenen Arbeitsbiografien sollen aber auch jene Jobsuchenden unterstützen und ermutigen, die auf dem Arbeitsmarkt aufgrund einer Behinderung eingeschränkte Vermittlungschancen haben und sollen Beschäftigten die Angst vor einer Kollegin oder einem Kollegen mit einer Einschränkung nehmen.

Gezeigt werden soll, wie Inklusion am Arbeitsmarkt in Österreich gelingt, wie Chancengleichheit und Barrierefreiheit umgesetzt und auftretende Probleme gelöst und Schwierigkeiten überwunden werden. Es werden Menschen mit ganz unterschiedlicher Herkunft, Bildung und Berufstätigkeit porträtiert. Außerdem werden wichtige Interessensvertretungen vorgestellt, die sich für die berufliche Integration von Personen mit einer Beeinträchtigung engagieren, sowie die Unternehmensberatung myAbility, die Führungskräfte dabei unterstützt, ihr Unternehmen barrierefrei und inklusiv zu gestalten, und die Initiative Zero Project, die sich für eine Welt ohne Barrieren engagiert. Es wird der Frage nachgegangen, unter welchen Voraussetzungen die Arbeitssuche und berufliche Tätigkeit erfolgreich verlaufen, welche Hilfestellungen und Hilfsmittel im konkreten Fall erforderlich sind, wie Vorgesetzte und Teammitglieder reagieren und wie auftretende Probleme gelöst werden.

Buch und Film wollen Anschauungsmaterial und einen konkreten Leitfaden für Vorgesetzte, Beschäftigte und Arbeitssuchende bieten und zeigen, wie Frauen und Männer mit einer Beeinträchtigung ihre Berufstätigkeit kompetenzorientiert und leistungsstark ausüben, wenn vorhandene Qualifikationen und notwendige Assistenzleistungen in den Mittelpunkt gestellt werden und nicht Vorurteile, Ablehnung und diskriminierendes Verhalten dominieren. In Wort und Bild wird sichtbar gemacht, dass eine inklusive und zukunftsorientierte Beschäftigungspolitik bereits heute möglich und erfolgreich ist. Es soll dazu beigetragen werden, dass die Teilnahme von Menschen mit Behinderungen am Arbeitsmarkt und somit die Teilhabe an vielen anderen Lebensbereichen befördert wird.

Viele Menschen mit Behinderung wollen und können arbeiten und setzen sich mit großer Energie dafür ein, ihre Berufsziele zu erreichen. Einige von ihnen werden im zweiten Teil dieses Buches porträtiert: unter ihnen Sreco Dolanc, der als Apotheker der Gehörlosen-Community von Wien zur Verfügung steht und gemeinsam mit einer Gebärdendolmetscherin seine hörende Kundschaft bedient; Anna Haunlieb, die ihren Beruf als Billeteurin mithilfe ihrer persönlichen Assistentin ausübt; Nancy Mensah-Offei, die mit Leidenschaft und Disziplin an ihrer Bühnen- und Filmkarriere arbeitet; Patrick Idinger, der ein Spitzenkoch war, bevor er von der U-Bahn überfahren wurde, und heute ein erfolgreicher Friseur und Geschäftsmann ist; Paul Vielweber und Marie P., die trotz jahrelanger Arbeitslosigkeit aufgrund psychischer Erkrankungen wieder ins Berufsleben zurückfanden; Manuela Lanzinger, die eine engagierte und erfolgreiche Umweltberaterin ist; Amadé Módos, der unverzichtbare Arbeiten in einem juristischen Verlag erledigt, die sonst niemand machen will; Elfil Abdulhamidi, der sechs Tage in der Woche frisches Brot und knusprige Semmeln und Weckerl bäckt, oder Monika Weinrichter, die ihre Klientinnen und Klienten dabei unterstützt, wieder einen Job zu finden. Sie alle gehen ihrer Arbeit nach. Dass sie blind oder lernbehindert sind, ein Asperger-Syndrom oder Multiple Sklerose haben, an Burnout oder einer Sozialphobie leiden, mit einer Beinprothese durchs Leben gehen, hinken, eine spastische Lähmung haben oder gehörlos sind, hindert sie nicht daran, ihren Beruf auszuüben. Behindert werden sie vielmehr von Barrieren, Vorurteilen und Ausgrenzung.

Ob Lektor oder Sozialarbeiterin, Betriebswirt oder Schauspielerin, Apotheker, Billeteurin oder Friseur, sie sind Teil eines Teams, erleben Erfolge und Niederlagen, Ärger und Freude am Arbeitsplatz. Sie sind in Klein- und Mittelbetrieben sowie in internationalen Konzernen beschäftigt. Sie arbeiten für Interessenvertretungen, Bildungs-, Beratungs- und Kultureinrichtungen. Sie sind Teil der arbeitenden Bevölkerung. Ihr Einkommen sichert nicht nur das eigene Auskommen, sondern gelangt durch Konsum und Steuerabgaben wieder in den Geld- und Wirtschaftskreislauf zurück. Zusätzlich profitiert die Gesellschaft, wenn Menschen mit Behinderungen einen Job haben. Denn dadurch wird das Gleichstellungsgesetz erfüllt und es werden gerechtere Verhältnisse geschaffen. Die Spaltung in bemitleidenswerte Opfer und großzügige Wohltäter wird unterbunden. Die Wirklichkeit wird am Arbeitsmarkt stärker abgebildet. Denn es gibt viele Menschen, die eine Einschränkung, chronische Krankheit oder eine Behinderung haben. Außerdem wird die Überbetonung des leistungsstarken und fitten Arbeitnehmers oder der stets zur Verfügung stehenden Arbeitnehmerin relativiert. Was braucht ein Betrieb neben Qualifikation und Leistung noch? Welche Werte sind in einer Gesellschaft unerlässlich, damit diese auch als Gemeinschaft funktioniert? Wie verändert sich die Arbeitswelt, wenn mehr Menschen mit Behinderung inkludiert sind? In welcher Weise profitiert ein Betrieb, in dem Menschen mit Behinderung arbeiten? Die folgenden Lebens- und Arbeitsgeschichten gehen diesen Fragen im zweiten Teil des Buches nach. Im ersten Teil wird die arbeitsmarktpolitische und rechtliche Situation von Menschen mit Behinderung beleuchtet und es wird aufgezeigt, unter welchen Voraussetzungen Unternehmen und Institutionen von einer inklusiven Beschäftigung profitieren.

Aus Gründen der besseren Lesbarkeit wurde auf die gleichzeitige Verwendung männlicher und weiblicher Sprachformen zum Teil verzichtet. Sämtliche Personenbezeichnungen gelten natürlich gleichermaßen für beiderlei Geschlecht.

Der Film zum Buch, der die Billeteurin Anna Haunlieb, den Apotheker Sreco Dolanc und den Friseurmeister Patrick Idinger bei der Arbeit zeigt, ist über den Link und den QR-Code, die in der hinteren Klappe abgedruckt sind, frei zugänglich.

TEIL EINS: ARBEIT UND BEHINDERUNG

DIE SITUATION VON MENSCHEN MIT BEHINDERUNGEN AM ARBEITSMARKT

Hohe Arbeitslosigkeit

Viele Menschen mit Behinderungen wollen arbeiten und können arbeiten, sie möchten ihr eigenes Geld verdienen und möglichst selbstbestimmt leben. Sie haben allerdings schlechte Karten am Arbeitsmarkt. Viele brauchen sehr lange, bis sie einen Job finden. Anderen gelingt dies gar nicht. Sie bewerben sich, erhalten eine Absage nach der anderen und geben irgendwann auf. Die Arbeitslosenrate ist bei Menschen mit Behinderungen besonders hoch und die Erwerbstätigenquote besonders niedrig. Hinzu kommt, dass viele Personen mit einer Beeinträchtigung von der Arbeitslosenstatistik gar nicht erfasst werden. Denn jene, die per Gesetz als erwerbsunfähig gelten und in Behindertenhilfeeinrichtungen untergebracht sind, und jene, die bereits resigniert haben, scheinen in der Statistik nicht auf. »Es wird geschätzt, dass in Europa von allen Menschen mit Behinderungen, die im erwerbsfähigen Alter sind, nur 20 Prozent am Erwerbsleben teilnehmen«, so Mag. (FH) Markus Neuherz, Geschäftsführer vom Dachverband berufliche Integration Austria (dabei-austria). Diese Zahl stammt von der European Association of Service Providers for Persons with Disabilities (EASPD). Das ist der Europäische Dachverband der Dienstleistungsanbieter für Menschen mit Behinderungen; dabei-austria ist Mitglied der EASPD. Nimmt man im Vergleich dazu die gesamte erwerbsfähige Bevölkerung, also die Altersgruppe der 15- bis 64-Jährigen, so ist der Anteil der Erwerbstätigen viel, viel höher. Laut Statistik Austria liegt die Erwerbstätigenquote im Jahr 2017 bei 72,2 Prozent.

Menschen mit Behinderungen sind nicht nur in der Arbeitswelt unterrepräsentiert. Sie sind in vielen Bereichen des gesellschaftlichen Lebens kaum oder gar nicht vertreten. Jahrzehntelang wurden Kinder mit einer Beeinträchtigung weggesperrt. Vereinzelt kommt dies immer noch vor, vor allem im ländlichen Raum. In der Zeit des Nationalsozialismus galt das Leben von Kindern und Erwachsenen mit

Behinderungen als »unwertes Leben«, als »minderwertiges Leben«, das es »auszumerzen« galt. NS-Ärzte führten grausame Experimente an Personen mit Beeinträchtigungen durch. Menschen, die behindert waren oder an einer psychischen Erkrankung litten, wurden in Heimen, Kliniken und Tötungsanstalten systematisch gequält und ermordet. Schon zu Beginn des 20. Jahrhunderts diskutierten Wissenschaftler darüber, wie sich die Erbsubstanz einer Population verbessern ließe. Eine der Antworten lautete, indem »erbkranke« Menschen zwangsweise sterilisiert werden. Und die Nationalsozialisten führten ab dem Jahr 1934 in Deutschland systematisch Zwangssterilisationen durch. Diese menschenverachtenden Theorien und Praktiken haben hierzulande das Bild von Menschen mit Behinderungen mitgeprägt.

Unter einer Behinderung versteht man eine dauerhafte Beeinträchtigung, durch die die Teilhabe am gesellschaftlichen Leben erschwert wird. Menschen, die eine Behinderung haben, wollen jedoch nicht ausgegrenzt und an den Rand der Gesellschaft gedrängt werden. Sie möchten – wie alle anderen auch – ein ganz normales Leben führen. Arbeiten, in die Schule gehen, eine Beziehung haben, Nähe und Intimität erleben, eine Familie gründen, sich informieren und austauschen, ein Kino, eine Sportveranstaltung, ein Konzert oder Theater besuchen, die öffentlichen Verkehrsmittel benützen, im Wirtshaus Freunde treffen, das Internet verwenden, Einkäufe erledigen. Sie wollen geachtet und respektiert werden, sie möchten selbstbestimmt und gleichberechtigt leben.

Laut Bericht der Bundesregierung über die Lage der Menschen mit Behinderungen in Österreich aus dem Jahr 2016 haben 17,9 Prozent der Männer und 18,8 Prozent der Frauen ab einem Alter von 15 Jahren eine dauerhafte Beeinträchtigung. Eine Person kann körperlich, psychisch oder kognitiv beeinträchtigt sein. Es können die Sinne, der Erwerb und Gebrauch der Sprache sowie die Lernfähigkeit betroffen sein. Eine Behinderung kann erblich bedingt sein oder durch eine pränatale Schädigung, also während der Schwangerschaft, entstanden sein. Sie kann durch den Geburtsprozess, eine Krankheit, einen Unfall oder altersbedingt verursacht sein. Je höher die Lebenserwartung, desto wahrscheinlicher ist es, im letzten Lebensabschnitt beeinträchtigt zu sein. In über 80 Prozent der Fälle wird eine Behinderung durch eine Krankheit ausgelöst. Jeder könnte davon betroffen sein, niemand ist davor gefeit.

Behindert werden

Im Alltag stoßen Menschen mit Behinderungen immer wieder auf Barrieren. Öffentliche Gebäude ohne Rampen und Aufzüge schließen Menschen aus, die in einem Rollstuhl sitzen. Öffentliche Verkehrsnetze ohne Leitsysteme schränken die Mobilität blinder Menschen ein. Regelschulen ohne sonderpädagogische Lehrkräfte versperren Kindern mit besonderen Bedürfnissen den Zugang zu Bildungs- und Ausbildungswegen und schließlich zum Arbeitsmarkt. Eine schwere, komplizierte Sprache grenzt Menschen mit kognitiven Behinderungen aus. Vorurteile im Kopf bewirken hilfloses, mitleidiges oder diskriminierendes Verhalten.

Barrierefreiheit beginnt und endet im Kopf, dazwischen bedarf es vieler Aktivitäten und Maßnahmen. Barrieren werden oft aus Unwissenheit errichtet und aus Nachlässigkeit oder Kostengründen stehen gelassen. Doch diese Sperren können und müssen entfernt werden, denn Inklusion ist ein Auftrag, dem sich eine demokratische Gesellschaft verschreiben muss und dem sich die Republik Österreich in der UN-Konvention über die Rechte von Menschen mit Behinderungen verpflichtet hat. Menschen mit Behinderungen sollen – so die Kernaussage des Übereinkommens – selbstbestimmt alle Menschenrechte barrierefrei verwirklichen können und sie sollen dort, wo es notwendig und erforderlich ist, entsprechende Unterstützung erhalten. Österreich hat diesen internationalen Vertrag, in dem sich die Unterzeichnerstaaten verpflichten, die Menschenrechte von Menschen mit Behinderungen zu fördern, zu schützen und zu gewährleisten, am 30. März 2007 in New York unterzeichnet. Am 26. Oktober 2008 ist die Konvention in Kraft getreten. Sie muss bei der Gesetzgebung und Vollziehung berücksichtigt werden. Bei der Umsetzung sind die zuständigen Stellen in vielen Bereichen jedoch nach wie vor säumig.

Hürden und Vorurteile

Menschen mit Behinderungen können nur dann unbehindert arbeiten und selbstbestimmt leben, wenn sie zu allen Bereichen des gesellschaftlichen Lebens Zugang haben und ihnen viele verschiedene Möglichkeiten der Schul- und Berufsausbildung offen stehen. Das ist allerdings nach wie vor nicht der Fall. Oft leisten Eltern von Kindern mit Behinderungen und engagierte Lehrkräfte Pionierarbeit und sorgen dafür, dass die jungen Menschen trotz vieler Hürden und

Hindernisse eine gute Ausbildung bekommen und überhaupt eine Chance am Arbeitsmarkt haben.

Staatliche Institutionen wie das Arbeitsmarktservice (AMS) und das Sozialministerium sind wichtige Anlaufstellen, wenn es um die Inklusion von Menschen mit Behinderung in den Arbeitsprozess geht. Ebenso Behindertenverbände und Organisationen wie die Caritas und die Diakonie. Hinzu kommen private Initiativen, die sich dafür einsetzen, dass vermehrt Menschen mit Behinderungen und chronischen Erkrankungen einer Erwerbsarbeit nachgehen können. So stellt das Zero Project der Essl Foundation regelmäßig gute Beispiele und interessante Strategien inklusiver Beschäftigung vor, die Wirtschaftstreibende dazu anregen sollen, Menschen mit Behinderungen einzustellen. Die Unternehmensberatung myAbility bietet ein Disability Management an, informiert und begleitet also Firmen, die vom betrieblichen Nutzen inklusiver Beschäftigung überzeugt sind oder sich überzeugen lassen möchten. Mitarbeiterinnen und Mitarbeiter verschiedener Organisationen unterstützen Menschen mit Behinderungen dabei, einen Job zu finden und zu behalten. Netzwerk Berufliche Assistenz (NEBA) bündelt diese Angebote und wird vom Sozialministeriumservice finanziert. Die verschiedenen Leistungen der Beruflichen Assistenz werden österreichweit angeboten. Dazu zählen das Jugendcoaching, die Produktionsschule und die Berufsausbildungsassistenz, die sich vor allem an Jugendliche und junge Erwachsene richten. Hinzu kommen noch die Arbeitsassistenz und das Jobcoaching. Diese Unterstützungsmaßnahmen sind für Menschen mit Behinderungen kostenlos.

Für die Arbeitssuche wird in der Regel ein langer Atem benötigt. Gewerbetreibende sowie Unternehmerinnen und Unternehmer schrecken häufig schon vor der Vorstellung zurück, einen Menschen mit Behinderung einzustellen, da sie nur Schwierigkeiten, Hürden und Probleme sehen und überdies annehmen, dass Arbeitnehmerinnen und Arbeitnehmer mit einer Beeinträchtigung keine entsprechende Leistung erbringen würden, kaum in ein Team einzubinden und zudem unkündbar seien. »Diese Vorstellung vom erhöhten Kündigungsschutz schwirrt noch immer in den Köpfen vieler Vorgesetzter herum«, so Markus Neuherz, Geschäftsführer von dabei-austria. »Viele wissen gar nicht, dass es eine gesetzliche Änderung, eine Novelle des Behinderteneinstellungsgesetzes im Jahr 2011 gab und dass dieser besondere Kündigungsschutz ohnehin nicht alle Menschen mit Behinderung betrifft. Sobald die Unternehmer einmal eine detaillierte und aktuelle Information darüber erhalten, spielt der erhöhte Kündigungsschutz eine ganz untergeordnete Rolle.«

Es gilt also zu informieren und aufzuklären. Konkret zu zeigen, was es heißt, einen Menschen, der chronisch krank, blind, gehörlos oder in einer anderen Weise beeinträchtigt ist, in einem Betrieb zu haben. Welche Maßnahmen erforderlich sind, damit die erwünschten und möglichen Leistungen erbracht werden können. Was die Kolleginnen und Kollegen brauchen, damit die Zusammenarbeit funktioniert. Welche Förderungen es für den Betrieb wie für die Arbeitskraft mit einer Behinderung gibt. In welcher Weise ein Unternehmen davon profitiert, wenn ein Mitarbeiter oder eine Mitarbeiterin mit Behinderung im Team ist und welche Probleme und Schwierigkeiten sich möglicherweise daraus ergeben können.

Doch nicht nur die Unternehmerinnen und Unternehmer seien gefordert, so Markus Neuherz. »Auch wir von dabei-austria müssen immer wieder darüber nachdenken, wie wir über die Menschen, für die wir arbeiten und mit denen wir arbeiten, kommunizieren. Auch wir sind nicht frei von Vorurteilen und überkommenen Vorstellungen. Und die Betroffenen selbst müssen darüber reflektieren, was sie sich zutrauen und wie sie sich öffentlich darstellen wollen. Das Ziel der Kommunikation muss sein, diese Barrieren und falschen Vorstellungen in den Köpfen zu reduzieren.«

Berufliche Assistenz

dabei-austria ist die bundesweite Interessensvertretung für Organisationen, die Dienstleistungen im Bereich der beruflichen Orientierung und Integration für Menschen mit Behinderungen oder Erkrankungen sowie für Jugendliche mit sonderpädagogischem Förderbedarf anbieten. dabei-austria vertritt zurzeit 90 Organisationen im Rahmen der beruflichen Integration und des Netzwerks Berufliche Assistenz. Die Mitgliederorganisationen bieten Maßnahmen an, um für Menschen mit Behinderungen die Chancen am Arbeitsmarkt zu verbessern. Es geht also darum, berufliche Perspektiven zu entwickeln, Kontakte zu Unternehmen herzustellen, Praktika zu organisieren, einen Job zu finden, den Arbeitsplatz zu sichern, bei Krisen zu unterstützen, die Kolleginnen und Kollegen in den Betrieben zu beraten, die Vorgesetzten über Förderungen zu informieren oder für die Arbeitskraft mit Beeinträchtigung Hilfsmittel oder eine persönliche Assistenz am Arbeitsplatz zur Verfügung zu stellen.

Die Arbeitsassistenz steht bei vielen Mitgliederorganisationen von dabei-austria im Mittelpunkt ihrer Tätigkeit. »Wenn es also darum geht, Menschen mit Behinderungen dabei zu unterstützen, erstmals einen Zugang zum allgemeinen Arbeitsmarkt zu bekommen oder wieder einen Job zu erlangen oder bei Krisen zu sichern, arbeiten wir pro Jahr mit ungefähr 15.000 Personen«, so der Geschäftsführer von dabei-austria. »Gut die Hälfte findet einen Job am ersten Arbeitsmarkt. Bei denjenigen, die keine Beschäftigung finden, wird geschaut, ob eine weitere Qualifizierung notwendig ist. Die Arbeitssuche dauert dann länger, oder es werden Alternativen gesucht. Aber wir haben ungefähr 6500 Joberlangungen oder Jobsicherungen pro Jahr.« Die Arbeitsassistenz begleitet und berät nicht nur bei der Jobsuche, sondern unterstützt in vielen Fällen auch im Betrieb. Aber nicht alle wünschen dies. Menschen mit einer psychischen Erkrankung wollen im Unternehmen oft alleine auftreten und ihre Diagnose nicht bekannt geben. Sie befürchten, schief angeschaut zu werden, auf Vorurteile zu stoßen und Nachteile zu erleiden.

Das Behindertengleichstellungsrecht

Viele Personen mit einer Beeinträchtigung machen in ihrem Alltags- und Berufsleben immer wieder die Erfahrung, diskriminiert zu werden. Gesetzliche Rahmenbedingungen sollen dafür sorgen, dass diese Benachteiligungen möglichst beseitigt werden. Die Gleichstellung von Menschen mit Behinderungen ist in unserem Land verfassungsrechtlich garantiert. Drei Gesetze sind für das Behindertengleichstellungsrecht von zentraler Bedeutung: das Bundes-Behindertengleichstellungsgesetz, das Behinderteneinstellungsgesetz und das Bundesbehindertengesetz. Diese Gesetze regeln das Diskriminierungsverbot im Alltag und in der Arbeitswelt, die Rechtsdurchsetzung im Diskriminierungsfall sowie die Aufgaben und Befugnisse des Bundesbehindertenanwalts.

Das Behindertengleichstellungsgesetz zielt darauf ab, »die Diskriminierung von Menschen mit Behinderungen zu beseitigen oder zu verhindern und damit die gleichberechtigte Teilhabe von Menschen mit Behinderungen am Leben in der Gesellschaft zu gewährleisten und ihnen eine selbstbestimmte Lebensführung zu ermöglichen« (BGStG, 1. Abschnitt, § 1).

Das Behinderteneinstellungsgesetz regelt die Beschäftigungspflicht. Es besagt, »alle Dienstgeber, die im Bundesgebiet 25 oder

mehr Dienstnehmer beschäftigen, sind verpflichtet, auf je 25 Dienstnehmer mindestens einen begünstigten Behinderten einzustellen«
(BEinstG, Artikel II, § 1). »Begünstigte Behinderte im Sinne dieses
Bundesgesetzes sind österreichische Staatsbürger mit einem Grad der
Behinderung von mindestens 50 v[on] H[undert].« (BEinstG, Artikel II, § 2). Um den Status begünstigt zu erhalten, muss ein Antrag
an das Sozialministeriumservice gestellt und ein ärztliches Sachver-
ständigengutachten eingeholt werden. Der Grad der Behinderung
wird also amtlich festgestellt. Der Behindertenanwalt des Bundes berät und unterstützt Menschen, die sich im Sinne der oben genannten
Gesetze benachteiligt fühlen.

Schließlich hat Österreich, wie bereits erwähnt, im Jahr 2008 das
UN-Übereinkommen über die Rechte von Menschen mit Behinderungen ratifiziert, also diesen völkerrechtlichen Vertrag rechtskräftig
und verbindlich gemacht. »Ich halte es für äußerst wichtig, dass es
ein Menschenrecht auf Arbeit gibt, insbesondere für Menschen mit
Behinderungen«, so der Geschäftsführer von dabei-austria. »Dieses
Recht, das im Artikel 27 in der UN-Behindertenrechtskonvention
festgeschrieben ist, müssen wir einfordern. Die Politiker und Ent-
scheidungsträgerinnen sind dafür verantwortlich, dass die UN-Konvention umgesetzt wird.«

Die Forderungen von dabei-austria an die politisch Verantwortlichen

Der Staat müsse Vorbild sein. Menschen mit Behinderungen
müssten in einem viel höheren Maße in staatlichen und staatsnahen
Einrichtungen oder den gesetzlichen Interessenvertretungen wie zum
Beispiel bei den Kammern beschäftigt werden. Diese Vorbildwirkung
sei außerordentlich wichtig, ist Markus Neuherz überzeugt.

Zudem müsse die Ausgleichstaxe neu gestaltet werden. Diese
Ausgleichstaxe ist von jenen Dienstgeberinnen und Dienstgebern
zu entrichten, die der oben erwähnten Beschäftigungspflicht nicht
nachkommen und pro 25 Beschäftigte keine begünstigte behinderte
Person einstellen. Die Gelder fließen in den Ausgleichstaxfonds. Die
Mittel sind zweckgebunden und kommen Menschen mit Behinderungen sowie deren Arbeitgeberinnen und Arbeitgebern zugute. Allerdings, so der Einwand von Markus Neuherz, gebe es in Österreich
sehr viele kleine Unternehmen und verhältnismäßig wenige, die 25
oder mehr Leute beschäftigen. »Wenn man alle nimmt, auch die Ein-

Personen-Unternehmen, dann sind das nur drei Prozent. Lässt man die Einmannbetriebe weg, sind es sechs Prozent. Also sechs Prozent der Unternehmen beschäftigen 25 oder mehr Leute. Das bedeutet, dass sich nur sechs Prozent aller Unternehmerinnen und Unternehmer mit der Beschäftigung von Menschen mit Behinderung auseinandersetzen müssen. Die vielen kleinen Betriebe kommen hingegen um den Vorteil, sich die Ausgleichstaxe zu ersparen. Sie spielen aber gleichzeitig eine sehr wichtige Rolle, wenn es um Jobs für Menschen mit Behinderung geht.«

Außerdem werde die Ausgleichstaxe häufig als Strafzahlung angesehen. Es gehe aber darum, anzuerkennen, dass die Anstellung eines Menschen mit Behinderung mit einem erhöhten Aufwand verbunden sein könne, vor allem in der Anfangsphase. Und weil eben mehr zu organisieren sei, die Einschulung eventuell länger dauere oder bauliche Veränderungen durchzuführen seien, erspare man sich die Ausgleichstaxe. »Es wäre viel sinnvoller, einen Solidarbeitrag zu schaffen, den alle Unternehmerinnen und Unternehmer zahlen. Er könnte an die Personalkosten gekoppelt sein. Aber am besten wäre es, wenn er an die Wertschöpfung, wenn er an den Umsatz gekoppelt ist. Denn dann müssten nicht jene Unternehmen viel zahlen, die sehr viel Personal haben, denn ich bin sehr dafür, Personalkosten zu entlasten, sondern jene, die sehr maschinen- und kapitalintensiv sind. Das wäre solidarischer und würde dem Gedanken einer öko-sozialen Marktwirtschaft entsprechen, die ich als nachhaltig erachte. Außerdem soll für Betriebe ein hoher Anreiz geschaffen werden, einen Menschen mit Behinderung einzustellen. Sie sollten eine wirklich spürbare Lohnkostenförderung erhalten, wenn sie eine Mitarbeiterin oder einen Mitarbeiter mit einer Beeinträchtigung aufnehmen«, meint Markus Neuherz.

Der Status der Erwerbsunfähigkeit müsse gestrichen werden, so eine weitere Forderung von dabei-austria. »In Österreich leben rund 23.500 Personen, die per Gesetz als erwerbsunfähig gelten und keinen Zugang zum allgemeinen Arbeitsmarkt haben. Sie sind in Einrichtungen der Behindertenhilfe, also in Werk- und Tagesstätten untergebracht. Sie erhalten für die Tätigkeit, die sie dort verrichten, ein geringes Taschengeld, das pro Monat ungefähr zwischen 50 und 150 Euro beträgt. Die Höhe des Taschengeldes ist österreichweit nicht einheitlich geregelt. Sie haben keine eigene Sozialversicherung, also keine eigene Kranken-, Pensions- und Arbeitslosenversicherung. Sie bleiben somit ihr ganzes Leben hindurch auf die Sozialhilfe angewiesen. Die Bezeichung ›erwerbsunfähig‹ oder ›arbeitsunfähig‹ muss unbedingt abgeschafft werden«, sagt der Geschäftsführer von dabei-austria. »Aus meiner Sicht ist dieser Status nicht menschenrechtskonform. Es widerspricht dem Menschenrecht auf Arbeit, Personen als erwerbsunfähig zu bezeichnen und ihnen den Zugang zum allgemeinen Arbeitsmarkt zu verwehren. Ich finde, man müsste eine Wahlfreiheit gewähren.« Personen mit einem hohen Unterstützungsbedarf müssten also zwischen einer Behindertenhilfeeinrichtung und einem Arbeitsplatz frei wählen können, so Markus Neuherz.

In Österreich gibt es einige wenige Modellprojekte, die zeigen, wie Menschen den Schritt aus der Behindertenhilfeeinrichtung in die Erwerbstätigkeit schaffen. Dazu gehört auch das ChancenForum von autArk in Kärnten, das seinen Auftrag darin sieht, Menschen mit Behinderungen auf ihrem Weg zur größtmöglichen Eigenständigkeit zu begleiten. Wie dies gelingt, wird im Porträt über Editha Maurer, die in einer Gärtnerei arbeitet, und im Porträt über Michael Grantner, der in einem Fachgeschäft für Elektronik tätig ist, geschildert. Das ChancenForum in Kärnten, Mittendrin in Tirol und Spagat in Vorarlberg haben, so Markus Neuherz, einige Gemeinsamkeiten: »Sie erarbeiten mit ihren Klientinnen und Klienten eine individuelle Zukunftsplanung. Es wird also genau geschaut, was die einzelne Person machen will und machen kann. Es wird überlegt, welchen Job man für sie kreieren kann, welchen Betrieb man findet, wo die Person hinpasst und wie sie während ihrer ganzen Berufstätigkeit unterstützt werden kann. Es bedarf bei diesen Jobs einer sozialversicherungsrechtlichen Absicherung und einer dauerhaften Begleitung. Wir brauchen also nicht nur Einstiegsförderungen, sondern wir benötigen für Menschen mit einem hohen Unterstützungsbedarf eine konstante Begleitung und eine dauerhafte finanzielle Förderung.«

Es sei wichtig, diese Möglichkeiten bekannt zu machen. Viele Menschen, die in einer Behindertenhilfeeinrichtung sind, sowie deren Angehörige wüssten gar nicht, dass es einen Weg aus der Werkstätte in die Erwerbsarbeit gäbe. »Je mehr davon erfahren, desto mehr entscheiden sich dafür«, ist der Geschäftsführer von dabei-austria überzeugt. Wer dagegen in der Behindertenhilfeeinrichtung bleiben möchte, müsste dies unter geänderten Voraussetzungen tun können. »Man muss vom Taschengeld, das die Leute erhalten, wegkommen. Sie brauchen ebenfalls einen Lohn oder Gehalt und damit verbunden eine volle sozialversicherungsrechtliche Absicherung. Man verfolgt da einen ähnlichen Verlauf wie in klassischen Erwerbskarrieren.«

Es ist in der Politik also ein Umdenken notwendig und die Politiker und Politikerinnen sind gefordert, Rahmenbedingungen zu schaffen, von der Bildung bis zum Arbeitsmarkt, damit Menschen mit Behinderungen vermehrt Zugang zur Arbeitswelt erhalten und weniger von Armut, Ausgrenzung und Diskriminierung bedroht sind. Aber auch die Unternehmen und Institutionen dürfen nicht auf das Potential von Personen mit Beeinträchtigung verzichten. Vorgesetzte, Personalisten und die Geschäftsführungen erkennen zunehmend, dass es für ihr Unternehmen einen Wettbewerbsvorteil darstellt, wenn sie sich der großen Gruppe der Arbeitssuchenden mit Behinderung nicht länger verschließen, sondern talentierte und qualifizierte Arbeitskräfte anheuern und sich mit dem Thema Behinderung und Arbeit auseinandersetzen.

LOHNT SICH INKLUSION?

Wie werden Menschen mit Behinderungen erfolgreich in ein Unternehmen oder eine Institution integriert? Welche Faktoren und Vorgangsweisen spielen dabei eine Rolle? Und wie wirkt sich die Inklusion von Menschen mit Behinderung auf den Betrieb und dessen Organisation aus? Lohnt es sich, Mitarbeiter mit einer Behinderung oder einer chronischen Erkrankung einzustellen?

Die Essl Foundation, die sich dafür einsetzt, dass Barrieren abgebaut werden und Menschen mit Behinderung selbstbestimmt arbeiten und leben können, gab eine wissenschaftliche Studie in Auftrag, die diesen Fragen nachging. Die Studie Barrierefrei: Wege zur inklusiven Organisation als Wettbewerbsvorteil wurde an der Wirtschaftsuniversität Wien in der Zeit von Jänner bis April 2017 durchgeführt. Vier Best Practice-Beispiele wurden unter die Lupe genommen, vier Unternehmen aufgesucht, die Menschen mit Behinderungen eingestellt haben.

Im Baumarkt Obi, in der Bäckerei Gragger, im Biotechnologieunternehmen Shire und in der Unternehmensberatung myAbility wurde untersucht, welche Faktoren die Integration von Menschen mit Behinderungen beeinflussen. Mit den Mitarbeiterinnen und Mitarbeitern mit Behinderung, mit Kolleginnen und Kollegen sowie mit Vorgesetzen wurden ausführliche Interviews geführt. Die Gesprächsprotokolle wurden mithilfe einer geeigneten wissenschaftlichen Methode ausgewertet. Das Ziel der Auswertung bestand darin, die wesentlichen Erfolgskriterien für die Integration von Menschen mit Behinderung zu erfassen sowie ein klares und differenziertes Bild davon zu erhalten, welchen Mehraufwand und welche Vorteile es mit sich bringt, wenn Menschen mit Behinderungen in einem Unternehmen arbeiten.

Die Einstellung und die Motivation (Commitment) des Topmanagements zum Thema Behinderung, das Recruiting (die Suche und Vermittlung von Arbeitskräften) sowie das Onboarding (die Kommunikation und die Eingliederung) spielen, das zeigt die Studie, eine entscheidende Rolle, wenn es um eine erfolgreiche Inklusion geht.

»Wenn diese drei Punkte – das Committment, das Recruiting und das Onboarding – passen und adäquat verlaufen, dann ergibt sich eine inklusive Organisation von selbst«, so Sebastian Brettl, der mit drei Kollegen an dem Projekt gearbeitet und sich bei seinem Wirtschaftsstudium auf Diversity Management spezialisiert hat. Beim Vielfaltsmanagement geht es um die Frage, wie sich die unterschiedlichen sozialen, kulturellen oder sprachlichen Kompetenzen der Mitarbeiterinnen und Mitarbeiter für das Unternehmen nutzbar machen lassen.

Top down – Von oben nach unten

»Wenn das Committment des Topmanagements stimmt, wenn sich die Führungskräfte der Inklusion von Menschen mit Behinderung verpflichtet fühlen, dann kann man dieses Thema in den unterschiedlichen Bereichen eines Unternehmens angehen«, so Sebastian Brettl. Es sei immer ein Top-down-Prozess: Zuerst müsse die oberste Führungsebene dafür gewonnen werden. Danach könne man dazu übergehen, die Personalauswahl barrierefrei zu gestalten oder zu fragen, welchen Stellenwert das Thema im Zusammenhang mit der sozialen Verantwortung eines Unternehmens, mit der Corporate Social Responsibility (CSR) haben solle. »Die Motivation des Topmanagements ist signifikant. Das hat sich auch mit einigen anderen Studien gedeckt, die wir herangezogen haben«, so der Betriebswirt.

Unterschiedliche Gründe, das zeigt die Studie, motivieren Unternehmerinnen und Führungskräfte, Menschen mit Behinderungen oder chronischen Krankheiten einzustellen. »Manche sind persönlich betroffen. Andere machen es aus einer sozialen Verantwortung heraus. Dann gibt es aber auch wirtschaftliche Gründe, wie zum Beispiel beim Chef der Bäckerei Gragger, der keine Lehrlinge mehr bekommen hat und seit Jahren mit jungen Leuten zusammenarbeitet, die eine Lernbehinderung haben. Sie haben ein Geschick für das Bäckerhandwerk und erlernen den Beruf in einer verlängerten Lehre. Die Politik hat mit der Integrativen Berufsausbildung die Rahmenbedingungen dafür geschaffen und der Lehrherr bekommt Förderungen. Die Motive sind also sehr unterschiedlich.«

Recruiting

Die Personalauswahl spiele eine entscheidende Rolle, wenn es darum gehe, eine inklusive Organisation zu schaffen. Das Recruiting, die Schnittstelle zwischen dem Unternehmen und den Bewerberinnen und Bewerbern, müsse neu gedacht und organisiert werden, so Sebastian Brettl. »Wir müssen davon wegkommen, dass wir von einem vorgegebenen Stellenprofil ausgehen und dann für diese Stelle eine Person suchen. Personalleiterinnen und Human Resources-Manager gehen inzwischen ohnehin schon einen anderen Weg. Man schaut mehr und mehr auf die Köpfe. Man fragt, welche Bewerber gibt es überhaupt und wer von ihnen würde am besten in diese Organisation passen. Erst dann wird überlegt, welche Position es für diesen Bewerber im Unternehmen geben könnte und wie die Stelle der Arbeitskraft angepasst werden könnte.«

Unternehmen, die Menschen mit Behinderungen einstellen möchten, benötigen Informationen, wie sich der Bewerbungsprozess barrierefrei gestalten lässt und wie sich Menschen mit Behinderungen in der Regel bewerben. Denn Arbeitssuchende mit Behinderung präsentieren sich in ihren Bewerbungsunterlagen oft sehr realistisch und bescheiden, sie zählen nicht nur ihre Qualifikationen auf, sondern merken vielleicht auch an, was sie nicht so gut können. Das habe vor allem damit zu tun, so Sebastian Brettl, dass Menschen mit Behinderungen häufig auf Barrieren, die die Gesellschaft errichtet, stoßen und dadurch ihr Selbstvertrauen sinke. »Die Gesellschaft traut Menschen mit Behinderung Leistung nicht zu und das spiegelt sich wider, wenn sie sich in den Bewerbungen darstellen. Wenn aber jemand in seine Bewerbungsunterlagen hineinschreibt, dass er etwas nicht kann, wird er in der Regel sofort ausgeschieden. Auch andere Studien zeigen, dass Menschen mit Behinderungen im Bewerbungsprozess sehr, sehr früh ausgeschieden werden, weil sie sich so ausgesprochen bescheiden präsentieren. Es muss bei den Personalisten also ein Bewusstsein geschaffen werden, hinter das Geschriebene zu schauen. Aber natürlich müssen auch die Bewerber an sich arbeiten und zeigen, was sie können.«

Werden Arbeitssuchende mit Behinderung zu einem Bewerbungsgespräch eingeladen, müssen sie vorab einige Dinge für sich klären. Wer sehr wenig sieht oder im Rollstuhl sitzt, benötigt am Arbeitsplatz einen barrierefreien Zugang oder Hilfsmittel für den Computer. Soll dieser Punkt beim Vorstellungsgespräch thematisiert werden? Soll man gleich sagen, dass man einen Lift oder Braillezeile und Screenreader für den PC braucht? Sebastian Brettl: »Bei einem traditionellen Bewerbungsgespräch geht das gar nicht. Da spricht man nicht über seine Defizite. Deshalb ist es sehr wichtig, dass das Recruiting-

Team eines Unternehmens sensibilisiert wird. Die Personalmanager müssen wissen, dass es notwendig ist, über diese Dinge offen und direkt zu reden.« Vorgesetzte benötigen auch die Information, dass Hilfsmittel und bauliche Veränderungen in der Regel gefördert werden und nicht mit Mehrkosten für den Betrieb verbunden sind. »Es muss also die Barriere im Kopf des Rekruters abgebaut werden. Man muss in einem Bewerbungsgespräch sagen dürfen, das sind meine Qualifikationen, das kann ich, aber ich brauche dieses Hilfsmittel, um meine Tätigkeit ausführen zu können. Es muss möglich sein, offen darüber zu reden.«

Es sei für ein Unternehmen grundsätzlich vorteilhaft, sich die besten Köpfe, die talentiertesten Bewerberinnen und Bewerber zu suchen und den Arbeitsplatz an die Person anzupassen. Genauso nütze es einem Betrieb, wenn realistisch abgefasste Bewerbungsunterlagen einlangen, wenn beim Vorstellunggespräch eine klare und direkte Kommunikation gepflegt werde und es eindeutig definierte Aufgabenprofile gebe. Diese Vorgangsweise bewähre sich nicht nur bei Arbeitssuchenden mit Behinderung, sondern ganz generell, so der Studienmitarbeiter. »Wenn ich Menschen mit Behinderungen ansprechen und einstellen will, optimiere ich eigene Unternehmensprozesse. Ich schaffe damit eine bessere Unternehmenskultur und eine bessere Unternehmensstruktur.«

Onboarding

Es ist für alle Arbeitskräfte, die neu in einem Unternehmen sind, sehr wichtig, dass sie nicht nur genau eingeschult und allein Aufgabengebiete und Ziele klar definiert werden; es sollte bei diesem monatelangen Prozess immer auch darum gehen, die neue Mitarbeiterin oder den neuen Mitarbeiter als Person in das Unternehmen zu integrieren. Das trifft für alle zu, in besonderer Weise aber für Menschen mit Behinderung. Beim Eingliederungsprozess spielt, wie beim Recruiting, die Art der Kommunikation eine wichtige Rolle. Wenn die Führungskräfte, die sich klar dazu bekennen, dass Menschen mit Behinderungen eingestellt werden, auch offen über das Thema Behinderung sprechen, wirkt sich diese Haltung auf die verschiedenen hierarchischen Ebenen aus und erzeugt ein Klima, das es Menschen mit Behinderungen erleichtert, in diesem Unternehmen zu arbeiten. »Hinzu kommt, je offener der neue Mitarbeiter mit Behinderung mit seiner eigenen Beeinträchtigung umgeht, desto leichter tun sich auch seine Kollegen. Denn oft sind sie unsicher, wissen nicht genau, was sie ansprechen dürfen, welche Worte sie verwenden sollen. Aber wenn über diese Fragen offen geredet werden darf, dann tun sich alle leichter«, so Sebastian Brettl.

Die Studie zeigt außerdem, dass es sich als äußerst vorteilhaft erweist, wenn das Unternehmen beim Eingliederungs- wie beim gesamten Inklusionsprozess unterstützt wird, und zwar von innen wie von außen. Es können zum Beispiel Fachleute ins Unternehmen geholt werden, die einen Workshop zur Sensibilisierung durchführen. Dabei erhält das Team, das einen neuen Mitarbeiter mit Behinderung bekommen hat, nicht nur wichtige Informationen, sondern macht neue Erfahrungen und überwindet Vorurteile. Intern können Anlaufstellen wie Mentorinnen, Behindertenvertrauenspersonen oder Disability Manager geschaffen werden, je nachdem, wie groß die Firma ist und wie viele Personen mit Behinderung dort arbeiten.

In der Eingliederungsphase erweist es sich als sehr wichtig, dass die Leistung der neuen Arbeitskraft mit Behinderung deutlich sichtbar gemacht wird. Sebastian Brettl, einer der vier Autoren der Studie, nennt das Beispiel eines Mitarbeiters mit einem Asperger-Syndrom, der von Shire eingestellt wurde. »Der junge Mann hat die Aufgabe, die Beipackzettel Korrektur zu lesen. Er beherrscht ungefähr 20 Sprachen und ist überaus genau. Das ist natürlich, wenn es um Medikamente geht, ganz besonders wichtig. Und die Mitarbeiter waren sehr beeindruckt, dass der Kollege mit Asperger noch nie einen Fehler gemacht hat.«

Wettbewerbsvorteile

Wenn das Committment gegeben und Onboarding und Recruiting barrierefrei verlaufen würden, dann entstehe eine inklusive Organisation. Diese habe Vorteile gegenüber nichtinklusiven Unternehmen, so der Betriebswirt. »Menschen mit Behinderung sind ihrem Arbeitgeber gegenüber viel loyaler als Menschen ohne Behinderung. Das bedeutet, dass sie weniger oft kündigen, dass es zu weniger Fluktuation kommt. Sie haben weniger Abwesenheitszeiten, daran denkt man gar nicht, aber das haben auch andere Studien bestätigt. Ein großer Vorteil besteht außerdem darin, dass man eine Zielgruppe anspricht, die bislang am Arbeitsmarkt kaum beachtet wird, man sucht sich die besten Köpfe. Außerdem verändert sich die Gesprächskultur im Unternehmen, die Kommunikation wird offener. Wenn es Kolleginnen und Kollegen mit Behinderung im Team gibt, wird das Wir-Gefühl gestärkt und die Arbeitszufriedenheit erhöht.«

Vielen Menschen reiche es nicht, einen Job zu haben, nur um Geld zu verdienen. Viele würden etwas Sinnstiftendes tun wollen. Sie würden in einem Unternehmen arbeiten wollen, das niemanden ausschließt und aktiv dazu beiträgt, die Gesellschaft zu verändern. Dies fördere die Arbeitszufriedenheit und Motivation. Dieses Studienergebnis könne er, so Sebastian Brettl, auch mit seiner persönlichen Erfahrung bestätigen. Der Betriebswirt ist seit Anfang 2018 bei der Unternehmensberatung myAbility tätig. »Mir ist es wichtig, dass ich gerne zur Arbeit gehe und etwas Sinnvolles mache. Deshalb bin ich in diesem Sozialunternehmen. Es hat eine Vision, es arbeitet für eine barrierefreie und offene Gesellschaft. Das motiviert mich sehr.«

Die Studie, die von Martin Essl in Auftrag gegeben und an der Wirtschaftsuniversität Wien durchgeführt wurde, zeigt, dass es kurzfristig tatsächlich zu einem Mehraufwand kommen kann, wenn Menschen mit Behinderungen eingestellt werden. Dieser Mehraufwand lässt sich jedoch ausgleichen, denn es können Förderungen in Anspruch genommen werden und es muss keine Ausgleichstaxe entrichtet werden. Die großen Vorteile einer inklusiven Organisation, so die Studie, liegen darin, dass sich die Unternehmensstruktur und die Unternehmenskultur verbessern, dass ein Pool an Arbeitskräften zur Verfügung steht, der bislang fast gänzlich außer Acht gelassen wurde, und dass neue Kundenschichten und neue Märkte erschlossen werden. So erweist sich die Inklusion von Arbeitskräften mit Behinderung als ein Wettbewerbsvorteil für Unternehmen.

MIT DER WIRTSCHAFT
ZUR INKLUSIVEN GESELLSCHAFT

Ein Unternehmensberater mit sozialer Mission

Das Sozialunternehmen myAbility verfolgt ein klares Ziel: Menschen mit Behinderungen sollen viel stärker als bisher am gesellschaftlichen Leben teilhaben, einer Erwerbsarbeit nachgehen und selbstbestimmt leben können. Sein Gründer, Gregor Demblin, will dieses Ziel gemeinsam mit großen Unternehmen und kleinen Betrieben erreichen. Er will gemeinsam mit der Wirtschaft die Gesellschaft verändern, die Gesellschaft barrierefrei und chancengerecht gestalten, denn, so Demblin, Menschen mit Behinderungen seien eine große Zielgruppe mit einem riesigen Potential, sowohl als Arbeitskraft als auch als Kundschaft. 15 Prozent der österreichischen Bevölkerung hätten eine Behinderung und das Topmanagement von Konzernen und Firmen könne diese große Gruppe nicht länger außer Acht lassen. Die Wirtschaft müsse dieses Potential viel stärker nutzen.

Menschen mit Behinderungen sind potentielle Arbeitskräfte, die viele Fähigkeiten haben. Darauf verweist auch der Unternehmensname myAbility. Denn es sei wesentlich, den Blick auf die Dinge zu richten, die man gut könne. Dies gelte für den Einzelnen, aber auch für die Wirtschaft und die Gesellschaft, ist Gregor Demblin überzeugt. Wird nur die Behinderung gesehen, werden nur die Defizite wahrgenommen, dann werden Begabungen, Qualifikationen und Leistungsfähigkeit der Bewerberinnen und Bewerber, die in der einen oder anderen Weise beeinträchtigt sind, völlig übersehen. Wenn Mangel und Schwierigkeiten im Zentrum der Aufmerksamkeit von Chefs und Leitern der Personalabteilung stehen, dann sind Arbeitssuchende mit Behinderung schnell aus dem Rennen.

Wie sehr ein Mensch mit Behinderung bei der Jobsuche durch Vorurteile behindert wird, erlebte der Sozialunternehmer Mag. Gregor Demblin viele Male am eigenen Leib. Er sitzt im Rollstuhl, seit er im Alter von 18 Jahren auf der Maturareise in Griechenland ins flache Wasser sprang und sich dabei den fünften Halswirbel brach. Das war im Jahr 1995. Nach einer langen Rehabilitationszeit studiert er Philosophie und verfasst nach Abschluss des Studiums viele Bewerbungsschreiben, erhält kaum Einladungen und findet trotz intensiver Suche keinen Job. Den bekommt er erst, als er einem Unternehmer begegnet, der einen vorurteilsfreien Blick hat und Demblins Fähigkeiten und Qualitäten erkennt. Es folgt eine jahrelange fruchtbare Zusammenarbeit.

Die persönlichen Erfahrungen bei der Arbeitssuche bringen Gregor Demblin auf die Idee, eine inklusive Jobplattform für Arbeitgeber, die Menschen mit Behinderungen einstellen wollen, und für Arbeitssuchende, die eine Beeinträchtigung haben, zu schaffen. Diese Jobplattform sollte jedoch für alle zugänglich sein, für Menschen mit und ohne Behinderung. Gregor Demblin wendet sich daher an Wolfgang Kowatsch, den damaligen Chef des Internet-Jobportals Careesma.at. Dieser begeistert sich schnell für das Anliegen und die beiden gründen 2009 Career Moves. Inzwischen heißt diese Online Jobplattform myAbility Jobs. Es stellt sich allerdings bald heraus, dass es nicht reicht, Unternehmen, die Menschen mit Behinderungen einstellen wollen, mit Arbeitssuchenden zusammenzubringen, die eine Beeinträchtigung haben. Denn die Personalisten und Personalistinnen sind selten ausreichend darauf vorbereitet, ein optimales Bewerbungsgespräch mit Menschen mit Behinderungen zu führen und Mitarbeiterinnen und Mitarbeiter mit Behinderungen erfolgreich ins Unternehmen einzugliedern. So gründet Gregor Demblin im Jahr 2014 die Unternehmensberatung myAbility.

DisAbility Management

Wie andere Sozialunternehmen auch, möchte myAbility ein gesellschaftliches Problem mit einem innovativen unternehmerischen Konzept lösen. Menschen mit Behinderungen sollen nicht länger vom Arbeitsmarkt und dem gesellschaftlichen Leben ausgeschlossen werden. Sie sollen vielmehr großen Unternehmen als Mitarbeiter und Kunden erschlossen werden und auf diese Weise den Inklusionsprozess vorantreiben. Den Topmanagern und Geschäftsführern soll aufgezeigt werden, dass ihr Unternehmen einen Wettbewerbsvorteil hat, wenn Menschen mit Behinderungen als potentielle Arbeitskraft und Kundschaft erkannt werden. Firmen werden dabei unterstützt, ein erfolgreiches Disability Management aufzubauen. Das englische Wort disability heißt Behinderung, das Wort ability bedeutet Fähigkeit. Es geht beim Disability Management um die Frage, wie betriebliche Abläufe für Arbeitskräfte mit Einschränkungen am besten gestaltet und wie Produkte und Dienstleistungen für Kundinnen und Kunden mit Behinderung am besten zugänglich gemacht werden. Angebote wie der UsAbility Test und der DisAbility Check tragen genauso dazu bei wie die DisAbility Beratung und Disability Trainings.

Es wenden sich beispielsweise Banken für einen UsAbility Test an die Unternehmensberatung und lassen überprüfen, ob ihre Bankomaten barrierefrei sind, ob sie also auch für Personen, die blind sind, im Rollstuhl sitzen oder in einer anderen Weise beeinträchtigt sind, benutzbar sind. Mitarbeiterinnen und Mitarbeiter von myAbility, die ganz unterschiedliche Behinderungen haben, testen die Geldautomaten, machen also den UsAbility Test, und schlagen, wenn notwendig, konkrete Veränderungen vor. Das zentrale Angebot der Unternehmensberatung sind der DisAbility Check und die DisAbility Beratung. Beim Check wird die Firma auf Herz und Nieren geprüft, denn das Thema Barrierefreiheit betrifft alle Bereiche eines Unternehmens. Kann die Homepage von allen besucht werden, sind die Produkte allen zugänglich, sind Betrieb oder Geschäftslokal barrierefrei oder bauliche Veränderungen notwendig? Wie gestaltet sich der Rekrutierungsprozess, wie also werden neue Mitarbeiterinnen und Mitarbeiter gesucht und ausgewählt? Wie sind die Arbeitsplätze gestaltet? Wie werden Mitarbeiterinnen und Mitarbeiter in das Unternehmen eingegliedert? Welche Förderungen gibt es, welche werden genutzt? »Wenn wir alles erhoben haben, wird eine Auswertung gemacht«, so Sebastian Brettl von myAbility. »Dann klären wir, wo das Unternehmen seinen Fokus hat. Das ist ja von Firma zu Firma verschieden. Schließlich geht es um die Frage, woran gearbeitet und was im Unternehmen verändert werden soll. Wir entwickeln eine Strategie, vereinbaren Ziele und begleiten diesen Prozess bis zur Umsetzung.«

myAbility berät seit dem Jahr 2015 die REWE International AG. Der DisAbility Check als Ist-Analyse zeigt, in welchen Bereichen das Unternehmen hinsichtlich Barrierefreiheit gut abschneidet und wo noch Handlungsbedarf besteht. Möglichst alle Filialen von Billa, Merkur, Penny, Bipa und Adeg sollen barrierefrei zugänglich sein; das sind in Österreich rund 2500 Filialen. Ebenso sollen die Karrierehomepage und die Onlineshops barrierefrei gestaltet sein. Inzwischen wurden 600 Menschen mit Behinderung eingestellt. Das sind, gemessen an der Mitarbeiterzahl von rund 42.300 und einem Bruttoumsatz von 8,4 Milliarden für das Jahr 2016 zwar noch nicht sehr viele, aber es ist ein Schritt in Richtung Inklusion. REWE plant, noch wesentlich mehr Stellen für Menschen mit Behinderung zu schaffen, und hat seit einiger Zeit auch eine eigene Disability Managerin, die für das Thema Behinderung im Konzern zuständig ist.

Der Inklusionsprozess von Menschen mit Behinderungen in Unternehmen müsse vor allem vom Topmanagement unterstützt werden, so der Betriebswirt Sebastian Brettl von myAbility. »Wenn das Committment da ist, wenn sich die oberste Führungsebene zur Inklusion bekennt, dann kann man auf den verschiedenen Ebenen in das Thema einsteigen, sei es beim Rekrutierungsprozess, bei der Arbeitsplatzgestaltung oder bei dem Thema CSR, also bei der Unternehmerischen Sozialverantwortung.«

Weitere Kunden von myAbility sind neben REWE auch die ÖBB und die UniCredit Bank Austria. Der Wunsch der Bank ist es, dass Menschen mit Behinderungen barrierefrei ihre Bankgeschäfte erledigen können, sei es in den einzelnen Filialen oder online. So gibt es beispielsweise die Möglichkeit des SmartBanking. Zu einem vereinbarten Termin kann man sich via Videotelefonie beraten lassen, auch in Gebärdensprache. Zudem beschäftigt der Konzern ungefähr 300 Mitarbeiterinnen und Mitarbeiter mit Behinderung. Für die Österreichischen Bundesbahnen ist Barrierefreiheit ebenfalls ein wichtiges Anliegen. Ein Teil der Kundschaft braucht die bauliche Barrierefreiheit, um mobil sein zu können, ein anderer Teil wie Eltern kleiner Kinder, Reisende mit großem Gepäck oder ältere Personen profitiert davon.

myAbility bietet Unternehmen auch sogenannte Sensibilisierungsseminare für Führungskräfte an, die einen sehr persönlichen und konkreten Zugang zu verschiedenen Dimensionen von Behinderung ermöglichen. »Diese Schulungen werden immer von einem inklusiven Team durchgeführt, also immer von Mitarbeiterinnen und Mitarbeitern mit und ohne Behinderung«, so Sebastian Brettl. »Unsere Mitarbeiter mit Behinderung sprechen ganz offen über Leben mit Behinderung. Die Teilnehmerinnen und Teilnehmer kommen oft zum ersten Mal mit Menschen mit Behinderung hautnah in Berührung und erleben, dass Behinderung etwas Normales ist.« Es sei ein großer Vorteil, so der Betriebswirt, dass im myAbility-Team ungefähr gleich viele Menschen mit Behinderung arbeiten würden wie

Personen ohne Behinderung. »Kolleginnen und Kollegen mit einer Hör- oder Seheinschränkung führen in den Unternehmen Beratungen und Schulungen durch. Es ist natürlich sehr authentisch, wenn ein Mensch mit Behinderung über das Thema Behinderung spricht und gleichzeitig im Unternehmen sein Know-how und seine Arbeitsleistung demonstriert. Das zeichnet uns aus, dass wir im Büro, im Unternehmen Inklusion vorleben.«

Das Bewerbungsgespräch

Wie gelingt es, dass Unternehmen sich für Jobsuchende mit Behinderung öffnen? Zunächst, so Sebastian Brettl, werde immer mit den jeweiligen Vorgesetzten gesprochen, der entscheidende Schritt müsse aber von den Führungskräften gemacht werden. Wenn die Tür einmal geöffnet ist, informieren die Unternehmensberaterinnen und Unternehmensberater von myAbility die Verantwortlichen in den Firmen, wie barrierefreie Stellenausschreibungen gestaltet werden. Sie sprechen über sichtbare und unsichtbare Formen der Behinderung und wie sie sich am Arbeitsplatz auswirken können. Sie erarbeiten Lösungsvorschläge und ermutigen die Personalverantwortlichen, alle wichtigen Fragen in einem Bewerbungsgespräch mit einem Menschen mit Behinderung klar, deutlich und sachlich anzusprechen. Allerdings nicht auf eine diskriminierende Art und Weise. Zu fragen, ob der Kandidat die Aufgaben mit seiner Behinderung überhaupt erledigen könne, bringe keine Erkenntnis. Viel aufschlussreicher sei dagegen die Frage, wie der Betroffene eine bestimmte Problemstellung lösen würde.

Und welche Strategie verfolgt man am besten als Bewerberin oder Bewerber mit Behinderung? Spricht man seine Behinderung bereits im Lebenslauf an, verschweigt man sie ganz oder thematisiert man sie erst beim Bewerbungsgespräch? Das sei eine ganz individuelle Entscheidung und hänge von verschiedenen Faktoren ab, so Mag. Heidemarie Egger. Die ehemalige Mitarbeiterin von myAbility, die jetzt für die Öffentlichkeitsarbeit des Österreichischen Behindertenrates zuständig ist, beschreibt, welche Überlegungen sie selbst angestellt hat. »Ich habe das Marfan-Syndrom«, erzählt sie. »Das ist eine seltene Erkrankung, die man mir auf den ersten Blick nicht ansieht. Es ist eine genetisch bedingte Bindegewebserkrankung, die sich bei mir unter anderem auf das Sehvermögen, die Körpergröße und meine Gelenke auswirkt. Als ich meine Behinderung einmal bei einem Bewerbungsgespräch thematisiert habe, reagierte der Personalchef völlig irritiert und verständnislos. Die Stimmung war weg, der Job auch. Wenn ich nichts gesagt hätte, hätte ich den Job ziemlich sicher bekommen.«

Doch für Heidemarie Egger war es wichtig, darüber zu reden, obwohl ihr immer wieder geraten wurde, ihre Behinderung bei der Bewerbung zu verschweigen. Denn die junge Frau, die Publizistik und Kommunikationswissenschaften studiert hatte, ist seit vielen Jahren ehrenamtlich in der Marfan Initiative tätig. Sie ist ist die Obfrau des Vereins in Österreich und war auch international aktiv. Sie koordinierte die europäische Jugendarbeit der vom Marfan-Syndrom Betroffenen. »Ich möchte diese Tätigkeiten in meinem Lebenslauf präsentieren«, sagt Heidemarie Egger. »Dieses Engagement zeigt etwas von mir. Ich habe schon oft an internationalen Konferenzen teilgenommen und kann mich auf diesem Parkett bewegen.« Sie schäme sich nicht dafür, dass sie das Marfan-Syndrom habe, sagt die junge Akademikerin selbstbewusst. »Es ist nicht der Hauptteil, aber es ist Teil meines Lebens. Es ist ein Teil von mir selbst und ich möchte nicht in einem Unternehmen arbeiten, wo dies nicht anerkannt wird.«

Bei der Arbeitssuche geht Heidemarie Egger unterschiedlich vor. Bei schriftlichen Bewerbungen gibt sie manchmal unspezifisch an, dass sie dem Personenkreis von Menschen mit Behinderung angehört. Manchmal tut sie es nicht, recherchiert aber, ob der potentielle Arbeitgeber auf dem Gebiet von Arbeit und Behinderung Erfahrung hat. Beim Bewerbungsgespräch thematisiert sie ihre Behinderung immer. Sie findet es gerade in ihrem Fall wichtig, selbst dazu Stellung nehmen zu können, da das Marfan-Syndrom viele verschiedene Auswirkungen haben kann, doch diese bei jeder betroffenen Person anders sind. Und vor allem ist es ihr wichtig, über die Nicht-Auswirkungen zu sprechen. Die eigene Behinderung, so Heidemarie Egger, sei nur ein Teil der Vita und solle weder im Lebenslauf noch in der Bewerbung detailliert beschrieben werden. Denn bei einer Bewerbung gehe es schließlich um die Qualifikation. »Bei der Bewerbung ist es wichtig zu zeigen, was ich kann und dass ich für den Job geeignet bin. Genauso wichtig ist es, sich als Expertin in eigener Sache zu erweisen. Das heißt, dass ich im Bewerbungsgespräch zum Beispiel sage, dass ich für meine Arbeit am Computer einen größeren Bildschirm oder eine Braillezeile benötige und dass es dafür Förderungen gibt. Dieses Wissen soll man präsentieren und man soll zeigen, dass man sich auskennt. Wer kompetent auf die Fragen eingeht, nimmt Ängste und gibt wertvolle Informationen an den potentiellen Arbeitgeber weiter.« Es sei außerdem empfehlenswert, das heimische Angebot an Integrationsfachdiensten zu nutzen und sich ganz speziell beraten zu lassen. Das Netzwerk Berufliche Assistenz (NEBA) sei hier zu nennen, das aus Organisationen besteht, die spezifisch und langfristig beraten.

DisAbility Wirtschaftsforum

Dieses B2B-Netzwerk (Business-to-Business-Netzwerk) von myAbility bietet österreichischen Unternehmerinnen und Unternehmern die Möglichkeit, mehr zum Thema Wirtschaft und Behinderung zu erfahren, Wissen und Erfahrungen über Barrierefreiheit branchenübergreifend auszutauschen und Neues zu lernen. Einmal jährlich findet der DisAbility Confidence Day statt, wo Topmanager und wichtige Entscheidungsträger aus Politik und Wirtschaft darüber diskutieren, wie die Inklusion von Menschen mit Behinderungen im Wirtschaftsleben befördert werden könne. Dreimal im Jahr lädt das Wirtschaftsforum seine Mitglieder in die myAbility Lounge. »Da bittet Gregor Demblin hochkarätige Persönlichkeiten zum Gespräch«, so Sebastian Brettl, der bei myAbility für das Wirtschaftsforum verantwortlich ist. »Wir wollen zeigen, dass sich wichtige Führungskräfte, dass sich CEOs von großen Unternehmen mit diesem Thema beschäftigen, und wir wollen anregen, dass sie bei mittelständischen Unternehmern Nachahmer finden. Dieser Business Talk ist eine gute Gelegenheit, voneinander zu lernen und sich zu vernetzen. Traditionell ist das Thema Behinderung ja sehr stark im Sozialbereich verankert, dieser Bereich ist gut und wichtig. Aber wir von myAbility haben einen wirtschaftlichen Zugang und zeigen, dass die Firmen einen Wettbewerbsvorteil haben, wenn sie Menschen mit Behinderung als Mitarbeiterinnen und Mitarbeiter beachten. Mit den verschiedenen Veranstaltungen und Angeboten wie Expertengesprächen und Förderprogrammen für Studentinnen und Studenten sowie für Lehrlinge, möchten wir das Thema Arbeit und Behinderung, Wirtschaft und Inklusion nach außen tragen.«

Gregor Demblin ist überzeugt davon, dass es im wirtschaftlichen wie gesellschaftlichen Interesse eines Unternehmens liegen müsse, mit der großen Gruppe der Menschen mit Behinderung professionell umzugehen. Er habe die Vision, so der mehrfach ausgezeichnete Sozialunternehmer, dass Menschen mit Behinderung ein ganz normales Leben führen können, dass möglichst viele Berührungspunkte mit behinderten Menschen geschaffen und Vorurteile abgebaut werden. Dass Behinderung keinen Sonderfall darstelle, sondern als etwas ganz Normales betrachtet werde, in allen Bereichen unseres gesellschaftlichen Lebens und natürlich auch in der Arbeitswelt. Diese Vision möchte der Sozialunternehmer, der im Jahr 2013 zum Ashoka Fellow ernannt wurde, auch in Deutschland und in der Schweiz realisieren. Sein expandierendes Unternehmen soll im gesamten deutschen Sprachraum dazu beitragen, dass zunehmend mehr Menschen mit Behinderungen Jobs bekommen und selbstbestimmt leben können.

FÜR EINE WELT OHNE BARRIEREN

Menschen mit Behinderung sollen gleichberechtigt am gesellschaftlichen Leben teilnehmen und teilhaben, so die UN-Konvention über die Rechte von Menschen mit Behinderung. Seit dem Inkrafttreten am 26. Oktober 2008 ist unter anderem das Recht auf Arbeit, Bildung und Barrierefreiheit für Menschen mit Behinderung von Österreich anerkannt. Die Politikerinnen und Politiker unseres Landes sind also verpflichtet, die Behindertenrechtskonvention umzusetzen. »Viele Politiker wollen die Inklusion. Sie wissen aber oft nicht, wie sie damit umgehen sollen«, so Martin Essl, ehemaliger Chef der bauMax-Kette. Der Unternehmer verfügt über eine langjährige Erfahrung, Menschen mit Behinderung zu beschäftigen. Bereits Mitte der 1980er-Jahre beginnt er, Mitarbeiterinnen und Mitarbeiter mit Behinderungen in seinen Baumärkten einzustellen. Als Ende des Jahres 2015 die letzten Filialen in Österreich verkauft sind, wird der einstige Konzernchef zum Vollzeitsozialunternehmer.

»Es ist unser Ziel, allen Menschen mit Behinderung die Möglichkeit zu geben, durch eigene Arbeit, die auf ihre individuellen Fähigkeiten abgestimmt ist, ihr Einkommen zu verdienen«, sagt Martin Essl, der mit seiner Frau Gerda 2008 die Essl Foundation gegründet hat. »Wir haben uns damals gefragt, was wir als Familie, als christlich eingestellte Menschen in dieser Welt zum Wohle von Menschen mit Behinderung bewegen können« Die Essl Foundation unterstützt mit dem Zero Project Innovationen, die das Leben und die rechtliche Lage von Menschen mit Behinderungen verbessern. Sie fördert Initiativen und Beschäftigungsmodelle wie zum Beispiel Specialisterne, die Menschen mit Behinderungen dabei unterstützen, einen ihren Begabungen entsprechenden Job am allgemeinen Arbeitsmarkt zu finden. Und sie organisiert die Unternehmensdialoge, die in allen österreichischen Landeshauptstädten abgehalten werden.

Das Zero Project

Das weltweite Netzwerk Zero Project setzt sich für die Rechte von Menschen mit Behinderungen und somit für die Umsetzung der UN-Behindertenrechtskonvention ein. Das englische Wort zero heißt null und steht in diesem Zusammenhang für eine Welt ohne Barrieren. Jedes Jahr werden weltweit vorbildliche Lösungen und gesetzliche Bestimmungen gesucht, die die Lebenssituation von Menschen mit Behinderungen verbessern. »Wir arbeiten mit ungefähr 4000 Expertinnen und Experten mit und ohne Behinderung zusammen«, so Martin Essl. »Und ich betone mit und ohne Behinderung, denn ich finde es wichtig, dass alle zusammenwirken. Diese Leute, die unterschiedlichen Organisationen angehören und aus rund 180 Ländern kommen, liefern uns Input. Wir machen jedes Jahr einen Call for Nominations, also einen Aufruf, uns innovative Beispiele zu nennen, die die Situation von Menschen mit Behinderungen positiv verändert haben.«

Dieser Aufruf erfolgt in sechs verschiedenen Sprachen und jedes Jahr treffen hunderte Nominierungsanträge ein. Anträge, die vom Team des Zero Projects sowie von zahlreichen Fachleuten in einem mehrstufigen Verfahren geprüft werden. Jedes Jahr werden abwechselnd unterschiedliche Bereiche behandelt, einmal das Thema Barrierefreiheit, dann Bildung, Beschäftigung und schließlich der Bereich Selbstbestimmt leben und politische Teilhabe. Rund 55 neuartige praktische Lösungen und ungefähr zehn gesetzliche Bestimmungen halten der Prüfung stand. Diese besten Beispiele werden jedes Jahr im Zero Project Report und im Internet veröffentlicht sowie auf der Zero Project Conference vorgestellt, die immer im Februar in der UNO-City in Wien abgehalten wird. Im Jahr 2018 geht es beispielsweise um das Thema Barrierefreiheit und es nehmen ungefähr 500 Delegierte aus 60 verschiedenen Ländern an der Konferenz teil. Mit dabei ist auch eine Delegation aus Graz, die mit der Entwicklung eines neuen Stadtteils auf den ehemaligen Reininghausgründen in Graz befasst ist, und zwar konkret mit dem Thema Mobilität und Barrierefreiheit. »Wir haben die Grazer bei unserer Konferenz mit Innovatoren aus der ganzen Welt vernetzt, um ihnen die Möglichkeit zu bieten, ganz neue Konzepte und Technologien kennenzulernen. Denn der Bürgermeister hat bei unserem Unternehmensdialog 2018 in Graz darauf hingewiesen, dass dieser neue Stadtteil in Zusammenarbeit mit uns barrierefrei gestaltet werden sollte«, so der Initiator des Zero Projects.

Die Unternehmensdialoge

Bei den Unternehmensdialogen, die seit dem Jahr 2017 durchgeführt werden, berichten Vorgesetzte wie beispielsweise die Apothekerin Karin Simonitsch, der Unternehmer Josef Zotter von der Schokoladen Manufaktur und Human Resources-Manager (HR-Manager) von Konzernen wie REWE, über ihre Erfahrungen mit Angestellten mit Behinderungen. Ebenfalls eingeladen sind Vertreterinnen und Vertreter des Arbeitsmarktservices (AMS), der Landesregierungen und der verschiedenen Sozialorganisationen. Es sei alles andere als einfach, die Wirtschaftstreibenden zum Austausch zusammenzubringen, sagt Martin Essl. »Wir müssen jedem Einzelnen nachlaufen. Es ist mit einem ganz großen persönlichen wie personellen Aufwand verbunden, aber es ist uns ein Herzensanliegen, das zeichnet unser Team aus. Und natürlich ist es so, dass eine Innovation, dass eine neuartige, fortschrittliche Lösung zunächst immer Widerstand hervorruft. Denn das Neue macht Angst und verunsichert. Wenn dann die ersten Vorreiter davon berichten, wie erfolgreich sie die neuen Maßnahmen umgesetzt haben, und wenn eine kritische Größe erreicht wird, dann läuft es von selbst. Aber diese Größe ist überhaupt noch nicht erreicht, weder in Österreich noch international.«

Bei den Unternehmensdialogen gehe es vor allem darum, die Win-win-Situation aufzuzeigen, so der Gründer der Essl Foundation. »Beide Seiten profitieren, Vorgesetzte wie Angestellte.« Er halte nichts davon, Menschen mit Behinderungen aus Barmherzigkeit oder Mitleid einzustellen oder als CSR-Maßnahme, also als Maßnahme einer sozialen Unternehmensverantwortung, die sich auf der Webseite gut vermarkten lässt. Wenngleich auch Martin Essl anfangs nicht von unternehmerischen Motiven geleitet wurde. »Ich habe vor 30 Jahren begonnen, Menschen mit Behinderungen beim bauMax einzustellen, und wir haben das zunächst als christlich soziale Tat gesehen.«

Bereits beim ersten Mitarbeiter mit Behinderung, der im damaligen Baumarkt zu arbeiten beginnt, zeigt sich, dass dieser Prozess begleitet werden muss, dass sowohl der neue Mitarbeiter als auch sein Team auf die Zusammenarbeit vorbereitet werden müssen. Man holt sich Hilfe von außen, wird von der Arbeitsassistenz unterstützt, klärt die Kundschaft auf, die sich zunächst nicht auskennt, und lernt mit jedem neuen Angestellten mit Behinderung dazu. »Wir haben dann festgestellt«, erinnert sich der ehemalige bauMax-Chef, »dass jeder Mitarbeiter mit Behinderung über bestimmte Talente verfügt, dass sich innerhalb des Teams einiges verändert, dass die Leute eine höhere soziale Kompetenz entwickeln. Natürlich hat es auch Probleme gegeben, aber mit jedem Menschen gibt es da und dort einmal ein Problem. Am Anfang dachten wir uns, es ist ein besonderer Glücksfall, dass diese Integration dem Unternehmen auch etwas bringt, dass es nicht nur eine Sozialromanze ist, sondern dass auch etwas zurückkommt.«

Die Unternehmensführung von bauMax will es genau wissen und lässt wissenschaftlich untersuchen, wie sich das soziale Verhalten eines Teams verändert, wenn im Team auch Mitarbeiter mit Behinderung sind, und es werden regelmäßig Mitarbeiterbefragungen durchgeführt und ausgewertet. »Es hat sich gezeigt«, so Martin Essl, »dass überall dort, wo wir Menschen mit Behinderungen integriert hatten, die Mitarbeiterzufriedenheit gestiegen ist. Damit ist auch die Leistung an unseren Kunden und unser Ergebnis insgesamt verbessert worden. Und es hat sich bei den Leuten persönlich viel getan. Ich habe mich oft mit den Angestellten unterhalten. Mir hat ein Mitarbeiter einmal erzählt, dass er bis vor kurzem noch in einer Behinderteneinrichtung war, dass er jetzt in seine eigene Wohnung zieht und dass seine Kollegen ihm beim Ausmalen und Übersiedeln geholfen haben. Da ist eine Akzeptanz dem Anderen gegenüber entstanden, da haben sich Freundschaften gebildet. Da wusste ich, die haben es geschafft.«

Diese Erfahrungen, die Martin Essl im eigenen Unternehmen gemacht hat, möchte er mit anderen teilen. Er will mit seiner Arbeit dazu beitragen, dass möglichst viele Unternehmerinnen und Unternehmer selbst diese Erfahrung machen können und dass es dadurch zu einem nachhaltigen gesellschaftlichen Wandel kommt. Eine Möglichkeit dazu bieten die Unternehmensdialoge, wo sich Akteurinnen und Akteure aus Wirtschaft und Politik sowie aus dem Sozialbereich austauschen und vernetzen. Bei jeder Veranstaltung, so der Initiator, würde man neue Erkenntnisse gewinnen und diese in die Konzeption des nächsten Dialogs einarbeiten. »Unsere Initiative und unser Know-how hat offensichtlich auch dem Sozialministerium so gut gefallen, dass es uns eine Förderung zur Teilkostenabdeckung gegeben hat, damit wir diese Unternehmensdialoge weiterführen können. Ich bin der Meinung, dass die öffentliche Hand auf jeden Fall etwas dazu beitragen sollte, denn so wichtige und erfolgreiche Projekte sollten nicht nur der Zivilgesellschaft überlassen werden. Ich brauche die Unterstützung aller.«

Eine einheitliche Gesetzgebung für ganz Österreich würde es den Unternehmerinnen und Unternehmern viel leichter machen, Menschen mit Behinderungen einzustellen. Es sei verwirrend, wenn es für jedes Bundesland ein eigenes Gesetz gebe. »Es ist überhaupt nicht hilfreich, dass wir so viele Gesetze haben, die wir beachten müssen. Ich finde, wir müssten zu einem Best-of kommen. Wir sollten alle Systeme zusammenlegen und auf dieser Grundlage die beste Lösung erarbeiten, die dann kraftvoll umgesetzt werden kann.«

Potentiale nützen

Statistiken verdeutlichen, wie weit der Weg zu einer inklusiven Gesellschaft ist. In den Vereinigten Staaten von Amerika seien beispielsweise 80 Prozent der Menschen, die blind sind, beschäftigungslos. Für Österreich gebe es diese genauen Zahlen nicht, aber die Situation sei ähnlich. Das habe, so Martin Essl, mit den Sondereinrichtungen und Sonderschulen zu tun. »Menschen mit Behinderung werden aus der Gesellschaft ausgeschlossen. Sie werden eingesperrt, in Sonderinstitutionen untergebracht, sie sitzen zuhause und kommen gar nicht zurecht in einer Gesellschaft, die nicht barrierefrei ist. Sie warten darauf, alt zu werden. Das ist doch keine Perspektive!«

Diese Exklusion steht in einem krassen Widerspruch zu den in der UN-Konvention verbrieften Rechten von Menschen mit Behinderungen. Menschen daran zu hindern, am gesellschaftlichen Leben teilzunehmen, ist diskriminierend und hat einen großen volkswirtschaftlichen Schaden zur Folge. »Es gibt eine Berechnung, die in St. Gallen durchgeführt wurde«, erläutert Martin Essl. »Diese Berechnung besagt, dass der Unterschied für den Staat zwischen einem Sozialhilfeempfänger und einem Steuerzahler, der das ganze Leben beschäftigt ist, rund eine Million Euro beträgt. Das heißt, da gibt es ein riesiges Potential. Es ist enorm wichtig, für gute Ausbildungs- und Beschäftigungsmöglichkeiten zu sorgen. Auch und gerade für Menschen mit Behinderung. Das gilt natürlich nur für Menschen mit Behinderung, die in der Lage sind, dies auch zu tun. Denn nicht jede Person mit Behinderung wird einer Arbeit nachgehen oder einen Fulltime-Job ausüben können, aber eben entsprechend ihren Fähigkeiten und Begabungen. Es ist wichtig, dass Unternehmer erkennen, dass hier Talente schlummern und Märkte darauf warten, entdeckt zu werden.« Bei Menschen mit Behinderung handle es sich nicht um eine kleine, vernachlässigbare Gruppe. Man gehe davon aus, dass 15 Prozent der

Weltbevölkerung eine Behinderung haben. Das seien, so Martin Essl, weltweit eine Milliarde Menschen und in Österreich ungefähr 1,2 Millionen Menschen. »Anfang des 19. Jahrhunderts hat die Industrialisierung die Welt verändert. Es wurden viele neue Arbeitsplätze geschaffen, aber nur für Menschen ohne Behinderung. Die große Chance, die ich sehe, hängt einerseits mit dem technischen Fortschritt und andererseits mit der Digitalisierung zusammen. Wir stehen erst ganz am Anfang, die Digitalisierung wird unsere Ausbildung, unsere Arbeitswelt, unser persönliches Leben grundlegend verändern und neue Tugenden und Talente erfordern.«

Heute stehen Menschen mit Behinderungen technische Hilfsmittel zur Verfügung, die sie in die Lage versetzen, viele Dinge zu tun, die sie bislang gar nicht oder nur unter erschwerten Bedingungen tun konnten. Die neuen Technologien würden neue Möglichkeiten, aber auch neue Märkte schaffen, ist der Gründer der Essl Foundation überzeugt. »Da es sehr viele Menschen mit Behinderungen gibt, ist es marktwirtschaftlich interessant, ganz gezielt Produkte und Dienstleistungen für sie anzubieten. Die Kaufkraft von Menschen mit Behinderung ist doppelt so groß wie die Kaufkraft der 10- bis 20-Jährigen. Die Kinder und Jugendlichen werden mit großem Aufwand zum Kaufen animiert. Aber die Bewerbung von Menschen mit Behinderung fehlt fast gänzlich. Die Wirtschaft klagt über fehlende Entwicklungschancen und über Fachkräftemangel und erkennt nicht, dass 15 Prozent der Bevölkerung genau das haben, was die Wirtschaft braucht. Das wollen wir mit unserer Arbeit sichtbar machen, verändern und einen gesellschaftlichen Wandel bewirken.«

Der seinerzeitige bauMax-Chef stellt mit der Essl Foundation Geld zur Verfügung, um die Lebenssituation von Menschen mit Behinderung zu verbessern. Doch Geld alleine genüge nicht, davon ist er fest überzeugt. Es erfordere auch Zeit, es brauche diesen unternehmerischen und zivilgesellschaftlichen Ansatz. Und schließlich sei er seinem Herrgott im Wort. »Nachdem ich das Unternehmen verkaufen musste, nachdem es Arbeitsplätze zu sichern galt, habe ich mit Gott eine Vereinbarung getroffen. Ich habe versprochen, dass ich, wenn ich erhobenen Hauptes alles gut über die Bühne bringe, dass ich dann mehr als die Hälfte meiner unternehmerischen Zeit meinem Sozialprojekt widmen werde. Es ist uns tatsächlich gelungen, 9000 Arbeitsplätze zu sichern. So setze ich nun in meiner zweiten Lebenshälfte Zeit und Geld dafür ein, Menschen mit Behinderungen in einer einmaligen Weise zu unterstützen und zu fördern. Ich empfinde es als eine Gnade und ein Geschenk, dass ich einen Bereich finden durfte, der gebraucht wird und von niemandem besetzt ist.«

Der ehemalige bauMax-Chef schaut sich heute auf der Welt nicht mehr nach gutem Werkzeug für seine Kundinnen und Kunden um. Jetzt sucht der Sozialunternehmer überall nachhaltige Innovationen, die er bewirbt. Er verfolgt dabei das Ziel, diese neuartigen Lösungen, die irgendwo auf der Welt gut funktionieren, bekannt und möglichst vielen verfügbar zu machen, damit Menschen mit Behinderung Zugang zu allen gesellschaftlichen Lebensbereichen haben. Eine Aufgabe, die ihn bereichert und die ihm große Freude bereitet.

TEIL ZWEI: UNBEHINDERT ARBEITEN

»AUCH AUS STEINEN, DIE EINEM IN DEN WEG GELEGT WERDEN, KANN MAN ETWAS BAUEN«

Anna Haunlieb, Billeteurin

Bei der Arbeit trägt Anna Haunlieb eine schwarze Hose, ein grünes Sakko, darunter eine weiße Bluse und ein goldgelbes Gilet. Sie ist Billeteurin im Wiener Konzerthaus und sorgt mit ihren Kolleginnen und Kollegen für einen reibungslosen Ablauf bei den Veranstaltungen. Die Billeteure öffnen die Säle vor Beginn der Konzerte, geben Auskunft oder verkaufen Programmhefte. Sie stehen bei den Stiegenaufgängen und kontrollieren die Eintrittskarten, früher wurden die Tickets abgerissen, heute werden sie gescannt.

Anna Haunlieb, die im Gegensatz zu ihren Kolleginnen und Kollegen bei der Arbeit sitzt, und zwar in ihrem Rollstuhl, wird von den Konzerthausbesuchern nicht immer sofort als Billeteurin erkannt und es kommt mitunter zu merkwürdigen Missverständnissen. Wenn sie den Gästen bedeutet, dass diese auch zu ihr zur Kartenkontrolle kommen können, wird sie manchmal gefragt, ob sie denn ein Foto machen wolle. »Das meinen sie gar nicht böse. Sie registrieren bloß nicht, dass ich hier arbeite und meinen Scanner in der Hand halte.«

Seit 2010 ist Anna Haunlieb im Wiener Konzerthaus beschäftigt, die ersten sechs Jahre geringfügig, seit Ende des Jahres 2016 ist sie fest angestellt. Dafür kämpfte sie, dafür setzte sie sich ein. Immer wieder kontaktierte sie die zuständigen Vorgesetzten und wiederholte ihr Anliegen, dass sie mehr Stunden und ein sozialversicherungspflichtiges Dienstverhältnis möchte.

Die junge Frau, die aufgrund eines Sauerstoffmangels bei der Geburt eine spastische Lähmung hat, wird bei ihrer beruflichen Tätigkeit von einer Persönlichen Assistentin unterstützt. Diese wirkt im Hintergrund und übernimmt jene Aufgaben, die Anna Haunlieb aufgrund ihrer körperlichen Behinderung nicht ausführen kann. »Da ich nicht gehen kann, ersetzt sie mir meine Beine. Manchmal ist sie auch mein Sprachrohr.«

Zu Dienstbeginn müssen sich die Billeteurinnen und Billeteure im Büro melden, ebenso zu Dienstschluss. Da das Büro aber nur über Stiegen erreichbar, also nicht barrierefrei ist, geht die Persönliche Assistentin mit der Chipkarte in den oberen Stock und besorgt das Funkgerät sowie den Kartenscanner. Sie informiert sich, ob es beim Dienst an diesem Abend etwas Besonderes zu beachten gelte, gibt die Information weiter und bringt Anna Haunlieb zu ihrem Platz beim Stiegenaufgang.

Wenn der Einlass beginnt, zieht sich die Persönliche Assistentin zurück, bleibt aber in Sichtweite, damit sie – was kaum vorkommt, aber passieren kann – sofort da ist, falls Anna Haunlieb sie braucht. Während die Gäste der Aufführung beiwohnen, ist die Assistentin wieder an der Seite der gelähmten Billeteurin, reicht ihr ein Getränk oder eine mitgebrachte Jause, schiebt den Rollstuhl zur Toilette, öffnet Schnallen und Gurte, da die Beine der jungen Frau üblicherweise fixiert sind. In der Pause sind die Billeteure wieder auf ihren Plätzen, um dem Publikum für Auskünfte zur Verfügung zu stehen. Nach der Konzertpause werden Details zum Dienstplan besprochen, das heißt, dass die Assistentin mit den Anliegen von Anna Haunlieb ins Büro geht, Termine klärt und diese dann in den persönlichen Kalender der jungen Billeteurin einträgt. Wenn alle oder zumindest die meisten Besucherinnen und Besucher das Konzerthaus verlassen haben, ist für das Personal Dienstschluss. Die Assistentin hilft beim Anziehen, schiebt den Rollstuhl und bringt Anna Haunlieb in ihre Wohnung zurück. Die Konzerthausmitarbeiterin, die aus einer großen Familie kommt, genießt es sehr, in ihren eigenen vier Wänden leben zu können. Wenn ihr das Alleinsein zu viel wird, besucht sie ihre Eltern und Geschwister in Niederösterreich.

Eigentlich sei sie ja ausgebildete Datenbankassistentin. Da es aber sehr schwierig sei, in diesem Bereich einen Job zu bekommen, wenn im Bewerbungsschreiben steht, dass sie im Rollstuhl sitzt und am Arbeitsplatz eine Persönliche Assistenz benötigt, und sie sehr gern mit Menschen zu tun hat, habe sie sich für die Arbeit im Konzerthaus entschieden. »Und auch«, fügt sie hinzu, »weil ich das ein bissl als Auftrag sehe, dass ich mit meiner Behinderung offen umgehe und nach draußen gehe.« Aus diesem Grund besucht sie auch Berufsbildende Schulen, will zum Thema Behinderung Rede und Antwort stehen, den Schülerinnen und Schülern die Angst nehmen und »eine Spastikerin zum Angreifen sein«.

In ihrer Freizeit wie bei der Arbeit möchte sie an den Vorurteilen und festgefahrenen Bildern über Menschen mit einer körperlichen Behinderung rütteln. An Gelegenheiten dafür mangelt es ihr nicht. Sie lässt sich nicht einschüchtern und unterkriegen, wenn ein Konzertbesucher ihr zu verstehen gibt, dass sie hier eigentlich fehl am Platz sei und ihr ungebetener Weise empfiehlt, sich doch vom Staat erhalten zu lassen. »Da habe ich ihn angelächelt und gesagt, ich bin hier, weil ich gern arbeite.« Es ist nicht immer leicht, mit den gedankenund herzlosen Reaktionen der anderen umzugehen. Aber die junge Frau verfügt über ein starkes Selbstbewusstsein und ist durch eine harte Schule gegangen.

Anna Haunlieb ist in der niederösterreichischen Marktgemeinde Loosdorf aufgewachsen. Sie ist die älteste von vier Geschwistern und ihren Eltern dankbar, dass sie den Mut hatten, nach ihrer Geburt noch weitere Kinder zu bekommen. Die zwei Schwestern und der Bruder spielen eine bedeutsame Rolle für sie. Sie bringen Normalität in den Alltag, verhindern, dass sich alles nur um das behinderte Kind dreht. »Ich glaube, dass das Leben mit den Geschwistern mich zu dem gemacht hat, was ich bin. Ich habe erlebt, dass meine Eltern für mich da sind, aber auch, dass sie nicht die ganze Zeit für mich da sind. Wenn du eine Behinderung hast, ist es das Beste, wenn ein Zwutschgi nachkommt.« Vor allem die jüngste Schwester löst bei Anna einen Entwicklungsschub aus. Die Kleine spornt sie an, körperlich mehr zu erreichen als bisher. Familienforscherinnen und Psychologen bezeichnen dieses geschwisterliche Verhalten als konstruktive Konkurrenz.

Die Eltern ermutigen ihre behinderte Tochter. Wenn sie etwas Bestimmtes tun will, fordern sie sie auf, es auszuprobieren. Sie sagen nie von vornherein: »Das geht nicht.« Sie machen ihrem Kind aber klar, dass es immer wieder Situationen geben wird, wo es Hilfe benötigen wird. »Sie haben mir das Gefühl vermittelt, dass das Leben mit einer Behinderung anders ist, dass aber deswegen nicht die Welt einstürzt.«

Als Kind verbringt Anna viel Zeit bei der Großmutter und einer Tante mit einer sonderpädagogischen Ausbildung. Sie wird gefördert und unterstützt. Die Mutter setzt sich dafür ein, dass das Mädchen nicht in die Sonderschule, sondern in die Volksschule kommt und eine Stützlehrerin erhält. Diese Lehrerin, die selbst einen blinden Sohn hat, behandelt ihren Schützling »ganz normal«, ermutigt zur Selbstständigkeit und greift nur dort ein, wo Hilfe nötig und sinnvoll ist. In der restlichen Zeit unterstützt sie die anderen Kinder in der Klasse. »Diese Lehrerin war das Beste, was mir damals passieren konnte.«

Auf die vier guten folgen vier harte Jahre. In der Hauptschule hat Anna nicht nur eine, sondern mehrere Stützlehrerinnen. Die Mitschüler und Mitschülerinnen sind mitunter gemein und grausam zu ihr. Manche Lehrkräfte sind mit der Situation überfordert, auch wegen der Willensstärke und des Selbstbewusstseins ihrer Schülerin im Rollstuhl. So als stünde es einem jungen Menschen mit Behinderung weit besser an, sich dankbar und still zu verhalten. Es sei eine schreckliche Zeit gewesen, ein Horror, zugleich aber auch eine gute Vorbereitung auf die Berufstätigkeit und das Leben in der Stadt. »Weil sonst würde ich Wien nicht überleben. Wien ist ungefähr das Dreifache vom Land.«

Im Alter von 17 Jahren zieht Anna nach Wien, da sie die Handelsschule in der Ungargasse besuchen möchte. Sie wohnt im Internat, vermisst ihre Familie und leidet unter Heimweh. Sie würde es aber heute genauso wieder machen, denn man müsse von daheim weggehen und sein eigenes Leben führen. Die Schule fällt ihr aufgrund einer Teilleistungsschwäche schwer. Nach zwei Jahren beschließt sie, die Handelsschule abzubrechen. Denn sie hat gesehen: »Das wird nix.« Sie wechselt zu Atempo, einem Sozialunternehmen, das Menschen mit Behinderung eine Ausbildung anbietet. Dort erhält sie eine Schulung zur Datenbankassistentin. »Man hat seine Grenzen und zu denen muss man halt stehen. Das habe ich akzeptiert.«

Mit knapp 20 Jahren hat Anna Haunlieb ihre Ausbildung abgeschlossen. Sie möchte in eine eigene Wohnung ziehen und eine Arbeit finden. Über eine Bekannte erfährt sie, dass Wien Work Menschen mit Behinderung bzw. Menschen, die am Arbeitsmarkt benachteiligt sind, bei der Arbeitssuche unterstützt. Dieses gemeinnützige Unternehmen der Sozialwirtschaft bietet etwa geschützte Arbeitsplätze, Qualifizierungsmaßnahmen, Transitarbeitsplätze und berät Menschen dabei, einen Job und einen Platz in der Arbeitswelt zu finden. Ein Berater von Wien Work unterstützt die junge Frau dabei, eine Arbeit als Billeteurin im Wiener Konzerthaus zu bekommen.

Als Anna Haunlieb im Konzerthaus zu arbeiten beginnt, ist sie die erste Billeteurin, die im Rollstuhl sitzt. Das ist für ihre Kolleginnen und Kollegen sowie für ihre unmittelbaren Vorgesetzten eine neue Situation. Diese werden zwar vorab informiert, dass eine Mitarbeiterin kommt, die eine Körperbehinderung hat, doch Anna Haunlieb selbst ist bei dieser Besprechung nicht dabei. »Das habe ich nicht für richtig gehalten. Ich hätte mir gewünscht, dabei sein zu können.«

Nur einer der Chefs hatte bereits Umgang mit einem Menschen, der im Rollstuhl sitzt. Manche scheinen sich ein wenig zu fürchten, andere reagieren neidisch oder verständnislos, dass die Kollegin im Rollstuhl keine Dienste in der Garderobe machen oder nicht selbst ins Büro hinaufgehen muss und außerhalb des Aufenthaltsraumes trinken und essen darf.

Anna Haunlieb erklärt, räumt Missverständnisse aus und bringt Verständnis für ihre Kolleginnen und Kollegen auf, für diese bunt gemischte Gruppe von rund 200 Leuten zwischen 18 und 86 Jahren. Inzwischen haben sich die Dinge gut entwickelt. Wenn sich ein neuer Kollege oder eine neue Kollegin bei Anna Haunlieb vorstellt, sagt sie: »Wenn Fragen auftauchen, wenn du etwas von mir wissen willst, dann komm bitte immer gleich. Denn es gibt keine Fragen, die zu dumm sind, und es ist gut, wenn man über die Dinge redet und Bescheid weiß.«

Im Grunde wünscht sich die offene und beherzte junge Frau nur eines, einen »ganz normalen« Umgang. Denn es kommt zum Beispiel immer wieder vor, dass Menschen, wenn sie mit ihrer Assistentin unterwegs ist, sich im Gespräch nicht an sie, sondern an ihre Begleiterin wenden. »Klar wünsche ich mir, dass die Leute mit mir reden.« So ist es ihr sehr wichtig, dass ihre Vorgesetzten Kontakt zu ihr aufnehmen, wenn es etwas Persönliches zu besprechen gibt, und sich die Mühe machen, das Büro zu verlassen und zu ihr zu kommen, anstatt die Dinge über die Assistentin ausrichten zu lassen.

Anna Haunlieb erlebt bei ihrer Arbeit immer wieder, dass sie von dem einen oder anderen Gast auf diskriminierende Weise angesprochen oder behandelt wird. Besonders empörend findet die junge Frau, dass ihr früher manche Besucher ungeduldig auf den Schoß gegriffen hatten. Das passierte, bevor der Scanner verwendet wurde und sie die Eintrittskarten noch mit der Hand abgerissen hatte. Sie reagierte zunächst fassungslos, fühlte sich von ihrem unmittelbaren Chef im Stich gelassen, holte sich aber ein paar Tage später Unterstützung und die Zusicherung ihrer Vorgesetzten, dass sie sich in so einer Situation sofort und effektiv wehren und dem übergriffigen Gast auf die Finger klopfen dürfe.

Manchmal wird sie von ihren Kollegen gefragt, wie es ihr möglich sei, in solchen Augenblicken gelassen und professionell zu bleiben. Sie rege sich später auf, erzähle auf dem Heimweg der Assistentin davon, spreche mit ihrer Nachbarin oder mit ihrer Mutter darüber oder wende sich, wenn notwendig, an ihre Vorgesetzten. Außerdem habe die Zeit in der Hauptschule sie abgehärtet. Und schließlich habe sie durch ihre Familie ein starkes Selbstwertgefühl entwickelt, erwidert sie dann. »So erträgt man sehr vieles und ich denk mir halt öfters, ihr könnt mir doch den Buckel runterrutschen.«

Sieht man von diesen diskriminierenden und unerfreulichen Reaktionen ab, schätzt Anna Haunlieb bei ihrer Berufstätigkeit gerade den Kontakt zu den Menschen. Viele Konzerthausbesucherinnen und -besucher kennen und mögen sie inzwischen. Sie hat sich auch daran gewöhnt, überwiegend abends zu arbeiten, lieber würde sie es allerdings tagsüber tun. Der Job macht ihr Spaß und sie ist froh, dass sie fest angestellt ist. Wien Work hat sie, wie schon erwähnt, dabei unterstützt.

Kundinnen und Kunden von Wien Work kommen üblicherweise zur Beratung in das Büro in der Seestadt. Für Anna Haunlieb, die auf die Persönliche Assistenz angewiesen ist, aber nur für eine bestimmte Anzahl von Stunden die Kosten ersetzt bekommt, wurde eine besondere Regelung getroffen. Die Beratung wurde bei ihr zuhause durchgeführt. Sie arbeitete bereits geringfügig im Konzerthaus, suchte nach anderen Berufsmöglichkeiten, wollte aber vor allem mehr arbeiten und ein sozialversicherungspflichtiges Dienstverhältnis haben. In einem längeren Prozess und intensiven Gesprächen des Wien Work-Beraters mit allen Beteiligten – Anna Haunlieb, ihrer unmittelbaren Vorgesetzten und dem Personalchef der Konzerthausgesellschaft – wurde schließlich vereinbart, dass Anna Haunlieb mehr Arbeitsstunden zugesprochen bekommt und dass sie beim Sozialministeriumservice die Feststellung des Grades ihrer Behinderung beantragt.

Mit dem Feststellungsbescheid zählt man zum Kreis der begünstigten behinderten Personen. In der Regel bleibt er das ganze Berufsleben gültig, doch die Person, die diesen Bescheid hat, kann, wenn sie will, auf diesen Status wieder verzichten. Jeder Betrieb in Österreich mit mehr als 25 Arbeitnehmerinnen und Arbeitnehmern ist ja verpflichtet, pro 25 Personen eine Person mit Feststellungsbescheid einzustellen, ansonsten muss die Ausgleichstaxe bezahlt werden. Menschen, die zum Beispiel blind sind oder im Rollstuhl sitzen, werden doppelt gezählt, werden also doppelt auf die Ausgleichstaxe angerechnet.

Üblicherweise unterstützt Wien Work seine Klientinnen und Klienten maximal ein Jahr lang oder etwas länger. Es sei aber nicht immer möglich, innerhalb dieses Zeitraumes das Ziel zu erreichen, einen

Arbeitsplatz am ersten Arbeitsmarkt zu finden und ein sozialversicherungspflichtiges Dienstverhältnis zu erreichen, so der Berater Klaus Mocher. »So war es auch bei Anna Haunlieb, Wien Work machte aber eine individuelle Lösung möglich und die Beratung konnte auf diese Weise erfolgreich abgeschlossen werden.«

Kurz darauf tut sich jedoch ein unerwartetes und großes Problem auf. Die Billeteurin soll, da sie nun mit 20 Stunden angestellt ist, in eine niedrigere Pflegestufe fallen und weniger Pflegegeld erhalten, als ob der Schweregrad ihrer spastischen Lähmung sich aufgrund der Anstellung plötzlich verringert hätte, als sei sie jetzt, da sie mehr Stunden arbeitet, plötzlich in die Lage versetzt, Dinge zu tun, die sie vorher nicht tun konnte. Wird die Pflegestufe auch nur um eine Stufe verringert, hat dies für Anna Haunlieb gravierende Auswirkungen: »Das bedeutet für mich, dass mir die Persönliche Assistentin nur noch für die Arbeit finanziert wird, nicht aber für die anderen Dinge, für die ich sie noch brauche.«

Die Unterstützung der Persönlichen Assistentin richtet sich ganz nach den individuellen Bedürfnissen der Kundin. Edith Kindler, die bereits seit drei Jahren bei Anna Haunlieb tätig ist, erledigt bereits auf dem Weg zu ihr einige Besorgungen. Wenn sie – meist gegen Mittag – kommt, werden die Einkäufe weggeräumt, ein Kaffee gemacht und besprochen, was in den folgenden Stunden zu tun ist. Oft wird gekocht, gemeinsam gegessen, abgewaschen oder E-Mails geschrieben und es werden organisatorische Sachen besprochen. Die Studentin der Bildungswissenschaften unterstützt Anna Haunlieb nicht nur im Haushalt, sondern auch bei der Körperpflege und beim Anziehen. »Die Anna kann ja vieles selber tun kann, so wie duschen. Aber es ist trotzdem wichtig, dass ich da bin, falls sie mich braucht«, sagt Edith Kindler. Und sie fügt hinzu: »Manche Dinge wie Geschirr abwaschen oder E-Mails schreiben kann sie, aber das dauert alles sehr lange. Wenn sie das alles selber machen müsste, hätte sie keine Zeit und Energie mehr, arbeiten zu gehen.«

Je nach Dienstbeginn bringt die Persönliche Assistentin die Billeteurin ins Konzerthaus. Sie schiebt den Rollstuhl zur Straßenbahn, öffnet Türen, hilft am Arbeitsplatz beim Ausziehen und erledigt jene Dinge, die Anna Haunlieb nicht selbst machen kann, da das Haus nicht vollständig barrierefrei ist. Nach Dienstschluss fahren die beiden wieder heim, manchmal verabschiedet Edith Kindler sich gleich, manchmal gibt es noch ein paar Handgriffe zu tun. In der Regel dauert ein Dienst zehn oder elf Stunden. Sie begleitet ihre Kundin auch zum Einkaufen, ins Nagelstudio oder ins Schwimmbad, wo Anna Haunlieb mit einer Physiotherapeutin Übungen im Wasser macht.

Edith Kindler arbeitet seit ihrem ersten Studienjahr als Persönliche Assistentin. Sie benötigte einen Job und wollte etwas Sinnvolles tun. Eine Person mit Behinderung dabei zu unterstützen, selbstbestimmt zu leben, findet sie gut. Außerdem ist ihr der Umgang mit Menschen, die eine Einschränkung haben, vertraut. Ihre jüngere Halbschwester hat Trisomie 21, das Down Syndrom.

Zunächst arbeitet die Studentin geringfügig, mit der Zeit wird es mehr und inzwischen sind es 20 bis 30 Stunden pro Woche. Die Bezahlung könnte viel besser sein, doch die junge Frau schätzt ihre Arbeit trotzdem sehr. Sie mag es, mit unterschiedlichen Menschen zu tun zu haben, zurzeit hat sie drei Kundinnen und Kunden. Ganz besonders wichtig ist ihr der gegenseitige Respekt. Sie erkennt an, dass ihre Kundschaft Experte oder Expertin in eigener Sache ist, genauso wichtig ist es ihr aber auch, mit Wertschätzung behandelt zu werden. »Es ist ja eine Tätigkeit, wo man sich sehr nahe kommt, schon körperlich. Und man erhält viel Einblick in das Leben seiner Kundin. Ich komme in ihre Wohnung, ich lerne ihre Familie, die Freunde oder die Arbeitskollegen kennen. Ich bin da, wenn sie telefoniert oder ich erledige Post für sie.«

Ein respektvoller und wertschätzender Umgang allein genüge aber nicht. »Man muss sich sympathisch sein, man muss sich verstehen und über Dinge lachen können. Ich habe mit meinen Kunden immer viel Spaß.« Das sei sehr wichtig, denn man verbringe ja einen großen Teil des Alltags miteinander. Und bei Menschen mit Behinderung sei es wie bei allen anderen, einige sind einem sympathisch, andere nicht. Es müsse für beide passen.

Die Wiener Assistenzgenossenschaft (WAG) unterstützt Menschen mit Behinderung dabei, Persönliche Assistenz zu organisieren. Diese gemeinnützige Genossenschaft beschäftigt Persönliche Assistentinnen und Assistenten und vermittelt sie weiter. Sie informiert aber auch Arbeitgeberinnen und Arbeitgeber, die oft gar nicht wissen, dass es diese Möglichkeit gibt und wie sie am Arbeitsplatz am besten umgesetzt werden kann. Und sie berät und setzt sich dafür ein, dass der Zugang zu dieser Dienstleistung in ganz Österreich einheitlich geregelt wird. Der Kunde oder die Kundin entscheidet, wer, wann, wo und wie viel unterstützt. Mit Anna Haunliebs Worten ausgedrückt: »Die Assistentinnen suche ich mir selber aus.«

Edith Kindler beschäftigt sich nicht nur praktisch, sondern auch theoretisch mit der Persönlichen Assistenz. In ihrer Masterarbeit vergleicht sie, wie die Persönliche Assistenz in Österreich und in Kanada organisiert ist und welche Erfahrungen Menschen damit machen. Die Persönliche Assistenz sei für sie ein Menschenrecht, aber auch ein wichtiger Wirtschaftsfaktor. Denn dadurch werden Arbeitsplätze geschaffen und Menschen mit Behinderung oft überhaupt erst in die Lage versetzt, einer Berufstätigkeit nachgehen zu können. »Das Geld, das vom Staat in die Persönliche Assistenz fließt, kommt in Form von Steuern wieder zurück, die die Leute, die arbeiten, zahlen. Außerdem ist das Leben daheim mit der Hilfe einer Persönlichen Assistenz kostengünstiger und viel attraktiver als in einem Pflegeheim. Ich finde, es ist ein gutes System, von dem alle etwas haben.«

Anna Haunliebs Sorgen und Bangen um die nötigen Assistenzstunden haben ein Ende. Nachdem sie für 20 Stunden angestellt wurde, wurde sie um eine Pflegestufe herabgestuft und erhielt weniger Pflegegeld und Assistenzstunden. Sie kam nur deshalb über die Runden, weil ihre Nachbarin sie sehr unterstützte und sie sich die nötigsten Stunden selbst bezahlte. Nach einer zweiten medizinischen Begutachtung wurde bei einem gerichtlichen Termin entschieden, dass ihr die ursprüngliche Pflegestufe nach wie vor zustehe, dass also die Anstellung nichts an ihrem körperlichen Zustand verbessert habe. Über diese gerichtliche Entscheidung ist Anna Haunlieb sehr froh, denn erst dadurch, dass ihr die nötigen Assistenzstunden finanziert werden, ist es ihr möglich, berufstätig zu sein und selbstbestimmt zu leben. Sie kann wieder mit Freude ihrer Arbeit nachgehen und entspannt ihre Freizeit genießen, Rad fahren, Liebesromane lesen, Freunde treffen oder ihre Familie auf dem Land besuchen. So erlebt sie immer wieder aufs Neue, wie sich ihr Motto »Auch aus Steinen, die einem in den Weg gelegt werden, kann man etwas bauen« im Alltag erfüllt.

»MEINE ARBEIT BEDEUTET FÜR MICH GLÜCK UND ERFÜLLUNG«

Sreco Dolanc, Apotheker

Sreco Dolanc arbeitet am liebsten an der Tara. Der lebhafte junge Apotheker schätzt den Kontakt zu den Kundinnen und Kunden, führt gerne Beratungsgespräche durch und genießt die soziale Interaktion. Er kommuniziert mit Gesten, mit seiner Mimik und Körperhaltung und leise gesprochenen Worten. Der Pharmazeut bedient sich der Gebärdensprache und ist vermutlich der erste und einzige gehörlose Apotheker in Europa, der im Verkauf und in der Beratung tätig ist.

Wenn hörende Kundinnen und Kunden kommen, arbeitet Mag. Dolanc gemeinsam mit einer Dolmetscherin am Verkaufspult. Sie übersetzt seine Gebärden in die Lautsprache der Kundschaft und deren Worte wieder zurück in die Gebärdensprache. Das ist eine ganz neue Verkaufssituation. Hier stehen sich nicht wie gewohnt zwei, sondern drei Menschen gegenüber. »Ich bin sehr sensibel«, erklärt Sreco Dolanc, »ich erfasse die Reaktion meines Kunden sehr gut. Ich erkenne, ob er mir vertrauen kann oder ob es weiterer Erklärungen bedarf.«

Wie reagieren die Menschen, die in die Apotheke kommen? Nicht alle wollen auf diese Weise bedient werden, doch das ist kein Problem, denn jede Kundschaft wird gefragt und entscheidet selbst, ob sie beim gehörlosen Apotheker bleiben oder zu einem seiner Kollegen oder Kolleginnen wechseln will. Die meisten lassen sich neugierig und interessiert, manche auch ein wenig skeptisch und verunsichert auf die neue Situation ein.

Den gehörlosen Kundinnen oder Kunden bietet Mag. Dolanc eine besondere Serviceleistung, er kommuniziert mit ihnen in ihrer Muttersprache. Viele wollen nicht nur etwas kaufen, sondern bitten den freundlichen jungen Mann um eine Erklärung. Denn meistens verstehen sie den Arzt, der ihnen das Medikament verschreibt, gar nicht, weil sie ohne Dolmetscher dort sind. »Viele kommen zu uns, weil die Kommunikation beim Arzt nicht funktioniert. Ich sage ihnen dann, was das für ein Medikament ist, wie es wirkt und wie es eingenommen werden muss. Ich erinnere mich an einen Kunden, dem ich alles Punkt für Punkt erklärt habe und der sehr erstaunt war. Er hat zum ersten Mal verstanden, welches Medikament er braucht und worum es überhaupt geht.«

Es wird geschätzt, dass in Österreich zwischen 8000 und 10.000 gehörlose Menschen leben, genaue Zahlen liegen nicht vor. Sobald sie sich außerhalb ihres vertrauten Umfelds bewegen, stoßen sie schnell an Grenzen, auf Vorurteile und Unverständnis. Versuchen sie zu sprechen (das wird »Voicen« genannt und kommt vom englischen Wort für Stimme), werden sie oft für betrunken oder verrückt gehalten, da das Voicen mitunter sehr fremd klingt. »Ich habe schon gehört«, erzählt die Apothekerin Karin Simonitsch, »dass ein gehörloser Mensch, der wild gestikulierend auf einen Notfall aufmerksam machen wollte, von der Polizei festgenommen wurde. Die Menschen rechnen gar nicht damit, dass einer nicht hört. Es zählt zu unseren Tätigkeiten in der Marien Apotheke, dass wir aufklären, was es bedeutet, gehörlos zu sein und wie man mit gehörlosen Menschen am besten umgeht.«

Sreco Dolanc, seit dem Jahr 2013 in der Marien Apotheke tätig, ist bereits im Kindergarten von den Bildern der Männer und Frauen fasziniert, die im weißen Mantel ihrer Arbeit nachgehen. Der Arzt mit der Spritze in der Hand hat es ihm besonders angetan. Und da er Tiere sehr gerne mag, träumt er zunächst davon, Tierarzt zu werden. Das entspricht ganz und gar nicht der üblichen Berufslaufbahn gehörloser Menschen in seiner Heimat Slowenien. Viele, so auch seine gehörlosen Eltern, Onkel und Tanten, sind in einfachen Berufen tätig. Sein Vater arbeitet als Kfz-Mechaniker und sein Onkel ist in einer Raffinerie beschäftigt.

Der gehörlose Bub wächst in Ljubljana auf und verständigt sich mit den Eltern, dem Bruder und den gehörlosen Verwandten in der Slowenischen Gebärdensprache. Seine Eltern legen größten Wert darauf, dass er in einen Kindergarten kommt, wo in der Gebärdensprache kommuniziert wird. Anders verhält es sich in der Schule. Sreco besucht eine reguläre Klasse, es wird in der Lautsprache unterrichtet, er ist der einzige gehörlose Schüler und muss versuchen, möglichst viel von den Lippen der anderen abzulesen. Im Alter von 14 Jahren beginnt er eine Ausbildung zum pharmazeutischen Techniker und danach entscheidet sich der junge Mann für das Studium der Pharmazie.

Das ist ein schwieriges Unterfangen für jemanden, der nicht hört und der von den Vortragenden kein Wort von den Lippen ablesen kann, da sie sich entweder der Tafel zuwenden oder zu weit weg sind. Das Lippenlesen bringt allerdings ohnehin wenig, da nur etwa 30 Prozent eines Satzes auf diese Weise erfasst werden können. Der wissbegierige Student bereitet sich sorgfältig auf die Vorlesungen vor, arbeitet Skripten und Bücher durch, bittet Freunde und Kolleginnen um ihre Unterstützung.

Als Sreco im Jahr 2004 mit dem Studium beginnt, stünde ihm nach slowenischem Gesetz ein eigener Dolmetscher zu, doch tatsächlich bekommt er maximal 100 Stunden pro Jahr bezahlt. Als er der zuständigen Stelle mitteilt, dass er mehr Stunden brauche, heißt es lapidar: »Es gibt kein Geld.« Der ambitionierte Student schafft es trotzdem und schließt sein Studium erfolgreich ab. Ein großes Ziel ist erreicht, aber es wartet bereits eine noch größere Herausforderung auf ihn.

Er sucht zunächst in Ljubljana einen Job, dann in ganz Slowenien, schickt über 100 Bewerbungen aus, doch fast alle bleiben unbeantwortet. »Ich wollte mein Berufsziel auf keinen Fall aufgeben, deshalb habe ich überlegt, in ein anderes Land zu gehen.« Der ausgebildete Pharmazeut sucht im Internet nach »gehörlos« und »Apotheke« und stößt auf einen Zeitungsartikel über die Marien Apotheke in Wien. In diesem Bericht erzählt die Chefin von ihren beiden gehörlosen Lehrlingen. Sreco Dolanc ist fasziniert, dass es in der österreichischen Hauptstadt etwas gibt, das er in Slowenien vergeblich suchte, eine barrierefreie Apotheke. Im März 2013 fährt er nach Wien.

»Ich glaub, es war ein Dienstag«, erinnert sich Karin Simonitsch. »Da steht jemand vor mir und deutet mir, dass er gehörlos ist. Aber ich konnte leider nichts antworten.« Die Chefin der Marien Apotheke bittet ihre Mitarbeiter um Unterstützung, doch keiner beherrscht die sogenannte International Sign Language. Es gibt ja viele verschiedene Gebärdensprachen und auch innerhalb eines Landes unterschiedliche Dialekte. Trotzdem gelingt es dem jungen Pharmazeuten, der Inhaberin der Marien Apotheke seine Geschichte verständlich zu machen und zu fragen, ob er hier arbeiten könne.

Karin Simonitsch muss nicht lange überlegen. Mit ihren beiden gelernten pharmazeutisch kaufmännischen Assistenten konnte sie die Gehörlosen-Community nicht einladen, zu ihr in die Marien Apotheke zu kommen. »Denn ein Assistent kann ja nicht selbstständig eine pharmazeutische Beratung durchführen.« In diesem Bereich fehlte also noch die entsprechende Kompetenz.

Die beiden sind sich bald einig, es gehen noch einige E-Mails zwischen Wien und Ljubljana hin und her und Sreco Dolanc beginnt sofort nach seiner Rückkehr Deutsch sowie die Österreichische Gebärdensprache (ÖGS) zu lernen, sich also zwei weitere Fremdsprachen anzueignen.

Seine Muttersprache ist die Slowenische Gebärdensprache, so wie die ÖGS die Muttersprache gehörloser Menschen hierzulande ist. Erst im Kindergarten und in der Schule erlernt er die slowenische Lautsprache. Es ist für gehörlose Schülerinnen und Schüler allerdings sehr schwierig, lesen und schreiben zu lernen, denn die Grammatik der deutschen Lautsprache beispielsweise unterscheidet sich sehr stark von den grammatikalischen Strukturen der ÖGS. Um lesen und schreiben zu können, müssen sich die Kinder eine neue Grammatik erarbeiten. Dies bedeutet, dass sie sich nicht nur Lesen und Schreiben, sondern eine neue (Fremd-)Sprache aneignen müssen.

»Was wir hier leben, ist nicht das Ergebnis einer langen Planung, das ist passiert«, erzählt Karin Simonitsch. Alles fängt mit einem spontanen Freundschaftsdienst an. Der Ehemann der Apothekerin ist 30 Jahre bei den Wiener Philharmonikern als Cellist tätig. Der Sohn eines befreundeten Orchestermusikers kommt gehörlos zur Welt. Ein Medikament, das der Mutter zu Beginn der Schwangerschaft verabreicht wird, als noch nicht bekannt ist, dass sie ein Kind erwartet, führt dazu, dass beim Baby kein Gehörnerv angelegt ist. Als die Freunde einmal beisammensitzen und der Vater erzählt, dass er sich große Sorgen mache, wie es seinem gehörlosen Sohn einmal ergehen werde, erwidert Karin Simonitsch spontan: »Wenn er so gescheit ist wie du und wenn er sich für die Pharmazie interessiert, dann bilde ich ihn aus. Und du kannst dich darauf verlassen, dass er nicht nur Wurstsemmeln holen wird.«

Im Jahr 2008 ist es soweit, David kommt zum Schnuppern in die Apotheke. Seine Chefin erkennt schnell, dass er ein kluger Bursche ist und sie wagt das Experiment, einen gehörlosen Lehrling zum pharmazeutisch kaufmännischen Assistenten auszubilden. Es ist der Beginn eines langen, spannenden und mitunter schwierigen Prozesses, der zu großen Veränderungen in der Apotheke führt.

Viele Fragen tun sich auf. Wie kommunizieren die Angestellten mit dem neuen Lehrling? Wie kann man jemanden ausbilden, dem man zwar vorzeigen kann wie man Salben rührt und Zäpfchen herstellt, aber die Demonstration nicht mit Lautsprache erklärend begleiten kann? Wie soll David die Berufsschule bewältigen, wenn es dort keine vorbereiteten Skripten, sondern nur Frontalunterricht gibt? Das Sozialministeriumservice hätte sogar einen Gebärdendolmetscher bezahlt, doch der junge Mann beherrscht diese Sprache damals noch nicht. Denn es erging ihm wie vielen anderen gehörlosen Kindern, die in eine hörende Familie hineingeboren werden, es gelingt den Eltern nicht, sich auf die Besonderheit ihres Kindes einzulassen und sich die Gebärdensprache anzueigen. Sie hat hierzulande noch immer ein schlechtes Image. Ganz anders ist es in den skandinavischen und angelsächsischen Ländern, wo die Gebärdensprache akzeptiert ist und die hörenden Eltern beim Erlernen finanziell unterstützt werden. Denn wenn sie nicht gebärden können, leben sie und ihr Kind in zwei getrennten Welten. David und seine Mutter entwickeln eine eigene Form der Kommunikation. In unzähligen Stunden lernt der Bub bei einer Logopädin sprechen, »voicen« wie man sagt, doch ist es für einen von Geburt an gehörlosen Menschen praktisch unmöglich, verständlich sprechen zu lernen. Denn Sprechen eignet sich ein Kind über das Hören an.

Die Chefin steht also vor dem Problem, dass ihr Lehrling keine Sprache hat. Was tun? »Ich habe mir gedacht, wenn ich A sage, dann sage ich auch B. Also habe ich einen zweiten gehörlosen Lehrling eingestellt, der mit der Gebärdensprache aufgewachsen ist. Und ich habe ihn mit der Bitte angestellt, dass er David an seiner Kultur teilhaben lässt.« Die beiden jungen Männer mit ihrer unterschiedlichen Herkunft, der eine kommt aus einer Wiener Musikerfamilie, der andere aus einem türkisch-österreichischen Elternhaus, freunden sich an. Tolga nimmt David mit in seine Community, die beiden profitieren voneinander und unterstützen sich gegenseitig. Beide schaffen den Lehrabschluss, David mit Auszeichnung.

Im Sommer 2013 ist es für Sreco Dolanc soweit, er beginnt mit seiner Tätigkeit im »Mariechen«. Da er aus einem Land der Europäischen Union kommt, wird seine Ausbildung anerkannt. Nachdem er aber in seiner Heimat Slowenien keinen Deutschunterricht in der Schule hatte, verlangt die Apothekerkammer einen Sprachtest. Doch wie soll ein gehörloser Mensch einen üblichen Sprachtest bestehen, der nicht nur aus Lesen und Schreiben, sondern auch aus Hören besteht? Die Chefin verhandelt und schlägt vor, dass er Kenntnisse in der ÖGS nachweisen solle. »Das haben sie akzeptiert. Damit hat er seinen Deckel bekommen, wie man so sagt.«

Die Tatsache, dass Sreco Dolanc seine Ausbildung in Slowenien absolvierte, wirft bei der täglichen Arbeit einige Fragen und Probleme auf. Denn nicht alle Lehrinhalte, die er sich in slowenischer Sprache aneignete, sind für ihn in der deutschen Sprache sofort abrufbar. Es gilt festzustellen, was der slowenische Apotheker in der deutschen Lautsprache und Österreichischen Gebärdensprache verfügbar hat. Einer der hörenden Apotheker setzt sich mit dem gehörlosen Kollegen und einer Dolmetscherin immer wieder zusammen und klärt dies Bereich für Bereich ab. Das ist aufwendig und dauert einige Zeit. Erschwerend kommt hinzu, dass es bestimmte pharmazeutische Fachgebärden noch gar nicht gibt.

Deshalb engagiert sich der junge Pharmazeut mittlerweile in einer Arbeitsgruppe, die neue Fachgebärden entwickelt, da diese Ausdrücke nach wie vor buchstabiert werden müssen. Buchstabieren ist aber umständlich und zeitraubend. In seiner Gruppe sind noch zwei Sprachwissenschaftler und eine Gebärdendolmetscherin vertreten. Er bereitet zum Beispiel eine Gebärde für das Wort »Peeling« vor, recherchiert, ob es bereits eine ähnliche gibt und stellt sie im Arbeitskreis vor. Dann wird diskutiert, verbessert und schließlich wird das Ergebnis auf eine Online-Plattform gestellt, wo die neu entwickelten Gebärden gesammelt werden. Es sind bisher über 2000 Fachgebärden aus verschiedenen Studienrichtungen einsehbar. Diese Gebärdenplattform ist ein Teil von GESTU, einer Servicestelle für gehörlose Studierende.

Wenn Sreco Dolanc gehörlose Kundinnen und Kunden betreut, läuft alles wie bei seinen Kollegen ab, eben nur in der Gebärdensprache. Bei der hörenden Kundschaft wird er aber von einer Dolmetscherin unterstützt. Das bedeutet, dass auch sie in das Verkaufsgespräch einbezogen und bei der nächsten Verkaufsschulung mit dabei ist. »Das war sehr spannend«, erzählt Karin Simonitsch. »Wir haben überlegt, wie man dem Kunden mitteilt, dass das die Dolmetscherin ist und dass auch sie der Verschwiegenheitspflicht unterliegt.«

Bei der Schulung werden die Verkaufsgespräche der Angestellten gefilmt und jeder und jede kann sich das Ergebnis ansehen. »Mir hat diese Schulung gezeigt«, so Sreco Dolanc, »dass wir alle einfach Menschen sind, auch wenn hörende und gehörlose Personen in ihrer je eigenen Art kommunizieren. Der einzige Unterschied besteht darin, dass bei meinem Verkaufsgespräch eine Dolmetscherin dabei ist und diese Beratungstätigkeit nur mit ihr möglich ist. Erst mit ihrer Unterstützung kann ich mit meinen Kundinnen und Kunden alles besprechen. Das klappt sehr gut.« Ungefähr acht Stunden in der Woche steht der gehörlose Apotheker mit der Dolmetscherin zusammen an der Tara. Das Sozialministeriumservice übernimmt die Kosten fürs Dolmetschen.

Die Arbeit im Labor ist ein weiterer wichtiger Aufgabenbereich des Pharmazeuten. Aber ganz besonders am Herzen liegt dem engagierten Apotheker, die Community der gehörlosen Menschen über verschiedene Gesundheitsthemen zu informieren. Er produziert regelmäßig kurze Videos, die auf der barrierefreien Website der Marien Apotheke und auf YouTube gezeigt werden. In der Gebärdensprache behandelt er Themen wie Allergien, Kopfläuse, Grippe und grippale Infekte, Verhütung, Wechseljahre oder das Immunsystem. Die kurzen Filme sind immer untertitelt, sodass sie auch für viele andere zugänglich sind. »Es macht mir sehr viel Freude, komplexe Zusammenhänge verständlich zu erklären«, sagt Sreco Dolanc.

Er hält regelmäßig Vorträge vor gehörlosen Menschen und genießt den direkten Kontakt mit dem Publikum. Er informiert über gesunde Ernährung, Depressionen oder Zecken und bezieht seine Zuseherinnen und Zuseher gerne mit ein. »Ich frage dann, was meint ihr, wie entfernt man Zecken richtig? Dann kommen viele Vorschläge. Ich erwidere: ›Nein, nein, nicht mit Öl!‹ Und dann zeige ich, wie man es macht.« Der offene, freundliche Apotheker beantwortet Fragen und gibt Tipps. »Das ist mir sehr wichtig, denn gehörlosen Menschen mangelt es oft an Informationen.«

Das hängt vor allem mit der unzureichenden Schulbildung vieler gehörloser Kinder zusammen. Die ÖGS ist zwar als eine Minderheitensprache in der Verfassung verankert, aber sie ist selten Unterrichtssprache. Lehrkräfte, die gehörlose Kinder unterrichten, müssen die ÖGS nicht einmal beherrschen, viele tun es auch nicht. Gehörlose Kinder sollen aber unbedingt in ihrer Muttersprache gefördert und zweisprachig unterrichtet werden, fordern die Gehörlosenverbände. Denn nur eine gute Ausbildung ermöglicht den Zugang zur Arbeitswelt.

Die Vortragstätigkeit führt Sreco Dolanc auch nach München, wo der erste Gesundheitstag für gehörlose Menschen stattfindet. Es geht ihm aber nicht nur darum, über Heilkräuter und Blutzucker zu informieren. Er will zeigen, dass es möglich ist, eine gute Ausbildung zu absolvieren und in einem Beruf zu arbeiten, der Freude bereitet und als befriedigend und beglückend empfunden wird. Er will Mut machen. So auch einer gehörlosen jungen Frau, die sehr gerne in einer Apotheke tätig sein würde, aber meint, sie sei mit 25 Jahren zu alt und werde sowieso nie einen Job finden. »Ich habe zu ihr gesagt, du kannst es, schau dich um, mach es. Und ich habe ihr von mir erzählt.«

Sreco Dolanc will nicht nur Wissen weitergeben, sondern auch selbst dazulernen und an Fortbildungen teilnehmen. So wie an einer großen Veranstaltung der Österreichischen Apothekerkammer zum Thema Depression. Das ist nur möglich, wenn zwei Dolmetscherinnen zur Verfügung stehen, die sich vorab auf die Inhalte vorbereiten können. Aufgrund des Behindertengleichstellungsgesetzes ist die Apothekerkammer zwar verpflichtet, die Kosten dafür zu übernehmen, doch nicht immer wird dies zur Gänze gemacht.

Mit dem ersten gehörlosen Mitarbeiter in der Marien Apotheke stellte sich die Frage, wie das Team miteinander kommunizieren kann. Es werden Notizen gemacht, Zettel hin- und hergeschoben und ein Gebärdensprachkurs organisiert. Eine Lehrerin kommt in die Apotheke, manchen bereitet es großen Spaß, sie tun sich leicht und üben begeistert mit den gehörlosen Kollegen, andere finden es sehr schwierig und machen anstandshalber mit. Aber alle bekommen Grundkenntnisse der Österreichischen Gebärdensprache vermittelt. Die Kosten dafür werden zum Teil von der Chefin getragen, zum Teil über Förderungen abgedeckt.

Die Mitarbeiterinnen und Mitarbeiter eignen sich nicht nur neue Sprachkenntnisse an, sondern auch einen anderen Umgang. »Ich glaube, dass mein hörendes Team und ich sehr viel bekommen haben«, findet Karin Simonitsch. »Wir gehen jetzt anders aufeinander zu, wir achten viel mehr auf die Mimik und die Körpersprache.« Auch ihr Führungsstil habe sich verändert, sagt die Chefin. Sie sei entspannter geworden und habe gelernt, zu delegieren. »Früher habe ich immer gedacht, dass ich alles selber machen muss, aber jetzt weiß ich, dass ich meinen Mitarbeitern absolut vertrauen kann.« Sie sei sehr stolz auf ihre Angestellten und schätze deren Arbeit und Einsatz sehr. »Ich alleine hätte gar nichts bewirken können. Es müssen alle an einem Strang ziehen. Und die Mitarbeiterinnen und Mitarbeiter identifizieren sich mit unserem Engagement und arbeiten gerne im Betrieb.«

In einer Apotheke werden Medikamente abgegeben, Heilkräuter, Gesundheitsartikel oder kosmetische Produkte verkauft. »Aber eine Apotheke hat auch eine soziale Aufgabe«, ist die Chefin überzeugt. Sie will aufklären und einen angemessenen Umgang mit gehörlosen

Menschen vermitteln. Das bedeutet, offen und angstfrei auf den gehörlosen Mitmenschen zuzugehen. Blickkontakt herstellen, langsam sprechen und deutlich artikulieren, klare Mimik, Gestik und Körpersprache einsetzen. Aufmerksam und gelassen bleiben, sollte es fremd und merkwürdig klingen, wenn er zu voicen versucht. Und es heißt auch, der Gehörlosencommunity einen barrierefreien Zugang zu einer Apotheke und zu Gesundheitsinformationen zu verschaffen. Doch dieses Engagement sei nichts Einseitiges, sondern ein Geben und Nehmen. »Ich habe auf diese Weise eine neue Kundenschicht erschließen, ein neues Standbein für mein Unternehmen schaffen können. Denn gehörlose Menschen sind auch Kunden, ganz normale Kunden. Sie brauchen nichts anderes als barrierefreie Inhalte.«

Der gehörlosen Kundenschicht einen barrierefreien Zugang zu schaffen, ist jedoch mit Aufwand und Schwierigkeiten verbunden. Es ist erforderlich, den gehörlosen Lehrlingen jeweils einen Mentor oder eine Mentorin an die Seite zu stellen. Teambesprechungen sind viel öfter nötig als früher, die angestammte Belegschaft braucht Unterstützung, um mit den Veränderungen gut zurechtzukommen. Der Neuzugang benötigt eine Hilfestellung, wenn es darum geht, ins Team integriert zu werden. Eine Mediatorin wird ins Haus geholt. Wenn es Spannungen, Reibereien oder Probleme bei den Arbeitsabläufen gibt, setzt sie sich mit den jeweiligen Leuten zusammen, um eine Lösung zu finden. Die Chefin nimmt an diesen Besprechungen, die im Schulungsraum im dritten Stock des Hauses stattfinden, in der Regel nicht teil.

Eine andere Angestellte, Cornelia Zacek, ist für die Medienarbeit verantwortlich, betreut die Homepage und Facebook-Seite und kümmert sich um die Produktion der Filme über die verschiedenen Gesundheitsthemen. Sie beherrscht die ÖGS und dolmetschte dankenswerterweise das Gespräch mit Sreco Dolanc.

Der gehörlose Apotheker aus Ljubljana hat sich in Wien gut eingelebt und viele neue Kontakte geknüpft. Die Stadt gefällt ihm gut, er geht gerne ins Museum, unternimmt Spaziergänge an der Donau und ist ein begeisterter Leser. Seine Arbeit macht ihm große Freude, nicht zuletzt deshalb, weil er sich am Arbeitsplatz gut verständigen kann. Es gibt im Team einige hörende Kolleginnen und Kollegen, die sehr gut gebärden können, wie Cornelia Zacek; ebenso zwei junge Frauen, die als CODAs bezeichnet werden, als »Children Of Deaf Adults«, sie sind hörende Kinder gehörloser Eltern, die zweisprachig aufwachsen. Mit ihren Eltern kommunizieren sie in der Gebärden-sprache und mit den hörenden Mitmenschen in der Lautsprache. Mit einigen hörenden Kolleginnen und mit den gehörlosen Mitar-beitern gebärdet Sreco Dolanc also, mit den anderen kommuniziert er schriftlich.

Das Reisen ist eine große Leidenschaft des jungen Apothekers, der schon mehrmals Indien besuchte. Er mag die Menschen dort, denn sie lachen viel und verschieben das Leben nicht auf morgen. Eine besondere Beziehung hat er zu einem afrikanischen Land. Er unterstützt eine Schule für gehörlose Kinder in Kenia. Die Situation sei sehr schwierig, denn die Eltern müssen für die Ausbildung ihrer Kinder vom Kindergarten an bezahlen. Sie haben aber oft kein Geld dafür übrig. »Ich kann das gar nicht sehen, deshalb muss ich helfen.« Er übernimmt die Patenschaft für einige Kinder, reist gemeinsam mit der Dolmetscherin, mit der er in der Apotheke zusammenarbei-tet, in das Land, besucht die Schule, bringt Materialien mit und ver-schafft sich einen Überblick, was noch gebraucht wird. »Ich bin aber auch deshalb hingefahren, weil ich den Kindern zeigen wollte, dass ein gehörloser Mensch jeden Beruf ergreifen kann.« Mit der Arbeit in der Apotheke und den Tätigkeiten, die sich darüber hinaus erge-ben haben, hat sich Sreco Dolanc einen Lebenstraum erfüllt und ein Lebensziel verwirklicht.

»DAS MITTELMASS HAT MIR NIE GEREICHT«

Patrick Idinger, Friseurmeister

Den Salon Feinschnitt in der Wiener Bürgerspitalgasse betritt man nicht direkt von der Straße aus. Man geht durch ein großes Tor in den Hof und gelangt von dort in das Geschäftslokal mit den weißgestrichenen Wänden, einem alten Gewölbe und einer schönen, funktionalen Einrichtung. »Mir liegt am Herzen, dass sich unsere Kundinnen und Kunden wohlfühlen«, so der Inhaber Patrick Idinger. »Und wir wollen mit höchster Qualität überzeugen. Ein wirklich guter Haarschnitt ist mir am wichtigsten. Bei der Qualität mache ich keine Abstriche.« Es reiche nicht, so der Jungunternehmer, dass die Leute sein Geschäft mit einer schönen Frisur zufrieden verlassen. Sie müssen vor allem zuhause mit dem Schnitt gut zurechtkommen, wenn sie ihr Haar selbst waschen, föhnen und frisieren.

Ein guter Friseur beherrscht sein Handwerk und wendet verschiedene Schnitttechniken an. Er bietet eine individuelle Beratung und stimmt den Schnitt auf die Kopfform ab. Er achtet beim Schneiden auf den natürlichen Haarwuchs und bringt mit Schnitt und Farbe die vorteilhaften Züge seiner Kundinnen und Kunden zur Geltung. Er hört zu und versucht die Wünsche seiner Kundschaft umzusetzen. Das geht jedoch nicht immer. »Wenn eine Frau mit extrem feinem Haar kommt, dann kann ich ihr eine coole Kurzhaarfrisur oder einen tollen Bob machen, aber keine Lockenmähne, auch wenn sie diese Frisur verlangt. Dann muss ich sagen, ich bin Friseur und leider kein Zauberer.«

Er habe die Erfahrung gemacht, dass er ganz klar und unmissverständlich sagen muss, was möglich ist und was nicht. Ansonsten verstehen die Leute ihn nicht. »Ich habe eine gute Menschenkenntnis und ich weiß schon, wie man mit wem umgehen muss. Ich treff da eigentlich immer den richtigen Ton.«

Patrick Idinger schneidet und färbt gerne, besonders großen Spaß bereitet es ihm, wenn er das Aussehen eines Kunden oder einer Kundin ganz verändern kann. »Wenn ich mich beim Schnitt und bei der Farbe austoben kann. Da geht es nicht um extreme Haarfarben, aber man kann mit ein paar Veränderungen in der Farbe ganz viel erreichen.«

Anfang 2017 hat Patrick Idinger seinen Salon in der Bürgerspitalgasse eröffnet und er freut sich, dass viele Kundinnen und Kunden wiederkommen, weil sie mit dem Schnitt zufrieden sind und zuhause problemlos damit umgehen können. Mundpropaganda ist natürlich die beste Werbung, aber der Jungunternehmer nützt auch die neuen Medien wie Facebook, Instagram und Google plus.

Feinschnitt soll, so das Konzept des Gründers, nicht nur ein Ort sein, wo geschnitten, gestylt und gefärbt wird, sondern wo Menschen zum Plaudern, Musik hören oder auf einen Drink zusammenkommen. »So wie früher, da war der Friseur im Viertel auch so ein Treffpunkt.« Der Friseursalon ist donnerstags und freitags bis 22 Uhr für seine Kundschaft geöffnet. Das Geschäftslokal, das mit einer separaten Bar und einer Musikanlage ausgestattet ist, kann aber auch für Feste gebucht werden. Das Inventar ist beweglich, die Möbel sind auf Rädern, die Spiegel am Friseurtisch lassen sich herausnehmen. Hier könne auch ein ausgelassener Polterabend und Junggesellinnenabschied beginnen, so Patrick Idinger. »Man lässt sich im Salon herrichten, trinkt etwas und feiert dann in einem anderen Lokal weiter.«

Der Figaro, der seinen Friseursalon als Szenetreff sieht und mit Klubatmosphäre verbindet, ist über Umwege zu seinem Beruf gekommen. »Ich war vorher in der Haubengastronomie tätig.« Bereits als Kind wollte Patrick Idinger Koch werden. Diesen Wunsch erfüllt er sich. Er besucht nach der Pflichtschule die Gastgewerbefachschule am Judenplatz im ersten Wiener Gemeindebezirk. Er macht die dreijährige Koch- und Kellnerausbildung mit dem Schwerpunkt Küche und absolviert danach noch einen einjährigen Patisserielehrgang. Erste Arbeitserfahrungen sammelt der begabte Jungkoch im K47 keyclub vienna und im Kursalon Hübner, schon bald wechselt er zum Haubenlokal »das Turm« am Wienerberg. Der junge Mann ist äußerst engagiert und macht in sehr kurzer Zeit Karriere. »Ich war im Turm Chefpatissier, ich war für das Süße zuständig. Das war schon cool, aber in der Gastronomie ist man außer am Arbeiten nur am Arbeiten.« Er kreiert Desserts und Mehlspeisen, springt aber immer wieder ein, wenn in der Küche jemand ausfällt. »Ich habe dort alles gemacht, ich habe jeden Posten kochen können.« Der aufstrebende Koch und Patissier denkt manchmal daran, die Gastronomie zu verlassen und etwas anderes zu tun. Aber er hat keine Ahnung, welchen Beruf er ergreifen könnte und außerdem fehlt ihm die Zeit, sich mit dieser Frage etwas ausführlicher zu beschäftigen. »Der Unfall hat für mich dann das Aus in der Gastronomie bedeutet, denn mit der Beinprothese kann ich nicht 70 oder 80 Wochenstunden in der Küche arbeiten.«

Am 4. August 2007 um halb sieben Uhr in der Früh liegt Patrick Idinger bewusstlos auf den Schienen der U1 in der Station Donauinsel. Die U-Bahn fährt ein, der Fahrer kann nicht mehr rechtzeitig bremsen und der 21-Jährige wird schwer verletzt unter dem dritten Wagon geborgen. Er erleidet einen Lendenwirbelbruch, schwerste Verletzungen an den Beinen, ein Schädel-Hirn-Trauma und überlebt diesen Unfall nur, weil er nicht quer, sondern längs zu den Schienen liegt, als die U-Bahn ihn überfährt. Er wird in das Lorenz Böhler-Unfallkrankenhaus gebracht und wegen der Hirnblutung in den künstlichen Tiefschlaf versetzt. Diese Phase dauert zwei Monate und es dauert noch einmal einige Wochen, bis Patrick Idinger in der Realität ankommt und zwischen Traum und Wirklichkeit unterscheiden kann.

Als er in dieser Aufwachphase einmal in der Nacht wach wird, weil ihm warm ist und er die Bettdecke wegnimmt, sieht er, dass sein rechtes Bein beim Knie endet. Er denkt sich bloß, was für ein grauenhafter Traum und schläft weiter. Am nächsten Morgen fällt ihm das schreckliche Traumbild wieder ein, er deckt sich ab und erkennt die Realität. »Ich hab mir in diesem Moment nicht viel gedacht, eigentlich bloß: Scheiße!« Von seiner Mutter, die wochenlang um sein Leben bangt und ihn täglich besucht, und von den Ärztinnen und Ärzten erfährt er, welche Verletzungen er erlitten hat und was passiert ist. Zu diesem Zeitpunkt kann das medizinische Personal noch nicht genau abschätzen, welche Spätfolgen aufgrund der Verletzungen auftreten werden. Die bleibenden Schäden waren zum Glück viel geringer als befürchtet.

Der Unfallhergang konnte nie ganz aufgeklärt werden. Patrick Idinger, der am Vorabend mit Freunden unterwegs war und sich kurz nach Mitternacht verabschiedet hatte, besitzt aufgrund des Schädel-Hirn-Traumas keine Erinnerung an den Vorfall. Er weiß auch nicht, was er in der Zeit zwischen 0:30 und 6:30 Uhr gemacht hat. Es ist außerdem unklar, wie es zur Hirnblutung gekommen ist. Hat er sie erlitten, als die U-Bahn ihn überfahren hat oder weil er einen schweren Schlag auf den Kopf bekommen hat, bevor er auf die Geleise gestürzt ist? Gesichert ist nur, dass der Alkoholgehalt in seinem Blut zum Zeitpunkt des Unfalls sehr gering war und dass sein Handy und seine Geldtasche fehlten, als er geborgen wurde.

Der junge Mann, der diesen Unfall in seiner Freizeit erlitten hat, liegt vier Monate auf der Intensivstation, dann wird er auf die reguläre Station verlegt. »Ich bin ein ziemlich positiver Mensch und mir war schon im Spital bewusst, wieviel Glück ich hatte, dass ich noch am Leben bin.« Nach dem Krankenhaus beginnt die Rehabilitation am Weißen Hof in Klosterneuburg. Da Probleme beim Stumpf auftreten, muss erneut operiert werden, danach geht es wieder zurück zur Reha. Eineinhalb Jahre verbringt der gelernte Koch im Spital und in der Rehaklinik.

Am Weißen Hof, im Rehazentrum der Allgemeinen Unfallversicherungsanstalt (AUVA), bekommt er seine erste Prothese. »Am Anfang ist so eine Beinprothesenversorgung sehr schmerzhaft, das waren schon sehr harte Erfahrungen. Aber mit der Zeit ist es immer besser gegangen.« Er absolviert ein umfangreiches Therapieprogramm, macht Krafttraining zum Muskelaufbau, geht zur Ergo- und Physiotherapie, zum Gleichgewichtstraining, zur Gangschulung und zur psychologischen Beratung. Er lernt mit der Prothese zu gehen und Schritt für Schritt viele Dinge wieder selbst zu machen.

Etwas mehr als ein halbes Jahr hält er sich im Rehazentrum auf. »Der Weiße Hof«, sagt Patrick Idinger, »war eine der besten Erfahrungen in meinem Leben.« Auch ein positiv gestimmter Mensch wie er, der von seiner Familie unterstützt wird, fühlt sich mit diesem Schicksal einsam und alleine, solange er seine Erfahrungen nicht mit anderen Betroffenen teilen kann. »Dort habe ich unglaublich starke Leute kennengelernt.« Er erlebt Menschen, die ähnlich schwer verletzt wurden wie er selbst, und andere, die es noch viel schlimmer getroffen hat, die dennoch sehr motiviert und engagiert sind und alles tun, um wieder selbstbestimmt und selbstbewusst leben zu können. »Der Weiße Hof war wie eine lange Klassenfahrt.« Er lernt neue Leute kennen, tauscht sich mit anderen aus, trifft sich am Abend auf ein Getränk und schließt Freundschaften, die die Rehaklinik überdauern. Es ist ein Ort, wo alle versuchen, immer wieder ihr Bestes zu geben – die Therapeuten, Ärzte, Pflegekräfte, Sozialberater und Psychologen genauso wie die Patientinnen und Patienten.

Bereits am Weißen Hof stellt sich für den gelernten Koch die Frage, wie es beruflich weitergehen könne. Da noch immer nicht ganz absehbar ist, ob der Lendenwirbelbruch und das schwere Schädel-Hirn-Trauma Spätfolgen haben werden, wird ihm von der Krankenkasse und der Versicherung empfohlen, in Frühpension zu gehen. »Aber ich war erst Anfang 20. Die Frühpension kam für mich nicht in Frage.«

Allerdings hat er keine Idee, wie seine berufliche Zukunft aussehen könnte. Er nimmt das Angebot der Rehaklinik in Anspruch, macht einen beruflichen Eignungstest und informiert sich bei den Sozialberaterinnen und Sozialberatern, die den beruflichen Wiedereinstieg der Patientinnen und Patienten unterstützen. Beim Test kommt unter anderem heraus, dass er als Kunstmaler und Friseur begabt sei. Kunstmaler verwirft er sogleich, denn er findet, er habe kein Talent zum Zeichen und außerdem will er von seiner Arbeit leben können. Friseur zu werden, kann er sich nicht vorstellen. »Ich hab mir gedacht, so aus der Küche raus am Kunden zu arbeiten, das schaffe ich nicht, weil ich damals auch ein bissl schüchtern war.«

Die Idee lässt ihn aber trotzdem nicht mehr ganz los. Er informiert sich über Schulungsmaßnahmen und Berufsmöglichkeiten und entschließt sich, als Test- und Probelauf, eine dreimonatige Make-up- und Visagistik-Ausbildung in einer Wiener Privatschule zu machen. Wenngleich Friseur und Visagist zwei unterschiedliche Berufe sind, merkt er, dass ihm die Arbeit Freude bereitet und der Kontakt zu den Kundinnen und Kunden gut funktioniert. »Ich bin ja ein recht offener Mensch. Und ich hab schnell gemerkt, dass ich halt über meinen Schatten springen muss, was meine Schüchternheit betrifft.« Der nächste Schritt ergibt sich fast von selbst, er bleibt an der Schule und erlernt in einer eineinhalbjährigen Ausbildung den Beruf des Friseurs. »Bereits einen Tag nach der Diplomprüfung habe ich meinen ersten bezahlten Auftrag gehabt und da hab ich gespürt, dass das passt.« Die Kosten für die Umschulung werden von der Pensionsversicherungsanstalt (PVA) und vom Arbeitsmarktservice (AMS) übernommen.

Patrick Idinger spürt in dieser Zeit immer wieder die Folgen seines Unfalls. Wenn es regnet oder schneit, schmerzt sein rechtes Bein so stark, dass er die Prothese nicht anlegen kann und zuhause bleiben muss. Außerdem kommt es öfters zu offenen Stellen. Bei einer Untersuchung stellt sich heraus, dass sich beim Stumpf die Nerven zu weit unter der Hautschicht nachgebildet haben und er deshalb so wetterfühlig und schmerzempfindlich reagiert. Nachdem er seine Umschulung abgeschlossen hat, wird er noch einmal am Stumpf operiert. Jede Operation am Stumpf bedeutet, dass er ein neues Prothesensystem benötigt. Zur Prothesenversorgung kehrt er noch einmal auf den Weißen Hof zurück. Aber auch das andere Bein bereitet Probleme. »Mein linkes Bein ist komplett genagelt. Und im linken Knie hatte ich zwei Schraubenköpfe, die immer wieder zu nah unter die Haut gekommen sind. Beim Hinknien habe ich sie gespürt und das hat sehr wehgetan.« Die beiden Schraubenköpfe werden operativ entfernt, alle anderen Metallteile verbleiben im Bein. Sie tun nicht weh und sie könnten nur bei einer Operation unter Vollnarkose entfernt werden, das wäre zu risikoreich.

Wie beim Kochen, wo der junge Wiener oft intuitiv zu den richtigen Gewürzen und Zutaten gegriffen hat, geht er auch beim Makeup, Färben oder Haareschneiden mit viel Gefühl an die Arbeit und unterstreicht geschickt die vorteilhaften Seiten seiner Kundinnen und Kunden. Sein Talent wird von der Chefin seiner Ausbildungsstätte gesehen und anerkannt. Mit einem Empfehlungsschreiben in der Tasche und von seinem Können überzeugt, findet er kurz nach Abschluss der Schule einen Job in einem renommierten Friseursalon im sechsten Wiener Gemeindebezirk. Nach zwei Jahren verlässt er seinen Arbeitsplatz. »Es hat dort nicht mehr gepasst für mich.« Es spielt für ihn keine Rolle, dass sein Kündigungsschutz bereits eingetreten ist. Damals setzte dieser schon früher ein und zwar sechs Monate nachdem das Arbeitsverhältnis begonnen hatte. Inzwischen wurde der Kündigungsschutz für begünstigte behinderte Arbeitnehmer und Arbeitnehmerinnen gelockert. Für Arbeitsverhältnisse, die ab dem 1.1.2011 begründet werden, wird der Kündigungsschutz erst nach vier Jahren wirksam.

Patrick Idinger nimmt sich einige Wochen Auszeit und beginnt im Herbst 2011 mit viel Elan in einem neu gegründeten Friseursalon. »Ich habe dort nicht nur als Friseur gearbeitet. Ich habe viel mehr getan, ich habe organisatorische Aufgaben übernommen und das Marketing gemacht. Ich kann sagen, ich habe mit meiner Chefin zusammen die Firma aufgebaut.« Die beiden verstehen sich gut und verbringen auch einen Teil ihrer Freizeit miteinander. Fast vier Jahre lang arbeiten sie sehr gut zusammen. Doch bevor der Kündigungsschutz eintritt, legt die Chefin ihrem Angestellten nahe, das Arbeitsverhältnis einvernehmlich aufzulösen. Er solle sich beim AMS arbeitslos melden und könne nach einigen Monaten zurückkommen, denn bei einer erneuten Anstellung tritt der Kündigungsschutz erst wieder in vier Jahren in Kraft. »Die Chefin hat gemeint, sie vertraue

mir nicht wirklich, sie befürchte, dass ich den Kündigungsschutz aus-
nutzen und ständig im Krankenstand sein werde. Sie hatte Angst,
dass sie mich weiterzahlen muss, obwohl ich nicht arbeite und dass
ich sie ruinieren könnte.«

Die Angst vor dem Kündigungsschutz ist bei Gewerbetreibenden, Unternehmern und Firmenchefs nach wie vor weit verbreitet.
Ebenso die mangelhafte Information über diese Regelung. Denn
begünstigte behinderte Arbeitnehmerinnen und Arbeitnehmer sind
nicht unkündbar. Der besondere Kündigungsschutz soll nur verhindern, dass diese Personen in sozial ungerechtfertigter Weise gekündigt
werden. Aus diesem Grund muss der Arbeitgeber oder die Arbeitgeberin einen Antrag stellen und sich die Zustimmung des Behinder-
tenausschusses einholen, bevor die Kündigung ausgesprochen wird.
Es mischt sich also ein Amt in das Kündigungsverfahren ein. Das
nimmt eine gewisse Zeit in Anspruch, das bedeutet aber nicht, dass
ein begünstigter behinderter Mensch nicht gekündigt werden kann.
Der Behindertenausschuss stimmt in einer gewissen Anzahl von Fällen einer Kündigung zu.

Patrick Idinger ist sehr enttäuscht, dass seine Chefin ihm miss-
traut. »Ich habe ja im Geschäft viel mehr gemacht, als ich hätte machen müssen. Aber das hat sie dann alles vergessen angesichts dieses
Kündigungsschutzes. Dieser Vertrauensbruch! Das war mir einfach zu
viel. Da habe ich gewusst, dass ich mich selbstständig machen muss.
Entweder jetzt oder nie.«

Er ist Ende 20 als er beschließt, seine Energie und sein Herzblut
in die eigene Firma zu stecken. Er ist sehr motiviert, hat gute Ideen,
will etwas weiterbringen und ist bereit, viel zu arbeiten. In seiner ziel-
strebigen Art informiert sich der angehende Jungunternehmer, entwickelt ein Konzept und sucht bei der Wirtschaftsagentur Wien um
eine Förderung an. Diese unterstützt Wiener Unternehmen unterschiedlicher Größen und Branchen aus den Mitteln der Stadt Wien.
Ebenso beantragt er beim Sozialministeriumservice einen Zuschuss,
da Menschen mit einer Behinderung bei der Gründung einer selbst-
ständigen Erwerbstätigkeit eine Förderung gewährt wird.

Der engagierte Friseur sucht ein Geschäftslokal, findet eines, die
Bank lehnt den Standort ab und zufällig stößt er in der Bürgerspitalgasse auf die Räumlichkeiten, wo er heute seinen Friseursalon Feinschnitt betreibt. Gleich um die Ecke ist seine alte Schule. Nach der
Scheidung seiner Eltern ist er mit seiner Mutter im Kindergartenal-

ter nach Mariahilf gezogen und es gefällt ihm, dass er als Jungunternehmer wieder in seinem alten Viertel ist.

Ein knappes Jahr nehmen die Vorbereitungen in Anspruch, Ende Jänner 2017 ist es soweit und Patrick Idinger begrüßt seine ersten Kundinnen und Kunden in seinem Salon. Er ist zuversichtlich, dass sich das Geschäft gut entwickeln wird. Er versteht sein Handwerk und wird von einer engagierten Angestellten unterstützt. Die Buchhaltung ist für ihn keine Hexerei. Die entsprechenden Kenntnisse hat er sich bereits in der Gastgewerbefachschule am Judenplatz angeeignet und die Registrierkasse erleichtert sein Leben. »Ich verstehe es, dass sich viele über die Registrierkassenpflicht aufregen, aber ich muss am Ende eines Arbeitstages nur auf einen Knopf drücken, dann kommt der Tagesabschluss heraus und die Buchhaltung ist erledigt. Dazu kommt natürlich noch, dass ich die Rechnungen sammle, wenn ich etwas für das Geschäft einkaufe. Das alles übergebe ich meinem Steuerberater, der die Einkommensteuererklärung für das Finanzamt macht.«

Obwohl er beim Arbeiten sehr viel steht, bereitet ihm seine Prothese inzwischen kaum noch Probleme. Das liegt vor allem daran, dass er seit zwei Jahren ein neues Prothesensystem hat, das ohne Strumpf auskommt und mit einem Vakuum arbeitet. Deshalb hat er jetzt am Stumpf keine Druckstellen und offenen Wunden mehr. Er kommt mit seiner Prothese gut zurecht, aber natürlich gibt es Situationen, wo es mit einem Bein sehr anstrengend ist. »In gewissen Momenten trauere ich immer noch der Zeit nach, wo ich zwei gesunde Beine gehabt habe. Aber das gehört halt dazu.«

Im Alltag geht es immer wieder darum, sich an die veränderte Situation anzupassen. Den Urlaub verbringt er nicht badend am Sandstrand, er macht lieber Städtereisen, besonders gern in seine Lieblingsstadt Amsterdam. Wenn er nachts auf das WC muss, hüpft er auf einem Bein dorthin. Er kann auch mit einem vollen Glas auf einem Bein durch die Wohnung hüpfen, ohne etwas zu verschütten. Und wenn einmal ein bisschen daneben geht, macht es auch nichts. Er freut sich, dass er nicht unbedingt Krücken benötigt, wenn er seine Prothese nicht trägt. Alle sieben Jahre erhält Patrick Idinger ein neues Prothesensystem, dazwischen wird ausgetauscht und repariert.

Der dramatische Unfall in der U-Bahn-Station Donaustadt ist eine Zäsur im Leben des damals 21-Jährigen. Als Koch und Chefpatissier in der gehobenen Gastronomie arbeitete er so viel, dass ihm keine Zeit blieb, Hobbies nachzugehen und Freundschaften zu pflegen. Nur zu seinem besten Freund, der im selben Lokal tätig war, hatte er Kontakt. »Ich glaube, ich war damals auf keinem besonders guten Weg. Du hast überhaupt keine Zeit. Es bleibt einem nur die Nacht. Außer mit Freunden Saufen gehen, hab ich nichts gemacht. Ich hatte nur oberflächliche Bekanntschaften, wir sind halt um die Häuser gezogen und waren in den Klubs unterwegs. Wahrscheinlich wäre ich heute Alkoholiker und ein sehr oberflächlicher Mensch.«

Patrick Idinger feiert noch immer gerne, aber heute mit guten Freunden statt Zufallsbekanntschaften und mit viel guter Laune und viel weniger Alkohol als früher. Er verbringt auch gern einen Teil seiner Freizeit im Geschäft. »Es ist sehr gemütlich, wir haben eine gute Musikanlage und es herrscht eine gewisse Klubatmosphäre hier. Es ist fast wie daheim und doch nicht zuhause.«

Die flüchtigen Bekannten von damals hat er aus den Augen verloren. Die guten Beziehungen zu seiner Mutter, seinem Halbbruder und anderen Verwandten sind geblieben oder haben sich vertieft. Noch Jahre nach dem Unfall spürt er, wie sehr dieses Ereignis seine engsten Angehörigen geschockt und erschüttert hat. So auch bei einem Geburtstagsfest, wo es zwischen seinem Onkel und ihm zu einem scherzhaften verbalen Kräftemessen kommt. »Der Onkel hat im Spaß gedroht, er werde gleich zu mir herüber kommen. Ich hab dann zu ihm gesagt: ›Na, was willst du denn! Ich hab die U-Bahn überlebt, da wirst du mir nicht viel machen können.‹« Alle reagierten betroffen, erschrocken und entsetzt, es dauerte eine Weile, bis sie über Patricks Scherz lachen können. »Ich fand es schon irgendwie lustig. Das Leben ist eh ernst genug und mit Humor geht einfach alles leichter.«

Wenngleich Patrick Idinger schon als Kind Koch werden wollte, ist er heute ein Friseur aus Leidenschaft. »Ich kann mir gar nichts anderes mehr vorstellen und ich möchte auch gar nichts anderes mehr arbeiten.« Der Erfolg gibt ihm Recht. Sein Konzept ist aufgegangen, sein Salon bekannt und bestens besucht.

»ICH BRENNE NOCH IMMER FÜR MEINEN ARBEITSPLATZ«

Manuela Lanzinger, Umweltberaterin

Manuela Lanzinger berät Familien, die ihren Garten naturnah gestalten möchten, informiert über biologischen Pflanzenschutz, Mulchen, Hochbeete oder über Innenraumbegrünung. Ihre Domäne ist das biologische Gärtnern, ob drinnen oder draußen. Ihr Arbeitsplatz ist Die Umweltberatung, eine Einrichtung der Volkshochschulen Wien, finanziert von der Magistratsabteilung 22, der Umweltschutzabteilung der Stadt Wien. »Es macht mir großen Spaß, zu recherchieren, Informationen verständlich aufzubereiten, zusammenzufassen und Menschen zu beraten«, so die Biologin. Das passiert im persönlichen Kontakt, wenn Leute zu ihr ins Büro kommen, am Telefon oder per E-Mail. Da kann es sein, dass sich eine Hobbygärtnerin nach einem biologischen Dünger erkundigt oder ein Unternehmer eine Auskunft über eine Fassadenbegrünung erbittet. Es kann aber auch sein, dass eine Frau wegen eines Herbizids anruft und die Umweltberaterin plötzlich in einen Ehestreit hineingezogen wird, da der Mann der Anruferin dieses chemische Pflanzenschutzmittel unbedingt verwenden will, die Frau aber strikt dagegen ist. Mitunter sei es eine Herausforderung, geduldig, verständnisvoll und informativ zu sein. »Ich krieg die unterschiedlichsten Anrufe und Reaktionen, ich hab mit ganz verschiedenen Leuten zu tun. Das macht mir wirklich Spaß. Manchmal muss ich schon auch schlucken, aber so ist das halt, wenn man mit Menschen zu tun hat. Ab und zu reagiere ich auch nicht optimal, aber das kommt halt gelegentlich vor.«

Bei Vorträgen und Beratungen erhält die Umweltberaterin immer wieder Lob für die Arbeit, die Die Umweltberatung macht, aber sie bekommt auch zu hören, dass Umweltschutz ein Blödsinn sei und es sich bei Umweltproblemen um lauter Lügen handle.

Manuela Lanzinger besucht Kindergärten, Schulen und Bildungseinrichtungen wie zum Beispiel das Kardinal König Haus in Wien, die das Österreichische Umweltzeichen erhalten wollen. Es bietet Menschen, die einen Beitrag zum Umweltschutz leisten möchten, klare Richtlinien und wird an Einrichtungen vergeben, die die vorgeschriebenen Kriterien erfüllen. Die Biologin ist ausgebildete Beraterin und Prüferin für das Umweltzeichen für Kindergärten, Schulen und Bildungseinrichtungen und arbeitet in verschiedenen Fachausschüssen daran mit, neue Kriterien für das Umweltzeichen zu entwickeln, und sie vertritt Die Umweltberatung in diesen Gremien. Immer wieder nimmt sie an Sitzungen, Besprechungen und Tagungen teil, wo es um Umweltschutz und Nachhaltigkeit geht.

Die Umweltberatung, eine gemeinnützige und unabhängige Einrichtung, wird nur zum Teil von der Gemeinde Wien finanziert. Eine gewisse Summe muss von der Organisation selbst aufgebracht werden. Daher organisieren die Mitarbeiterinnen und Mitarbeiter eigene gesponserte Projekte, wie zum Beispiel einen Wettbewerb für Kindergärten zum Thema Reiche Ernte. »Es ging darum, wie die Pädagoginnen mit den Kindern im Freigelände garteln können und welche kreativen Ideen dazu eingebracht werden können. Die Aufgabe bestand darin, dies in einer Zeichnung oder Collage darzustellen.« 200 Kindergärten beteiligten sich, als Preis gab es 50 Startersets mit je einem Hochbeet, einer Befüllung sowie Werkzeug und Handschuhe für Kinder zu gewinnen. »Bei der Auswahl der Produkte habe ich natürlich auf Nachhaltigkeit geachtet«, so Manuela Lanzinger, die für dieses Projekt verantwortlich war. Die Hochbeete sind aus Lärchenholz und wurden in einer heimischen Tischlerei, in einem sozialökonomischen Betrieb, hergestellt. Befüllt wird mit torffreier Erde mit Regenwurmhumus und Biohanfstroh aus Niederösterreich. Die Werkzeuge sind aus Metall und Holz, die Handschuhe aus Baumwolle.

Seit 1999 arbeitet Manuela Lanzinger im Team von Die Umweltberatung. Sie hat oft mit Kundinnen und Kunden zu tun, sitzt aber auch sehr viel am Computer. Eines Tages starrt sie völlig irritiert auf den Bildschirm. Sie sieht nur Teile des Bildes. »Man nennt das schachbrettartiges Sehen. Bei einem Schachbrett hat man ja weiße und schwarze Felder. Dort wo es weiß ist, habe ich am Bildschirm etwas gesehen. Dort wo es schwarz ist, war es bei mir auch schwarz. Ich hatte lauter schwarze Löcher im Bild.« Manuela Lanzinger berichtet ihren beiden Kolleginnen, mit denen sie das Büro teilt, von diesen beunruhigenden Wahrnehmungen, meint aber, da sie schon öfters Körperreaktionen hatte, die ihre Ärzte nicht deuten und erklären konnten, dass das zwar sehr merkwürdig ausschaue, aber schon wieder weggehen werde. Doch die beiden Mitarbeiterinnen sind alarmiert, spüren, dass da etwas nicht stimmen kann und drängen zu einem sofortigen Arztbesuch.

Der Augenarzt äußert den Verdacht, dass es sich um Multiple Sklerose (MS) genannt, handeln könnte. MS ist eine neurologische Krankheit, eine chronisch entzündliche Erkrankung des Zentralnervensystems. Der Arzt schickt seine Patientin zu einer neurologischen Untersuchung, doch Manuela Lanzinger wird ohne klare Diagnose nachhause entlassen. Sie will die Sache nicht auf sich beruhen lassen. Eine homöopathische Ärztin nennt ihr einen erfahrenen Neurologen. »Der Arzt hat mich auf meinen breiten Gang angesprochen und gemeint, das könnte mit meinen Gleichgewichtsproblemen zu tun haben. Er hat schon vor den Untersuchungen vermutet, dass es MS ist.« Es möge merkwürdig klingen, aber sie sei im ersten Moment erleichtert gewesen, eine klare Diagnose zu erhalten, endlich zu wissen, was mit ihr los sei. Das war im Jahr 2004.

In den vorangegangen Jahren suchte Manuela Lanzinger immer wieder ärztlichen Rat, weil bei ihr Gefühlsstörungen auftreten wie das Ameisenlaufen oder sie mit den Füßen nicht spüren kann, ob sie auf einem Holzboden oder einem Teppich steht. Sie hat Gleichgewichtsstörungen und Erschöpfungszustände. Das sind Symptome, die bei MS häufig auftreten, bei Manuela Lanzinger aber nicht richtig gedeutet wurden. »Einige Ärzte haben gesagt, ich sei halt ein bissl hysterisch, andere, ich habe psychosomatische Probleme. Manche Ärzte haben mich einfach ausgelacht, nicht ernst genommen. Da zweifelt man dann schon selber an sich.« Jetzt versteht die junge Frau endlich, was in den vergangenen Jahren mit ihr los war. »Ich habe sicher Schübe gehabt, die aber leider nicht behandelt wurden. Die Schübe hören zwar wieder auf, aber man weiß, dass die Entzündungsherde vernarben und Schäden zurückbleiben.« In ihrer gewohnten Art informiert sie sich über die Krankheit, recherchiert, wie MS entsteht, welche Behandlungen es gibt, was man tun kann. MS, die auch als Krankheit mit den tausend Gesichtern bezeichnet wird, verläuft bei jedem Menschen ein bisschen anders, jeder benötigt eine individuelle Therapie. Nachdem die Diagnose feststeht, wird eine geeignete Behandlung gesucht. Das erste Medikament, das Manuela Lanzinger erhält, verträgt sie sehr schlecht, sie bekommt immer wieder Schüttelfrost davon. Weitere Schübe folgen. Schon bald ist sie gehbehindert und auf einen Rollator angewiesen, jetzt muss sie sich mit den Auswirkungen dieser Krankheit auseinandersetzen. »Das war schon sehr schwierig, zum Glück habe ich einen Mann, der zu mir gehalten hat.«

Die Umweltberaterin entscheidet sich gleich nach der Diagnose für einen offensiven und direkten Umgang mit ihrer Erkrankung. Sie informiert die Geschäftsführung, die Personalabteilung und den Betriebsrat. Der Betriebsrat begleitet sie zum Gespräch mit dem Personalchef. Die Biologin erklärt ihre Situation, berichtet von den Nebenwirkungen des Medikaments und sagt, sie schließe nicht aus, dass sie den Arbeitsplatz einmal vorzeitig verlassen müsse oder zu Arbeitsbeginn wegen plötzlich auftretender Probleme nicht erscheinen könne. »Mein Personalchef hat gesagt, er kopiert den Arztbrief und legt ihn zu meinem Personalakt, damit die Situation bekannt ist. Es kann ja sein, dass ich sofort ins Spital muss und dass ich nicht gleich telefonieren kann, weil es keinen Empfang gibt oder weil ich nicht in der Lage dazu bin.«

Auch den Mitarbeiterinnen und Mitarbeitern gegenüber ist Manuela Lanzinger sehr offen. Die beiden Zimmerkolleginnen, die Manuelas massive Sehstörung im Büro miterlebten, machen sich Sorgen, erkundigen sich, wie es ihr geht, erfahren, dass es die Verdachtsdiagnose MS gibt. Sie besuchen sie im Krankenhaus, sprechen ihr Mut zu und unterstützen sie. »Wie dann feststand, dass ich MS habe, hat eine der beiden Kolleginnen einmal genauer nachgefragt, wie es mir geht, und da habe ich mir gedacht, bevor das so die Runde macht, mache ich den Schritt nach vorne.«

Sie überlegt genau, wie dieser Schritt ausschauen soll und entscheidet sich, ein E-Mail zu verfassen. Sie schreibt, dass sie MS habe und fügt Links für jene hinzu, die mehr über die Krankheit wissen möchten. Sie erklärt, dass es sich bei MS um keine ansteckende Krankheit handle. Sie schildert ihre Symptome und dass sie jahrelang selbst nicht wusste, warum sie Gleichgewichtsprobleme gehabt habe oder gegen Türstöcke gestoßen sei und dass die eine oder andere im Büro diese Anzeichen bei ihr vielleicht schon beobachtet hätte. »Dann hab ich noch so ein bissl auf lustig geschrieben und gesagt, jetzt wisst ihr es genau, ich war da nicht besoffen, hab nie Alkohol getrunken, das kommt von den Gleichgewichtsstörungen.« Sie fügt in ihrem Schreiben noch hinzu: »Es ist deine Entscheidung, ob du mich auf meine Krankheit ansprechen willst oder nicht. Du kannst, aber du musst nicht mit mir darüber reden. Es ist für mich beides okay. Denn es ist ja jeder Mensch anders, manche reden über Krankheiten, andere tun das nicht.«

Manuela Lanzingers Mitteilung stößt auf sehr viel Zustimmung und Widerhall. Es ist ihr wichtig, dass die Leute im Büro Bescheid wissen, was mit ihr los ist. Und dass sie sich auskennen, wenn sie um Hilfe bittet. Denn es kann sein, dass sie jemanden braucht, der für sie einen Ordner aus den oberen Regalfächern holt oder die Batterie bei der Uhr im Büro wechselt, da sie nicht auf eine Leiter steigen kann und wegen der Sturzgefahr auch gar nicht darf. »Ich kann wirklich jeden, der gerade vorbei kommt um einen Gefallen bitten. Die Leute fragen gar nicht, sie wissen's ja und sagen, na klar mache ich das.«

Doch mit ein paar hilfreichen Handgriffen ist es nicht getan. Denn wer gehbehindert ist, braucht eine möglichst barrierefreie Umgebung. So wechselt Manuela Lanzinger in ein anderes Regionalbüro, wo sie sich mit dem Rollator gut bewegen kann. Damals hatte Die Umweltberatung fünf Standorte in Wien. Das sollte sich aber bald ändern, denn es ist bereits seit einiger Zeit geplant, alle fünf Büros zusammenzulegen. Es muss nur noch ein geeignetes Gebäude gefunden werden. »Mein Chef war damals wirklich reizend. Er hat gesagt, es ist ganz klar, wir werden schauen, dass wir ein Büro finden, das auch für die Manuela völlig barrierefrei zugänglich ist; und wenn Umbauten notwendig sind, werden wir sie natürlich machen.«

Jetzt arbeitet die Umweltberaterin in einem Gebäude, das schwellenfreie Büros und einen Lift sowie ein Behinderten-WC hat. Beim Umbau wurde darauf geachtet, dass die Bürotüren für einen Elektrorollstuhl breit genug sind, da es nicht absehbar ist, wie sich die Krankheit weiterentwickeln wird. Außerdem lässt sich die Eingangstür mit einem Drücker automatisch öffnen. Die Kosten für die notwendigen Umbauten und Anpassungen, um den Arbeitsplatz barrierefrei zu gestalten, werden vom Sozialministeriumservice (SMS) gefördert. Manuela Lanzinger wird in dieser Planungs- und Umbauphase von ihren Kolleginnen und Kollegen sehr unterstützt. »Jene Mitarbeiterin, die für den Umbau zuständig war, hat mich immer wieder gefragt, ob das so passt und was sonst noch notwendig ist. Vom SMS ist eine Ergotherapeutin gekommen, die hat sich genau angeschaut, was ich bei meinem Arbeitsplatz und im Büro brauche. Und die damalige Behindertenvertrauensperson der Wiener Volkshochschulen hat uns auch sehr geholfen, sodass wir alle Unterlagen zur Verfügung hatten, die man benötigt, wenn man um eine Förderung für diese Adaptierungen ansucht. Ich habe so viel Hilfe und Engagement erlebt, das war eine ganz große Unterstützung für mich.«

Manuela Lanzinger ist in Leoben in der Steiermark geboren, Mutter wie Vater stammen aus Eisenerz, wo die Familie einige Zeit lebt. Nach der Trennung der Eltern, Manuela ist fünf Jahre alt, ziehen Mutter und Kind nach Niederösterreich. Das Mädchen besucht in Wiener Neustadt die Schule und übersiedelt nach der Matura nach Wien. Die junge Studentin genießt die Vorteile der Stadt, freut sich über das reichhaltige Sortiment in den Buchhandlungen und besucht gerne die großen Bibliotheken. Sie studiert zunächst Pharmazie, weil sie sich sehr für Heilpflanzen interessiert. Doch bald wechselt sie zu Biologie, da ihr das Studium der Pharmazie zu viel Chemie und zu wenig Pflanzenheilkunde bietet. Sie lernt interessante Leute kennen und engagiert sich in der Hochschulpolitik und für den Umweltschutz. »Damals war ja die ganze Auseinandersetzung mit dem geplanten Wasserkraftwerk Hainburg. Viele Umweltschützer protestierten, setzten sich dafür ein, dass die Hainburger Au erhalten bleibt.« Es ist eine spannende Zeit, die die engagierte Studentin erlebt. Damals zieht sie mit ihrem Freund zusammen, später heiratet das Paar.

Als die junge Biologin mit dem Studium fertig ist, erfährt sie von einem Kollegen, dass Die Umweltberatung Mitarbeiterinnen suche. Sie, die bereits in der Schulzeit Leute, die neu in die Klasse kamen, immer gern und ausreichend mit Informationen versorgte, bewirbt sich. Sie wird genommen und hat zunächst eine Vollzeitbeschäftigung. Die Umweltberaterin reduziert aber nach dem schweren Schub, den sie kurz nach ihrer Diagnose hatte, und arbeitet 28,5 Stunden pro Woche. Seit Februar 2018 ist sie in Altersteilzeit und nur noch 16 Stunden pro Woche beschäftigt. Sie arbeite sehr gerne für Die Umweltberatung, sagt die Biologin. »Ich habe einen Arbeitsplatz, für den ich noch immer brenne. Nicht nur, weil die Kolleginnen mich so lieb unterstützt haben, sondern weil unsere Organisation für Nachhaltigkeit im ökologischen, ökonomischen und sozialen Sinn steht. Und das, was wir den anderen vermitteln wollen, das versuchen wir auch selbst zu leben.« So wie man sich bei den Einkäufen für das Büro, bei den Dienstfahrten oder bei der Energieversorgung an den Kriterien der Nachhaltigkeit orientiere, so achte man auch darauf, respektvoll, wertschätzend und kollegial miteinander umzugehen und die Ressourcen der Mitarbeiterinnen und Mitarbeiter bewusst zu nutzen. Dadurch herrsche ein Klima, das es ihr ermögliche, offen und

ehrlich über ihre Krankheit zu reden. Und dieser kollegiale und vertrauensvolle Umgang miteinander sei sicher ein Grund, warum ihr
am Arbeitsplatz so viel Verständnis entgegen gebracht wird und sie
so viel Rückhalt bekommt.

Manuela Lanzinger hat keine Probleme, Arbeiten wie Projektma-
nagement, Recherchieren, Telefonieren, Beraten oder E-Mails und
Berichte schreiben durchzuführen. Doch bei ihren Tätigkeiten außer
Haus spürt sie die Auswirkungen ihrer Krankheit. Infostände in Schulen oder bei Veranstaltungen kann sie nicht mehr alleine betreuen, da
sie die schweren Schachteln mit den Broschüren und Foldern nicht
tragen kann. Dann wird sie von einer Kollegin oder einem Prakti-
kanten unterstützt. Oder sie nimmt einen Fahrtendienst in Anspruch
und der Fahrer hilft beim Ein- und Ausladen. »Ich ruf dann vorher
bei der Organisation oder beim Ministerium an, sag, ihr wisst es eh,
ich bin gehbehindert, könnt ihr mir bitte helfen, wenn ich bei euch
ankomme. Mit einigen arbeite ich schon seit Jahren zusammen, die
haben sich auf mich eingestellt. Sie schätzen meine Expertise und
schauen darauf, dass ich genauso wie alle anderen partizipieren kann.«

Bei Terminen außer Haus erkundigt sich die Umweltberaterin
vorab immer, ob das Gebäude barrierefrei sei. Für die Besuche in den
Schulen, die das Österreichische Umweltzeichen erlangen möchten,
gibt es eine pragmatische Lösung. Manuela Lanzinger übernimmt
die barrierefreien Bildungseinrichtungen, ihre Kollegin die, die nicht
barrierefrei zugänglich sind. Die Biologin trifft auch Vorsorge für den
Fall, dass sie krankheitsbedingt zuhause bleiben oder ins Krankenhaus gehen muss. »Wie ich so schlimme Schübe hatte, kurz nach der
Diagnose, bin ich öfters ausgefallen, und das ist bei einem Projekt,
für das ich verantwortlich bin, natürlich schwierig. Ich habe das so
gelöst, dass ich immer eine Vertretung hatte, dass ich eine Kollegin
ausreichend informiert habe, sodass sie auch einspringen konnte,
wenn ich einen Schub hatte. Und in den allermeisten Fällen war ich
ja trotzdem telefonisch erreichbar und konnte Auskunft geben. Das
hat eigentlich immer gut funktioniert.«

Die gesundheitliche Situation von Manuela Lanzinger ist seit längerer Zeit recht stabil. Sie bekommt besser verträgliche Arzneimittel
und ist medikamentös gut eingestellt. Es sind keine neuen Symptome
hinzugekommen. Die Gleichgewichtsprobleme, die Sturzgefahr und
die Gehbehinderung sind geblieben, aber die neuen Medikamente,
die sie nimmt, und die Therapien, die sie macht, wirken sich positiv

aus. Einmal in der Woche geht sie zur Physiotherapie und besucht außerdem eine MS-Turngruppe, die von einer Physiotherapeutin geleitet und von der MS Gesellschaft angeboten wird. Sie besucht, wenn möglich einmal pro Woche ein medizinisches Fitnesscenter und geht zur Hippotherapie. Für eine halbe Stunde sitzt sie ohne Sattel auf dem Pferd und stärkt dadurch ihren Gleichgewichtssinn sowie die Bauchmuskulatur und erhöht die Becken-Rumpf Stabilität, alles wichtige Übungen, um Stürze und Verletzungen möglichst zu verhindern. Einmal im Jahr fährt Manuela Lanzinger in eine Rehaklinik, meistens im August, denn da haben Schulen und andere Bildungseinrichtungen, die sie betreut, geschlossen. Sie freue sich schon immer auf diese drei Wochen, auf dieses tägliche Training, das sie dort absolviert. »Da baue ich mich wieder auf. Denn ich merke immer ein paar Monate vor der Reha, wie ich über den Winter abbaue. Ich brauche dieses intensive Training unbedingt, um die Muskulatur wieder zu stärken.«

Häufig schränkt MS die Mobilität der Betroffenen ein. Beim Gehen benötigt Manuela Lanzinger meistens einen Rollator, Autofahren ist nicht mehr möglich. Die öffentlichen Verkehrsmittel kann sie nicht verwenden, da die Sturzgefahr viel zu groß ist. Sie bräuchte beim Ein- und Aussteigen eine Hilfe. Sie müsste sich unmittelbar nach dem Einsteigen, und noch bevor die Straßenbahn oder U-Bahn losfährt, hinsetzen, weil sie aufgrund ihrer Gleichgewichtsprobleme sehr sturzgefährdet ist. »Bis ich jemandem erkläre, dass ich einen Sitzplatz brauche, fährt die Straßenbahn schon los und ich würde daliegen. Das ist viel zu gefährlich für mich.« Deshalb benützt die Umweltberaterin einen Fahrtendienst. Sie wird von Tür zu Tür gebracht, beim Ein- und Aussteigen wird ihr geholfen. Die Dienstfahrten werden, da die Biologin berufstätig ist, von der Pensionsversicherungsanstalt (PVA) übernommen. Es werden ihr zwei Dienstfahrten pro Arbeitstag, und zwar jeweils für ein Jahr befristet genehmigt. Sie muss also jedes Jahr zu einem ganz bestimmten Zeitpunkt wieder darum ansuchen. Sie weiß aber nicht, ob ihr die Fahrten erneut genehmigt werden. Versäumt sie die Frist, muss sie im nächsten Jahr die Fahrten selbst bezahlen. Dafür müsste sie fast ein Drittel ihres Gehaltes aufwenden. Es muss jede Fahrt dokumentiert werden, erst dann werden die Kosten für den Fahrtendienst, die zunächst selbst übernommen werden, zurückerstattet. »Ich habe einen wahnsinnigen bürokratischen Aufwand. Ich suche ja nicht nur um den Fahrtendienst an. Ich brauche auch für die Therapien und manche Medikamente immer wieder eine chefärztliche Genehmigung. Hinzu kommt der psychische Stress, denn es steht ja überall drauf, dass man keinen Rechtsanspruch hat. Ich weiß also nie, ob mir der Fahrtendienst im nächsten Jahr genehmigt wird und ob ich meine Therapien und die Reha wieder bekomme. Außerdem muss ich genau aufpassen, dass ich keine Frist versäume. Das ist schon sehr belastend, das macht unruhig und unrund.«

In ihrem Alltag erlebt Manuela Lanzinger immer wieder, dass sie behindert wird. Durch diesen enormen bürokratischen Aufwand, der von Seiten der Ämter damit begründet wird, dass Missbrauch verhindert werden solle. Und durch die Intoleranz, die sie auf der Straße und manchmal auch bei Veranstaltungen erlebt, wenn sie mit ihrem Rollator unterwegs ist. Es gibt neben den hilfsbereiten Menschen auch jene, die überhaupt kein Verständnis dafür aufbringen, dass sie teilnimmt und mit dabei ist, die ihr komische Blicke zuwerfen und nicht bereit oder in der Lage sind, ihr den Rollator ein paar Stufen hinaufzutragen oder ihr über eine Schwelle zu helfen. »Manche fühlen sich bedroht, haben Angst, ihnen könnte so etwas auch passieren. Aber ich kann mich nicht damit auseinandersetzen, warum sie ein Problem damit haben. Es ist einfach so, dass sie mir damit ein Problem machen.«

In solchen Situationen spürt Manuela Lanzinger sehr deutlich, dass es noch viel zu tun gibt. Sie will aufklären und um Verständnis für Menschen mit Behinderung und chronischen Krankheiten werben. Deshalb engagiert sie sich bei den Wiener Volkshochschulen als Behindertenvertrauensperson und im Vorstand der MS Gesellschaft. Es bräuchte mehr Information und eine empathische Haltung bei den Verantwortlichen in den Institutionen, bei den Krankenkassen und der PVA. »Ich frage mich, ob dieses Kontrollsystem und der enorme bürokratische Aufwand gerechtfertigt sind. Ob das Argument, man wolle Sozialmissbrauch und Betrug verhindern, nicht eine Ausrede ist, denn ich denke, dass sich der Missbrauch sehr in Grenzen hält, und man kann die Kontrollen ja auch stichprobenartig durchführen.«

Die Biologin, die in Selbsthilfegruppen und sozialen Netzwerken aktiv ist, gibt Informationen und persönliche Erfahrungen weiter. Viele Reaktionen zeigen ihr, dass die zahlreichen Hürden, die errichtet werden, dazu führen, dass weniger Leute ans Ziel kommen. Manchen ist der bürokratische Aufwand schlicht zu groß und sie verzichten auf die Leistung, die ihnen zusteht. Andere sind nicht in der Lage, sich umfassend zu informieren und fristgerecht Anträge zu stellen, weil ihnen das Know-how fehlt, weil sie niemanden haben, der ihnen hilft, weil sie eine kognitive Beeinträchtigung haben oder aufgrund der aufgetretenen Erkrankung und Behinderung psychisch sehr stark belastet sind. »Das bringt manche Menschen in Ausnahmesituationen, in schlimme soziale Bedrängnis und in Armut. Das ist für ein hochentwickeltes und reiches Land wie Österreich überhaupt nicht notwendig. Deshalb engagiere ich mich. Deshalb setze ich mich dafür ein, dass wir als Betroffene die Unterstützung tatsächlich bekommen, die uns zusteht.«

Manuela Lanzinger plädiert dafür, dass Personen, die eine Behinderung oder chronische Krankheit haben, systemisch beraten werden. »Wir Umweltberaterinnen haben das gelernt. Wir hören unseren Kundinnen und Kunden zu, fragen nach und versuchen, uns in ihre Lage hineinzuversetzen. Was würden sie in dieser konkreten Situation benötigen? Das wünsche ich mir auch für jene, die krank oder behindert sind. Dass sich eine zuständige Person von den jeweiligen Beratungszentren des Landes bei allen Menschen mit Behinderung einmal meldet und sagt, wir schauen uns ihre Situation genau an, sprechen alles durch und überlegen, was sie alles brauchen würden.« Informationen auch dann weitergeben, wenn nicht gezielt danach gefragt wird. Peer counseling anbieten, wo Betroffene Betroffene beraten, ein Buddy System einrichten, wo eine Person, die beeinträchtigt ist, von einer anderen unterstützt und begleitet wird. Das sind Maßnahmen, die dazu beitragen, das Leben von Menschen mit Behinderung, deren Alltag in der Regel ohnehin anstrengend ist, zu erleichtern.

Manuela Lanzinger hat sich im Lauf der Jahre gut vernetzt. In ihrem Elternhaus habe zwar gegolten, man müsse es alleine schaffen, denn von anderen sei keine Hilfe zu erwarten, doch das stimme einfach nicht, so die engagierte Biologin. Neben individuellen Hilfsangeboten gebe es professionelle Beratungsstellen. »Mein Credo lautet: ›Leute, sucht euch Hilfe! Lasst euch von Profis unterstützen!‹ Ich habe mir mein Netzwerk aufgebaut, weil ich gesehen habe, dass ich es alleine nicht schaffe. Auch mein Mann und ich schaffen es nicht alleine. Es ist wunderbar, dass meine Kolleginnen und meine Freunde mich unterstützen, aber ich brauche professionelle Hilfe von Ärzten und Therapeuten oder anderen Experten. Ich habe meinen Notrufknopf.

Wenn ich stürze, meldet sich jemand vom Samariterbund. Außerdem suche ich den Kontakt zu Betroffenen. Deshalb bin ich Mitglied bei der MS Gesellschaft, dort erhalte ich viele wichtige Informationen.«

Dieses Netzwerk trägt dazu bei, dass Manuela Lanzinger sich am Arbeitsplatz, unterwegs und zuhause sicher fühlt. Wenn sie Hilfe braucht, kann sie sich an Personen wenden, die sie kennt, denen sie vertraut. Es trägt auch dazu bei, dass die engagierte Umweltberaterin am Arbeitsplatz ihre Stärken einbringen kann und eine geschätzte Mitarbeiterin ist. Sie, die gerne und gründlich recherchiert, versorgt die Kollegen mit Informationen. Oder sie, die keine Kinder betreuen muss, übernimmt gerne Abendtermine für eine Kollegin, die kleine Kinder hat. In einem Unternehmen, wo man die Stärken der Mitarbeiterinnen und Mitarbeiter sieht und fördert, haben Menschen mit einer chronischen Krankheit oder einer Behinderung viel eher eine Chance, einen Arbeitsplatz zu bekommen und ihre Fähigkeiten, Erfahrungen und ihr Wissen einzubringen.

IM SCHICHTBETRIEB

Thomas Richtsfeld, Arbeiter

»Ich schamottiere Teile von Heizkesseln. Wir haben viele verschiedene Teile. Wir haben Teile für den TM150, den TM250, den S4, den TX. Wir haben Teile bis zum Umfallen«, erzählt Thomas Richtsfeld, der bei der Firma Fröling beschäftigt ist, die Biomasse- und Holzheizungen herstellt. Das Familienunternehmen hat seinen Verwaltungssitz in Grieskirchen in Oberösterreich und gilt als Pionier bei modernen Holzheizsystemen.

In der Halle vier am Produktionsstandort Stritzing befindet sich der Arbeitsplatz von Thomas Richtsfeld. Dort werden rund um die Uhr feuerfeste Schamottfertigteile, also wesentliche Bausteine der Heizkessel, erzeugt. Der junge Mann arbeitet manchmal alleine, meistens aber zu zweit. Dabei kommt der trocken gelagerte Schamottbeton in den Mischer, wird mit Wasser versetzt und als flüssiger Schamottbeton in eine Stahlschalung gefüllt. Nach vier bis fünf Stunden ist das Material hart und wird entformt. Danach wird die Stahlschalung gereinigt, mit Trennmittel versehen und erneut befüllt. Für Thomas Richtsfeld, der kleinwüchsig ist, wurde ein Arbeitstisch angefertigt, der seiner Körpergröße entspricht. Bei den Maschinen, die der Schichtarbeiter bedient, waren keine Anpassungen nötig.

In der Firma Fröling werden Heizkessel produziert, die für Scheitholz, Pellets oder Hackgut geeignet sind. Die äußerst hitzebeständigen und wärmespeichernden Schamottsteine befinden sich im Brennraum der Öfen. Sie schützen den Ofenkorpus vor den sehr hohen Temperaturen, die bei der Verbrennung entstehen und speichern die Wärme des Feuers, die später abgegeben wird.

Während andere Firmen, die ebenfalls Heizkessel herstellen, die Produktion der Schamottsteine oft auslagern, werden sie bei Fröling in den eigenen Werken in Österreich und Deutschland hergestellt. Das ist Teil der Firmenphilosophie und Strategie. Schamottsteine werden in ganz unterschiedlichen Größen angefertigt. »Kleine Teile kann man mit der Hand schamottieren«, so Thomas Richtsfeld. »Aber es gibt auch Stahlschalungen, wo alles mit Ketten angehängt wird und wo wir einen Kran brauchen.«

Seit etlichen Jahren, seit der Bedarf an Holzheizungen stark gestiegen ist, wird in drei Schichten gearbeitet und Thomas ist einer von zwei Arbeitern pro Schicht. Es gibt immer eine Woche Früh-, eine Woche Nachmittags- und eine Woche Nachtschicht. An den Schichtbetrieb habe er sich gewöhnt, nur bei der Nachtschicht, die um 5:45 Uhr endet, sei es am ersten Tag immer ein bisschen schwierig, in diesen Rhythmus hineinzukommen. »Wenn ich heimkomm, dann schlaf ich bis Mittag und am Nachmittag noch einmal zwei oder drei Stunden. Das geht dann gut. Mir ist die Nachtschicht lieber. Ich sag so, da stört dich niemand. Weil, wenn der Meister kommt und der braucht dann auf der Stelle etwas, den P4 oder den BS3, dann musst halt deine Arbeit abbrechen. Und in der Nacht kannst so dahin arbeiten.«

Der Meister, Bernhard Geyer, ist für 26 Arbeiter in der Halle vier zuständig. Zu Spitzenzeiten werden in einer Woche ungefähr 35 Tonnen Schamottbeton verarbeitet, Schamottbeton, der in die Öfen, die bei Fröling hergestellt werden, eingesetzt wird. Zurzeit wird diese Arbeit von Thomas und sieben anderen erledigt. »Es ist sehr wichtig«, so Bernhard Geyer, »dass jeder genau weiß, was er zu tun hat und der Thomas weiß genau, welches Prozedere notwendig ist, dass wir einen guten Stein bekommen. Man kann zum Thomas einen zweiten dazu stellen, der aus einem anderen Bereich kommt und er kann ihm zeigen, wie's gemacht gehört. Ja, das ist eine sehr vertrauenswürdige Basis. Wir kommen gut miteinander aus.«

Thomas Richtsfeld wächst mit drei Geschwistern auf einem Bauernhof im Bezirk Rohrbach im Mühlviertel auf. Der Vater arbeitet bei der Firma Internorm und betreibt eine Nebenerwerbslandwirtschaft mit zehn Kühen, zwei Schweinen und Getreideanbau. »Heute haben wir keine Landwirtschaft mehr. Jetzt nutzt mein älterer Bruder die Gebäude für seinen kleinen Betrieb. Er ist Dachdecker und Spengler, er ist selbstständig. Mein jüngerer Bruder hat auch Dachdecker gelernt. Und die Schwester arbeitet beim Land Oberösterreich.«

In der kleinen Marktgemeinde Oberkappel besucht Thomas die Volksschule und in Hofkirchen geht er zur Hauptschule. Es ist für ihn schwierig, nach der Schule eine Arbeit zu finden. Er schnuppert zwar in einigen Betrieben, doch die Sache scheitert immer wieder an seiner Körpergröße. Schließlich wird ihm von einem Lehrer ein

Projekt empfohlen und er kommt auf den Joker Hof Tollet. Das ist eine Einrichtung des Zivilinvalidenverbandes Oberösterreich für Jugendliche, die die Pflichtschule abgeschlossen und einen Anspruch auf eine berufliche Qualifizierung nach dem oberösterreichischen Chancengleichheitsgesetz haben. Jungen Menschen, die aufgrund einer Beeinträchtigung keine Möglichkeit haben, eine Lehre oder eine andere Berufsausbildung zu machen, sollen so Grundqualifikationen vermittelt und der Zugang zum allgemeinen Arbeitsmarkt ermöglicht werden.

Die Ausbildung am Joker Hof Tollet dauert maximal drei Jahre, die meisten Jugendlichen wohnen dann auch dort. Sie erwerben lebenspraktische Fertigkeiten sowie fachliche und soziale Kompetenzen. Es werden ihnen Arbeitstugenden wie Pünktlichkeit, Ausdauer, Verlässlichkeit und Selbstständigkeit vermittelt. In den Werkstätten am Hof erproben sie einen geregelten Arbeitsalltag und in einem intensiven Arbeitstraining, das häufig in einer Partnerfirma durchgeführt wird, bereiten sie sich auf den Arbeitsmarkt vor. Die jungen Leute sind während der Ausbildung bei Joker in einem voll versicherten Dienstverhältnis und haben fünf Wochen Urlaubsanspruch. Sie werden entlohnt, ihre Bezahlung ist vergleichbar mit einer Lehrlingsentschädigung. Bei der Berufsfindung wird auf ihre persönlichen Möglichkeiten und Neigungen eingegangen. Der ÖZIV Oberösterreich betreibt neben dem Joker Hof Tollet noch weitere Einrichtungen für Jugendliche, die einen erhöhten Förderbedarf haben und keine Lehre absolvieren können.

Ein Jahr wohnt und arbeitet Thomas am Joker Hof Tollet. Er übt verschiedene Tätigkeiten in den Werkstätten aus und kommt dann in die Firma Fröling, die seit Ende der 1990er-Jahre mit dem Joker Hof Tollet zusammenarbeitet. Es werden einerseits Arbeiten für die Firma übernommen, die in einer Werkstatt am Hof ausgeführt werden. Die Jugendlichen setzen Bauteile zusammen, für die Fröling einen Stückpreis zahlt, wie zum Beispiel Kabel, die für die Heizkessel benötigt werden. Andererseits gibt es die Möglichkeit, ein Arbeitstraining im Unternehmen zu machen, also den realen Arbeitsalltag in einer Ausbildungsgruppe zu erproben. Nach einer Schnupper- und Trainingsphase wird Thomas in der Betoniererei der Firma Fröling angelernt. »Zwei Arbeitskollegen haben mir's gezeigt und haben mir zugeschaut, wie ich gearbeitet hab. Dann haben s' gsagt, ja, das mit der Leistung passt. Ja, den könnt ma nehmen.« Und Thomas Richtsfeld wurde von

Fröling übernommen, stellt seitdem Schamottfertigteile für die Öfen her und arbeitet Vollzeit. »Seit dem 19.8.2001 bin ich da.«

»Die Firma Fröling«, so Ruth Hutterer, Ehefrau des Firmeninhabers Ernst Hutterer, »war das erste Unternehmen im Bezirk Grieskirchen, das mit dem Joker Hof Tollet zusammengearbeitet hat.« 1998 tritt der Leiter des Joker Hofes mit der Bitte um Kooperation an ihren Mann und den Betriebsleiter heran. Nicht alle im Unternehmen zeigen sich diesem Experiment gegenüber aufgeschlossen. »Es hat schon Widerstände gegeben. Vor allem ältere Arbeitnehmer hatten Angst, dass ihnen der Arbeitsplatz weggenommen werden könnte. Wenn man sich entschließt, Jugendliche, die beeinträchtigt sind, für ein Arbeitstraining oder eine Ausbildungsgruppe im Betrieb aufzunehmen, muss man diesen Schritt gut vorbereiten«, so die Chefin. Man müsse mit den Führungskräften, dem Betriebsrat und all jenen Mitarbeiterinnen und Mitarbeitern sprechen, die unmittelbar mit den Jugendlichen zu tun haben. Dies sei wichtig, damit die jungen Leute gefördert und in die Firma eingebunden werden. Man müsse viel reden und erklären. »Man darf halt selber keine Berührungsängste haben, man muss es halt auch selber leben.«

Unterstützung kommt auch von den Betreuern und Pädagogen des Joker Hofes Tollet. Sie begleiten die Jugendlichen vor Ort, achten darauf, dass sie ihre Arbeit kompetent erledigen, tauschen sich regelmäßig mit den Ansprechpartnern im Unternehmen aus und suchen Lösungen, wenn Probleme auftauchen. »Diese Begleitung ist sehr wichtig, vor allem, wenn es Probleme gibt«, weiß Ruth Hutterer. »Und wir wollen ja, dass die Jugendlichen eine richtige Arbeit machen und da muss man drauf schauen, dass sie auch geeignet dafür sind.«

Es gibt meistens zwei oder drei Gruppen mit jeweils vier jungen Leuten, die ein Jahr lang ein Arbeitstraining bei Fröling machen und von einem Betreuer oder einer Betreuerin des Joker Hofes unterstützt werden. »Während unserer rund 20-jährigen Zusammenarbeit haben ungefähr 500 Jugendliche ein Arbeitstraining bei uns absolviert und elf junge Menschen wurden von unserer Firma übernommen«, so Ruth Hutterer. Diese Kooperation habe manche im Betrieb herausgefordert, für viele sei es neu und ungewohnt gewesen, mit Menschen zusammenzuarbeiten, die eine Beeinträchtigung haben. Thomas Richtsfeld, erzählt die Chefin, habe zunächst gewisse Ressentiments zu spüren bekommen. »Den Thomas haben sie am Anfang schon gehänselt. Da muss man halt einmal dreinfahren. Aber er macht seine

Arbeit gut, das sehen die Kollegen, das verschafft ihm Respekt. Und dass es in einer Werkstätte nicht immer so fein zugeht, das weiß man auch.« Wichtig sei, dass die Probleme besprochen und gelöst werden. Zunächst untereinander, wenn das nicht reicht, müsse der Meister, der Betriebsleiter oder eben die Firmenleitung hinzugezogen werden. »Wir sind zwar groß, aber wir sind ein Familienunternehmen. Die Leute können mich oder meinen Mann anrufen.«

Thomas Richtsfeld gehört inzwischen zur Stammbelegschaft dieses großen Unternehmens, das mehr als 600 Mitarbeiterinnen und Mitarbeiter hat, das in Österreich und Deutschland produziert und seine Produkte in viele Länder innerhalb und außerhalb Europas exportiert. Und der Mühlviertler hat im Betrieb seinen Platz gefunden. »Mit den Arbeitskollegen versteh i mi eh gut. Wenn wir Pause haben, dann gehen wir nicht in den Pausenraum. Dann bleiben wir in unserer Halle. Da haben wir eh einen Tisch.« Sein Meister fügt hinzu: »Ich arbeite gern mit dem Thomas zusammen. Er ist zuverlässig und gewissenhaft. Er wird wertgeschätzt, er ist einer, den wir net missen wollten da herinnen, er gehört zu uns. Und es ist eine ganz große Entwicklung, die der Thomas für sich gemacht hat, und als selbstverständlich braucht man des net sehen.«

Die Zusammenarbeit beginnt 2008 und Bernhard Geyer ist inzwischen mit den Stärken und Schwächen seines Kollegen vertraut. Das Reden sei seine Sache nicht, sondern vor allem das Tun und Zeigen. So lange bei seinen Angehörigen alles passe, sei er voll leistungsfähig. »Für den Thomas, glaub ich, ist die Familie ganz wichtig. Da kommt der Halt heraus. Wenn dort etwas schief liegt, dann liegt der Thomas schief. Es ist ganz gleich, wen das betrifft, Eltern oder Geschwister. Wenn da was ist, dann geht gar nix.«

Aber das sei ja ganz verständlich und normal. Andere überspielten ihre Gefühle vielleicht oder bemerkten sie gar nicht. »Das ist seine Stärke. Es beeinträchtigt ihn, wenn etwas mit der Familie ist, und er verbirgt es nicht. Ich kenn ihm das sofort an. Ich seh das gleich, wenn er zu mir kommt.« Dann spricht Bernhard Geyer an, was er wahrnimmt und sucht gemeinsam mit Thomas nach einer vernünftigen Lösung. Aber das mache er bei allen so. »Es bringt ja nix, wenn man irgendwo ein Muss erzwingt, wo keines ist. Wenn nicht eine Notwendigkeit besteht, dann gibt es immer eine Möglichkeit. Eine Möglichkeit im Sinne dessen, der was will. Es wird ja nicht umsonst gefragt.« Als sich für Thomas Richtsfeld die Gelegenheit ergibt, wie sein Vater bei der Firma Internorm im Bezirk Rohrbach arbeiten zu können, entschließt er sich im April 2018, seinen langjährigen Arbeitgeber zu verlassen und wieder zurück ins Mühlviertel zu seiner Familie zu ziehen.

Erst bei seinem Job, erst durch die Kooperation der Firma Fröling mit dem Joker Hof Tollet kommt Bernhard Geyer in Kontakt mit Menschen, die eine Beeinträchtigung haben. Der Umgang mit den jungen Leuten, die einen erhöhten Förderbedarf aufweisen, fordert ihn zunächst heraus. Er muss lernen, seine Leistungsansprüche anzupassen, und er muss sich erst an die offene, direkte Art der Jugendlichen gewöhnen. Heute sagt er: »Für mein Leben ist das unbedingt eine Bereicherung, eine Weiterentwicklung, denn es läuft ja permanent ein Prozess in mir selber auch.« Die Zusammenarbeit mit den Jugendlichen vom Joker Hof Tollet schärfe seinen Blick für sich und andere, für Anforderung und Überforderung. »Denn man überfordert ja nicht nur den anderen, man überfordert ja sich selbst auch. Wenn man sich ein wenig beobachtet und seine Reaktionen reflektiert, dann sieht man gleich, wie das ausschaut. Das kenn ich mittlerweile ganz genau bei mir und ich bin froh, dass ich es kennengelernt hab. Und einer wie der andere von den jungen Leuten und auch die Betreuer von den Mannen, die da herinnen sind, haben mir geholfen, dass ich mich besser einschätzen kann und die Arbeit besser erledigen kann. Und auch, dass ich mit diesem inneren Konflikt besser umgehen kann, der immer wieder entsteht. Weil, da ist ja nicht nur die Vorgabe der Firma, die wir erreichen wollen und sollen, sondern auch die Frage, wie wir das menschlich abhandeln können. Und menschlich heißt ja, dass man nicht nur dem anderen gegenüber so reagiert, sondern auch sich selber gegenüber.«

Als Ende der 1990er-Jahre die Kooperation mit dem Joker Hof Tollet beginnt, betreten die Verantwortlichen der Firma Fröling Neuland. »Aber«, so die Chefin, »wenn man sich Zeit lässt, wenn man sagt, wir probieren es einmal, dann nimmt das den Druck und die Unsicherheit, die ja auf beiden Seiten bestehen.« Inzwischen gebe es viel Erfahrung und es habe sich eine freundschaftliche Zusammenarbeit entwickelt. »Wir werden immer gut informiert und wir können alles besprechen.«

Jugendliche vom Joker Hof Tollet bereiten sich, wie bereits erwähnt, bei Fröling in Ausbildungsgruppen und bei Arbeitstrainings auf einen Job vor. Für jene Jugendlichen, die vorerst keine Chance auf dem allgemeinen Arbeitsmarkt haben und noch mehr Zeit für ihre berufliche Förderung brauchen, bietet der Joker Hof die geschützte Arbeit an. So betreiben ein Koch und eine Köchin mit fünf Jugendlichen seit dem Jahr 2014 die Kantine in der Firma Fröling. Das Unternehmen stellt eine hochmoderne Küche zur Verfügung. Das Team des Joker Hofes Tollet sorgt dafür, dass die Angestellten, die in der Verwaltung tätig sind, das sind rund 200 Leute, eine Jause sowie ein frisch gekochtes Essen erhalten. Die Arbeit beginnt um sieben Uhr in der Früh. Den Hygienevorschriften entsprechend, gibt es einen Umkleidebereich und eine Berufskleidung. »Wenn wir uns umgezogen haben, setzen wir uns zusammen und gehen das Menü durch«, erzählt Katrin Landerl, eine der Jugendlichen, die in der Firmenkantine mitarbeitet. »Dann teilt der Küchenchef ein und sagt, wer was macht. Ich habe heute 13 Kilogramm Erdäpfel geschält, da bin ich den ganzen Vormittag gestanden.«

Drei Küchengehilfinnen beginnen bereits in der Früh mit den Vorbereitungen für das Mittagessen, zwei richten die Jause her. Von Montag bis Freitag werden Wurstsemmerl, Käseweckerl oder Schnitzelsemmeln sowie Obst, Müsli und selbstgebackenes Roggenbrot mit saisonalen Aufstrichen angeboten. Mittagessen gibt es von Montag bis Donnerstag, es stehen täglich zwei Menüs zur Auswahl und es wird immer frisch gekocht. Nach dem Essen wird zusammengeräumt, Geschirr gereinigt, Küche, Salatbuffet und Boden geputzt »Ich mach gerne Suppen und Nachspeisen, ich mach eigentlich alles gerne. Nur das Putzen mag ich net so gern, aber da muss ich auch durch«, schildert Katrin ihre verschiedenen Aufgaben.

Die Jugendlichen werden von einer Köchin angeleitet und unterstützt. »Wenn wir Hilfe brauchen, dann können wir die Tanja und den Alfred fragen, wie man was macht, wie man was ausrechnet. Die helfen uns irrsinnig viel.« Katrin, die einen weiten Weg zur Arbeit hat und mit öffentlichen Verkehrsmitteln unterwegs ist, steht um vier Uhr früh auf, um rechtzeitig da zu sein. Aber sie ist mit ihrer Arbeitssituation zufrieden. »Manchmal gibt's ein bissl ein Hin und Her, wer was macht. Und mit manchen versteh ich mich besser als mit anderen, aber das ganze Arbeitsklima, die Leut', das gefällt mir.«

Die Weihnachtsfeier der Firma Fröling ist für Ruth Hutterer ein sichtbarer Höhepunkt der Zusammenarbeit mit dem Joker Hof Tollet. Am Produktionsstandort Stritzing wird knapp vor Weihnachten eine der Werkshallen in einen festlichen Ort verwandelt, wo zwischen

420 und 450 Mitarbeiterinnen und Mitarbeiter essen, trinken und feiern. Bereits nach dem Sommer wird geplant und mit den ersten Vorbereitungen begonnen. Das Buffet wird vom Team der Kantine zubereitet, der Service wird von Mitarbeiterinnen und Jugendlichen des Joker Hofes Tollet übernommen. »Bei den Vorbereitungen für die Weihnachtsfeier arbeite ich mit den Jugendlichen immer wieder zusammen«, erzählt die Chefin. »Da redet man dann, kommt sich näher und kann so ganz nebenbei auch Probleme besprechen, wenn es welche gibt.«

Was motiviert Ruth Hutterer und ihren Mann, jungen Menschen, die vom Lehrberuf ausgeschlossen sind, einen Zugang zur Arbeitswelt zu ermöglichen? Sie sagt, es gehe ihr und ihrer Familie gut, sie möchte etwas zurückgeben und sie sehe es als ihre soziale Verantwortung an, dafür zu sorgen, dass auf diese Jugendlichen nicht vergessen wird. Sie hoffe auch, dass die Mitarbeiterinnen und Mitarbeiter der Firma Fröling in den jungen Leuten vom Joker Hof Tollet den Kollegen und die Kollegin sehen und durch den Umgang mit ihnen etwas für ihr persönliches Leben mitnehmen würden.

ÜBER DEPRESSIONEN SPRICHT MAN NICHT

Paul Vielweber, Betriebswirt

Im Sommer 2003 schließt Paul Vielweber sein Studium der Betriebswirtschaft an der Wirtschaftsuniversität Wien ab und blickt optimistisch in die Zukunft. Er ist verlobt, bald soll geheiratet werden, aber zuvor will er noch eine Arbeit finden. Er brennt darauf, ins Berufsleben einzusteigen und sein eigenes Geld zu verdienen. Rückblickend sagt er: »Das war die glücklichste Zeit meines Lebens.«

Nach der Sponsion kehrt der frischgebackene Akademiker in seine oberösterreichische Heimatstadt zurück, nicht zuletzt, weil dort seine zukünftige Frau lebt und aufgewachsen ist. Zuversichtlich und mit viel Energie begibt er sich auf Jobsuche. Als Zahlenmensch – in der Schule war Mathematik sein Lieblingsfach – will er in die Finanzbranche. Er bewirbt sich, wird zu Vorstellungsgesprächen eingeladen, erhält aber eine Absage nach der anderen. Es ist frustrierend und enttäuschend, die Misserfolge wirken sich auf seine Stimmung aus, er fühlt sich bedrückt und wertlos. Nach einigen Monaten sucht Paul Vielweber einen Arzt auf. Er spürt, wie schlecht es ihm geht, er merkt, dass es in der Beziehung kriselt und er weiß, dass es immer schwieriger wird, eine Arbeit zu finden, je länger er arbeitslos ist. Der Psychiater diagnostiziert eine Depression und verschreibt Antidepressiva. Paul Vielweber – sein Name wurde redaktionell geändert, weil er anonym bleiben will – weiß aus eigener Erfahrung, dass das Thema Depression in der Wirtschaft sehr negativ behaftet ist, und bereut es, dass er bei seiner Arbeit einmal darüber gesprochen hat.

Der Betriebswirt hofft, dass die ärztliche Hilfe und die Medikamente dazu beitragen, seine private wie berufliche Krise zu bewältigen. Er gibt nicht auf und bewirbt sich weiter bei Versicherungen und Banken. »Ich habe damals am Tag bis zu zehn Absagen bekommen.« Abends will er mit seiner Lebensgefährtin über seine negativen Erlebnisse reden, sie hört ihm zu, aber nicht in dem Maß, wie er es sich wünscht. Seine Verlobte ist vor allem mit den Hochzeitsplänen beschäftigt, erzählt ihm, dass sie wieder ein wunderschönes Kleid probiert hat und möchte mit ihm den Hochzeitstermin festlegen. »Meine Verlobte wollte heiraten, egal ob ich einen Job habe oder nicht. Ich aber wollte nur heiraten, wenn ich im Berufsleben stehe. So haben wir uns getrennt und meine Verlobung ist geplatzt.«

Von seiner Familie hätte sich der arbeitssuchende Betriebswirt mehr Unterstützung erhofft, doch die Eltern reagieren ziemlich hilflos auf seine erfolglosen Bemühungen. Er bekommt zu hören, dass jeder, der arbeiten wolle, auch eine Arbeit finde und er sich doch bei der Müllabfuhr bewerben solle. Manche Freunde und Bekannte gehen ihm mit der Zeit aus dem Weg. Er zieht sich zurück, wird noch introvertierter. »Das hat mich sehr viel an Selbstvertrauen und Selbstbewusstsein gekostet, das muss ich schon sagen. Selbstvertrauen und Selbstbewusstsein, das ich bis heute nicht wieder erlangt habe.«

Nach neun Monaten vergeblicher Mühe sucht Paul Vielweber im Großraum Wien nach einer Arbeit. Firmen rufen an, bekunden ihr Interesse, wollen aber vorab noch eine Frage zum Lebenslauf klären, wollen wissen, was er in der Zeit zwischen Studienabschluss und Bewerbung gemacht habe. »Wenn ich dann gesagt habe, dass ich seitdem auf Arbeitssuche bin, wurde das Gespräch beendet. Manchmal habe ich zehn Minuten später per E-Mail eine Absage bekommen.« Diese Frage sei auch in den persönlichen Bewerbungsgesprächen stets gestellt worden. »Meine Erklärung war fast immer der Dealbreaker, hat also dazu geführt, dass das Vorstellungsinterview sofort abgebrochen wurde.«

Paul Vielweber ist ein passionierter Rennradfahrer. Doch im Sommer 2004 steigt er nur zweimal auf sein Rad. Es freut und interessiert ihn nicht, nach wenigen Kilometern dreht er um und fährt heim. Im darauffolgen Jahr bleibt das Rad überhaupt in der Garage stehen. Die Mutter sieht wie deprimiert und antriebslos er ist und versucht, ihn zu unterstützen, so gut sie es kann. Der Vater ist mit der Situation völlig überfordert. Paul Vielweber geht es damals so schlecht, dass er sogar an Selbstmord denkt. »Das mit den ganz schlimmen Dingen, das mit den Selbstmordgedanken, das würde ich niemandem erzählen. Das wissen nicht einmal meine Eltern.« Dass er sich nicht von einer Brücke hinunterstürzt oder vor einen Zug wirft, hängt vor allem damit zusammen, dass er ärztliche Hilfe sucht und bekommt und trotz seines schlechten Zustandes immer noch eine gewisse Selbstdisziplin aufbringen kann. So steht er in der Früh auf, obwohl es ihm sehr schwer fällt, aus dem Bett zu kommen. Er meidet alkoholische Getränke und setzt seine Arbeitssuche fort. Er freut sich, wenn er eine

Einladung zu einem Bewerbungsgespräch erhält und geht immer hin. Rückblickend stellt er aber fest: »Ich habe oft einen schlechten Eindruck gemacht. Mich wundert es nicht, dass ich keine Chance hatte und dass ich nicht genommen wurde. Denn ich war damals wirklich in einem schlechten Zustand.«

Nach fast drei Jahren findet der 32-jährige Oberösterreicher mithilfe eines Verwandten eine Anstellung bei einer Bank in Linz. »Mir ist es erst wieder besser gegangen, wie ich die Zusage für den Job hatte.« Er kommt in eine Abteilung mit knapp 30 Mitarbeiterinnen und Mitarbeitern. Er ist der einzige Akademiker, die meisten haben einen Handelsakademieabschluss. Viele Kolleginnen und Kollegen sind jünger als er, so um die 20 Jahre alt, und die meisten von ihnen sind große Autofans. Paul Vielweber aber ist begeisterter Radfahrer und besitzt kein Auto. Vieles interessiert ihn nicht, was die jungen Leute beschäftigt, und es fällt ihm überhaupt sehr schwer, sich am Small Talk im Büro zu beteiligen.

Er wird zum Außenseiter und fühlt sich gemobbt. Hinter seinem Rücken wird darüber geredet, dass er keinen Wagen besitze und ein so seltsames Hobby wie Radfahren betreibe. Es wird gemunkelt, dass er homosexuell sei, weil er zu der Zeit keine Freundin hat. Er bekommt viele Arbeitsaufträge, mehr als er bewältigen kann und ihm passieren Fehler, die ihm vorgehalten werden. »Aber mein größter Fehler bestand darin, dass ich über meine Depression gesprochen habe. Das würde ich nie wieder tun. Das ist ein extremes Karrierehindernis. Denn wenn man das im Wirtschafts- und Finanzbereich macht, dann heißt es gleich, der hat einmal eine Depression gehabt, auch wenn das vor 20 Jahren war, aber dem kann man keine herausfordernde Aufgabe mehr geben.«

Paul Vielweber beschwert sich, dass er gemobbt wird. Es werden Gespräche mit dem Abteilungsleiter und dem Betriebsrat geführt, doch seine Situation bessert sich nicht. Der Dienstvertrag wird vorzeitig aufgelöst und der Betriebswirt verlässt mit einem Golden Handshake das Unternehmen.

Nach fünf Jahren Erwerbstätigkeit ist Paul Vielweber wieder auf Arbeitssuche. Es ist zwar nicht einfach, einen Job zu finden, aber nun verfügt er über Arbeitserfahrung und beginnt sofort in Wien zu suchen, wo es viel mehr Angebote gibt als in Oberösterreich. Bald hat er wieder einen Arbeitsplatz und nach zwei Jahren wechselt er in ein anderes Finanzunternehmen, da dort eine interessantere Aufgabe auf

ihn wartet. Er ist jetzt im Kreditrisikomanagement tätig und überprüft die Bonität der Kunden. Er schaut also, ob diese kreditwürdig
sind, ob sie fähig und bereit sind, zukünftige Zahlungsverpflichtun-
gen vollständig und zeitgerecht zu erfüllen. Ist die Bonität gegeben,
wird die Finanzierung genehmigt.

Die Arbeit gefällt ihm, aber er fühlt sich befangen, weil es für
ihn sehr anstrengend ist, mit den anderen im Unternehmen in Kontakt zu treten. Es fällt ihm schwer, von sich aus auf den Vertriebs-
mitarbeiter zuzugehen, das Gespräch mit ihm zu suchen und ihm
Informationen zur Bonität eines Kunden oder einer Kundin zu geben. Er vermeidet es, in der Teeküche Kollegen und Kolleginnen zu
treffen, denn er weiß nicht, wie er mit ihnen unverbindlich plaudern
soll. Nicht nur beruflich, auch privat fühlt er sich im Umgang mit
anderen Menschen sehr eingeschränkt. Es ist für ihn mühsam, einen Freund oder eine Bekannte anzurufen und einen gemeinsamen
Kaffeehausbesuch vorzuschlagen. Im Supermarkt traut er sich nicht,
eine Verkäuferin anzusprechen, wenn er etwas wissen möchte. Im
Urlaub fährt er nach Oberösterreich und besucht seine Mutter. Das
Wochenende verbringt er lieber daheim oder bei einer Radtour, als
fortzugehen und Leute zu treffen. »Ich habe auch immer große Probleme in meinen Beziehungen zu Frauen gehabt. Da habe ich mir
immer schwer getan.«

Diese Schwierigkeiten im privaten wie im beruflichen Leben veranlassen Paul Vielweber dazu, mit pro mente Wien, mit der Gesellschaft für psychische und soziale Gesundheit, Kontakt aufzunehmen.
Er entschließt sich, die Selbsthilfegruppe für Menschen mit Sozialphobie zu besuchen. »Weil ich gemerkt habe, dass es vor allem in
meinem Bereich, auf dem Finanzsektor ein ganz großer Nachteil ist,
wenn man eine soziale Phobie hat. Und da wollte ich etwas ändern.
Ich habe zwar viel darüber gelesen, aber das hat nicht gereicht. Außerdem wollte ich ein bisschen unter die Leute kommen.«

Schüchtern und introvertiert zu sein, ist keine Erkrankung. Viele
Menschen fühlen sich unbehaglich, wenn sie geprüft, kritisiert oder
abgewiesen werden. Oder sie sind unsicher, wenn sie im Mittelpunkt
stehen, eine Rede halten oder versuchen, einen Menschen zu gewinnen, den sie begehren. Wenn Personen allerdings eine übermäßige
Angst davor haben, mit anderen zu sprechen, sich in einer Gruppe
zu äußern oder ein Referat zu halten, in Gesellschaft zu essen und zu
trinken, in Gegenwart anderer ein Schriftstück zu unterschreiben, auf-

zufallen oder neue Menschen kennenzulernen, und wenn diese Angst mit körperlichen Symptomen wie Erröten, Zittern, Schwitzen, Übelkeit, Brechreiz, Harn- oder Stuhldrang einhergeht, spricht man von einer Sozialphobie. Diese Angst schränkt das Leben der Betroffenen ein. Sie sind oft sehr einsam, weil sie soziale Situationen so weit wie möglich vermeiden. Sie können ihren Beruf nur eingeschränkt oder mitunter gar nicht mehr ausüben.

Es wird zwischen der spezifischen und der generalisierten sozialen Phobie unterschieden. Es kann also jemand generell Angst vor sozialen Kontakten haben, die Angst kann sich aber auch auf bestimmte Situationen wie Reden, Essen oder Schreiben vor anderen beschränken. Die Sozialphobie gilt neben der Depression und dem Alkoholismus als die dritthäufigste psychische Erkrankung. Bleibt sie unbehandelt, kann dies bei den betroffenen Personen in der Folge dazu führen, dass schwere psychische Erkrankungen wie Alkohol- und Medikamentenmissbrauch, Depressionen oder Panikattacken auftreten. Ungefähr zwischen acht und 13 Prozent der Bevölkerung leidet im Laufe des Lebens einmal unter einer Sozialphobie. Behandelt wird sie sowohl mit Medikamenten, etwa Antidepressiva, als auch durch Psychotherapie. In vielen Fällen kann den Betroffenen geholfen werden.

Die soziale Angst beginnt häufig in der Kindheit und Jugend, um das zehnte bis 20. Lebensjahr. Es ist nicht genau bekannt, wie es dazu kommt. Es werden unterschiedliche Ursachen genannt wie eine genetische Veranlagung, chronischer Stress oder Eltern, die ihr Kind überbehüten oder übermäßig stark zurückweisen. Es werden auch soziale Faktoren wie Außenseitertum, Armut, Arbeitslosigkeit oder alkoholabhängige Eltern angeführt.

Die Sozialphobie wird häufig nach einer seelischen Verletzung, nach einem traumatisierenden Erlebnis sichtbar. Sie kann zum Beispiel dadurch ausgelöst werden, dass ein Kind in einer peinlichen Lage von seinen Mitschülern, Lehrern oder Verwandten verhöhnt oder ausgelacht wird. Situationen, in denen ein junger Mensch abgewertet, ausgegrenzt oder erniedrigt wird, können dazu führen, dass er sich verunsichert fühlt, dass er sich selbst verzerrt wahrnimmt und übermäßig kritisch beobachtet. Es fällt ihm in der Folge zunehmend schwerer, sich neuen Menschen, Aufgaben und Herausforderungen zu stellen.

»Ich bin im Alter von 13 Jahren zum schüchternen Typen geworden«, erzählt Paul Vielweber. Ab da fällt es ihm auf einmal sehr schwer, Referate zu halten. Das war mit elf oder zwölf Jahren kein Problem. Er leidet jetzt unter Prüfungsangst und kann sich gar nicht mehr vorstellen, bei einer Theateraufführung mitzumachen, wie er dies als Kind getan hat. Im Umgang mit seinen Mitschülern und Mitschülerinnen sowie mit Erwachsenen fühlt er sich unbeholfen und unbehaglich. Das war vorher anders, da traf er sich regelmäßig mit Freunden zum Radfahren oder Fußballspielen. »Ich habe all das gemacht, was die Jungs so tun. Ich war kein Außenseiter, ich war auch nicht introvertiert.«

Paul besucht zu dieser Zeit das Gymnasium, in der dritten Klasse fangen die Probleme an. Wenn er ein Referat hält, schneiden die Kollegen Grimassen, stören und irritieren ihn. Beim Sport, beim Tischtennis, Völkerball oder Fußball wird er ausgetrickst, attackiert oder am Spielen gehindert. Er zieht sich mehr und mehr zurück und wird zum Außenseiter. Wie kommt es, dass er, der bis dahin einen guten Stand in der Klasse hatte, gemobbt wird? Für Paul Vielweber hängt das mit einem Vorfall zusammen, den er zufällig beobachtet und später berichtet hat. »Wir haben wieder einmal Fußball gespielt. Ein Kollege und ich sind dann in den Supermarkt gegangen und haben uns etwas gekauft. Bei der Kassa ist ein Schulkollege vor uns gestanden, der gerade beim Ladendiebstahl erwischt worden ist.«

Der 13-Jährige erzählt seinen Eltern, was er gesehen hat, möglicherweise erfahren auch andere davon. Einige Tage später erhalten seine Eltern ein Anwaltsschreiben. Der Vater des ertappten Buben droht mit einer Klage, wenn weiterhin verbreitet wird, dass sein Sohn etwas gestohlen habe, denn das stimme nicht. Das Ereignis wird auch in der Klasse besprochen. »Ich habe gesagt, es tut mir leid, ich habe ihn damals gesehen. Aber der Kollege, der mit mir im Supermarkt war, hat gesagt, nein, das stimmt nicht. Und auf einmal war ich der, der Lügen erzählt. So hat das mit dem Mobbing begonnen. Dadurch, dass der Vater dieses Buben einer der oberen Tausend meiner Bezirksstadt war, habe ich auch von meinen Lehrern keinen Rückhalt bekommen.«

Er sei auch von Leuten gemobbt worden, die mit dieser Sache gar nichts zu tun hatten und nie dabei waren. Jahre später hätten sich einige bei ihm entschuldigt. »Aber«, fügt Paul Vielweber hinzu, »mir bringt das nichts mehr. Ich habe heute einen massiven psychischen Schaden von dieser Geschichte.«

Im Rahmen eines betrieblichen Gesundheitsangebotes bespricht der Betriebswirt dieses Ereignis mit einer Psychotherapeutin. Im Laufe des Gespräches stellt sie die Frage, wie das Leben verlaufen wäre, wenn sich dieser Vorfall nicht ereignet hätte oder die verantwortlichen Erwachsenen anders reagiert hätten. »Dann würde ich heute wahrscheinlich ein ganz normales Leben führen«, vermutet der Angestellte. »Dann hätte ich keine Sozialphobie und wäre im Beruf viel erfolgreicher und würde ungefähr doppelt so viel verdienen wie jetzt. Ich hätte vermutlich ein klassisch konservatives Privatleben und würde mit Ehefrau und Kind in einem Haus im Grünen wohnen.«

Paul Vielweber aber ist alleinstehend, kinderlos und lebt in einer Wohnung in Wien. Er fühlt sich unsicher im Umgang mit anderen und ist einsam. Das führt ihn, wie schon erwähnt, zur Selbsthilfegruppe Sozialphobie von pro mente Wien, die sich einmal in der Woche trifft. »Die meisten, die in meiner Gruppe sind, arbeiten und haben dasselbe Problem wie ich. Das fängt schon beim Vorstellungsgespräch an. Wir können uns bei weitem nicht so gut präsentieren wie wir in der Praxis tatsächlich sind. Ich habe oft genug erlebt, dass ich aufgrund meiner schüchternen und introvertierten Art einen Job nicht bekommen habe. So eine Sozialphobie ist schon ein K.-o.-Kriterium, gerade im Wirtschaftsbereich.« Es erleichtert ihn, den anderen zu erzählen, wie es ihm geht, und sich mit den Gruppenmitgliedern auszutauschen, einander Tipps zu geben und zuzuhören.

Wie in jeder Gruppe gibt es auch hier Menschen, die einem sympathisch sind und andere, die man nicht so mag. Manchmal ist es dem Finanzexperten zu viel, nach einem anstrengenden Arbeitstag die Selbsthilfegruppe zu besuchen. Aber dennoch erlebt er das Beisammensein mit den anderen Betroffenen als sehr hilfreich und überlegt jetzt, die ehrenamtliche Funktion des stellvertretenden Gruppenleiters zu übernehmen. Vor etlichen Jahren machte Paul Vielweber, der damals bei seiner Arbeit nicht ausgelastet war, sich aber eine berufliche Fortbildung nicht zutraute, bei pro mente eine Ausbildung zum Peer-Berater. Das englische Wort »peer« bedeutet so viel wie gleichrangig, ebenbürtig oder gleichaltrig. In diesem Zusammenhang sind Peer-Beraterinnen Personen, die selbst von einer psychischen Krankheit betroffen sind oder betroffen waren und die ihre persönlichen Erfahrungen nutzen, um andere Menschen zu unterstützen. »Der Vorteil der Peer-Beratung ist, dass man das alles selbst kennt und erlebt hat. Das schafft natürlich Vertrauen.«

Der Betriebswirt hat sich früher immer gewünscht, viel offener auf andere zugehen zu können. Das ist ihm zwar nicht gelungen, aber es gibt einige Bekannte, die er regelmäßig trifft. Und er macht inzwischen Dinge, die er vor ein paar Jahren niemals getan hätte. So mischt er sich ein, wenn jemand in einem öffentlichen Verkehrsmittel angepöbelt wird, er spricht einen Verkäufer in einem Geschäft an, wenn er etwas benötigt, oder führt mehrere Telefonate, um eine Adresse von den Eltern einer jungen Frau ausfindig zu machen, die Selbstmord begangen hatte. »Sie war arbeitslos und der letzte Auslöser für ihren Suizid war eine Absage nach einer Bewerbung. Es war mir ein großes Bedürfnis, den Eltern zu schreiben und mein Beileid auszudrücken, weil ich das selbst auch fast gemacht hätte.«

Mit den Kolleginnen und Kollegen führt er nach wie vor keinen Small Talk und beteiligt sich auch nicht bei den privaten Unterhaltungen, aber er kommt mit den Leuten aus und macht seine Arbeit gerne. Er entscheidet sich, eine Psychotherapie zu machen, um mit seiner Sozialphobie besser zurechtzukommen. »Ich habe gemerkt, dass es so nicht weitergehen kann. Dass ich etwas tun muss. Meine diversen Traumata waren mir zwar bewusst, aber ich habe irgendwann gemerkt, dass sie mich viel stärker belasten als ich geglaubt hatte. Ich will wieder ein halbwegs normales Leben führen können.«

Als hilfreich erweisen sich für ihn auch die Antidepressiva, die er nach wie vor nimmt, allerdings in viel geringerer Dosis als früher. Außerdem tut es ihm gut, ausgedehnte Radtouren zu unternehmen und sich gelegentlich mit seinen Bekannten zu treffen. Die Tatsache, dass er heute finanziell abgesichert ist, trägt ebenfalls dazu bei, seine Situation zu entspannen. Die Erfahrung, arbeitslos zu sein und kein Geld zu verdienen, sitzt ihm immer noch in den Knochen, sodass er bis heute keinen einzigen Kredit aufgenommen hat. Früher hätte er anders gehandelt. Seine damalige Verlobte und er waren bereits auf Wohnungssuche und, bereit einen Kredit aufzunehmen, den sie 20 oder 30 Jahre lang abgezahlt hätten. »Das würde ich mich heute nicht mehr trauen. Das hängt mit meiner langen Arbeitslosigkeit und meiner Depression zusammen. Ich bin extrem sparsam geworden.«

Paul Vielweber ist auch sehr vorsichtig geworden, wenn es darum geht, von seiner Depression und Sozialphobie zu erzählen. In der Finanzbranche sei es verpönt, darüber zu reden. »Wenn man sagt, dass man eine Depression hat, dann ist es mit der Karrierechance vorbei«, ist er überzeugt. Er möchte seinen Arbeitskolleginnen und -kollegen auch nicht erzählen, dass er bei pro mente Wien engagiert ist. »Denn dann schaut jeder nach, was pro mente ist, und ich würde mich dem Verdacht aussetzen, ein Betroffener zu sein und ein psychisches Problem zu haben.«

Wer eine psychische Erkrankung hat, sei nicht leistungsfähig, habe einen Dachschaden, sei gefährlich oder unberechenbar, wirke komisch oder anders. Das sind nur einige der gängigen Vorurteile über Menschen mit einer psychischen Erkrankung. »Ich würde mir wünschen«, so Paul Vielweber, »dass über Depression und Sozialphobie in der Öffentlichkeit mehr gesprochen wird und vor allem, dass sachlich darüber geredet wird.«

Niemand ist davor gefeit, an Grippe zu erkranken oder sich ein Bein zu brechen. Genauso kann niemand sagen, ob er nicht einmal im Leben eine Depression, Sucht oder Angststörung erleidet. Doch bei einer Grippe steigt die Körpertemperatur und das Fieber lässt sich am Thermometer ablesen. Bei einem Beinbruch wird ein Röntgenbild angefertigt und ein Gipsverband angelegt. Anders bei psychischen Leiden. Angst, Verzweiflung, Panik oder Antriebslosigkeit spielen sich vorwiegend im Inneren, in der Gefühlswelt ab und sind nicht sichtbar. Nach der Devise »Was man nicht sieht, kann auch nicht sein«, werden die Betroffenen aufgefordert, sich zusammenzureißen, sich nicht so anzustellen und endlich wieder zu funktionieren.

Psychische Erkrankungen werden negiert, heruntergespielt, tabuisiert. Betroffene reagieren beschämt, verunsichert, ziehen sich zurück und werden oft nicht rasch und ausreichend genug medizinisch und therapeutisch versorgt.

Da aber ungefähr ein Drittel der Bevölkerung einmal im Leben von einer psychischen Erkrankung betroffen ist, müssten viele Menschen davon Kenntnis haben – entweder aus eigener Erfahrung oder weil jemand im Familien-, Freundes- oder Bekanntenkreis davon betroffen ist. Dieses Wissen gepaart mit sachlicher Information über die Auswirkungen einzelner psychischer Krankheiten würde das Miteinander in einem kleinen Betrieb oder einem großen Unternehmen erleichtern und befördern.

»JEDE ABTEILUNG BRAUCHT EIN BISSCHEN WAS VON MIR«

Bernd Veigl, Verwaltungsassistent

Bernd Veigl streckt zur Begrüßung die Rechte entgegen, doch da ist keine Hand, die man schütteln kann, denn der Arm endet knapp unter dem Handgelenk. »Wie ich jünger war«, so der Endzwanziger, »habe ich oft die linke Hand gegeben.« Da es jedoch allgemein üblich ist, einander die rechte Hand zu reichen, geht er nach einiger Zeit dazu über, es ebenfalls zu tun. »Aber dann war es halt so, dass die Leute entweder ins Leere oder auf meinen Stumpf gegriffen und sich erschreckt haben. Das ist verständlich, denn es rechnet ja keiner damit.«

Inzwischen handhabt er das Ritual flexibel. Wenn er auf unbekannte Menschen trifft, führt er fast immer unmittelbar vor der Begrüßung seinen rechten Arm zum Gesicht, so als würde er sich kratzen. Auf diese Weise sieht sein Gegenüber gleich den Stumpf und kann sich darauf einstellen. Erst dann hält er den rechten Arm zur Begrüßung hin. Manchen ist es unangenehm, wenn er sie auf diese Weise begrüßt. »Ich habe kein Problem damit, dann gebe ich ihnen beim nächsten Mal die linke Hand. Die Leute haben ja nichts gegen mich persönlich, sie mögen es halt einfach nicht, meinen Stumpf anzugreifen.«

Bernd Veigl reagiert flexibel und aufgeschlossen. Das sei notwendig, wenn man eine Behinderung hat, findet er. Aber beide Seiten müssen anpassungsfähig und respektvoll sein. Auch eine gut gemeinte Hilfsbereitschaft empfindet er als unpassend und diskriminierend, wenn sie unaufgefordert und stereotyp erfolgt. Wenn er im Gasthaus ein Schnitzel bestellt und der Kellner serviert es bereits aufgeschnitten, weil er bemerkt hat, dass ihm eine Hand fehlt, findet er das zwar nett gemeint, aber dennoch als Übergriff. »Selbstbestimmt leben schaut anders aus. Ich will es selbst probieren und, wenn es nicht geht, melde ich mich.«

Diese Haltung ist ihm zur zweiten Natur geworden. Nicht zuletzt deshalb, weil seine Familie, seine Freunde und Lehrer ihn immer ermutigt haben, die Dinge selbst zu probieren. »Ich schreibe zum Beispiel auf der Tastatur mit fünf Fingern schneller als so manche mit zehn Fingern.« Ein Vorteil und eine gute Voraussetzung für seine Tätigkeit als Assistent der Projektleitung.

Im Alter von 15 Jahren entscheidet sich Bernd Veigl, eine Lehre zu machen. »Ich war in der Schule nicht so gut«, erinnert er sich. Er betreibt lieber Sport, als bei den Büchern und Heften zu sitzen und zu lernen. Er beginnt nach der neunten Schulstufe eine Lehre zum Industriekaufmann in einem großen internationalen Unternehmen in Wien. Nach dem Lehrabschluss steht er allerdings vor der Frage, wie es weitergehen soll. Er kann nicht bleiben, es gibt keine freie Stelle für ihn.

Er informiert sich und erfährt schließlich vom ÖZIV. Diese Interessensvertretung von und für Menschen mit Behinderungen oder chronischen Erkrankungen, die sich für eine inklusive Gesellschaft einsetzt, bietet konkrete Unterstützungsmaßnahmen an, wie zum Beispiel Coaching für Personen im arbeitsfähigen Alter. Es wird vom Sozialministeriumservice finanziert und kann ab einem Grad der Behinderung von 50 Prozent kostenlos in Anspruch genommen werden. Viele der ausgebildeten Coaches, die beim ÖZIV tätig sind, haben selbst eine Behinderung oder chronische Erkrankung. Betroffene beraten also Betroffene. Dieses sogenannte Peer Counceling fördert das Vertrauen der Klientinnen und Klienten zu den Beraterinnen und Beratern.

»Ich dachte mir damals, okay, ich habe eine Behinderung, ich bin arbeitslos und weiß eigentlich nicht, was ich jetzt nach der Lehre machen soll. So bin ich als Klient zum ÖZIV gekommen.« Das Coaching bietet die Möglichkeit, die eigenen Fähigkeiten, Talente und Wünsche zu erkennen, sich mit der eigenen Behinderung auseinanderzusetzen sowie berufliche Perspektiven und Ziele zu entwickeln. Als dann zufällig eine Stelle beim ÖZIV Bundesverband frei wird, das war im Jänner 2006, beginnt der gelernte Industriekaufmann dort zu arbeiten. Als Bürokraft übernimmt er organisatorische wie administrative Aufgaben, erledigt Korrespondenz, wertet Fragebögen aus, erstellt Statistiken und Berichte, verwaltet Termine, organisiert Veranstaltungen und Meetings und empfängt Klientinnen und Klienten.

Bald stellt sich jedoch heraus, dass der tatkräftige junge Mann unterfordert ist. »Ich hatte einfach zu wenig Arbeit. Ich war von meiner Lehrzeit in diesem großen Unternehmen anderes gewohnt.« Neue

Aufgaben werden gesucht und gefunden. Er besucht Seminare und Fortbildungen, wird Sicherheitsvertrauensperson und Gesundheitsbeauftragter. Er absolviert beim Wirtschaftsförderungsinstitut einen Kurs zum Lehrlingsausbildner und geht ein halbes Jahr lang dreimal in der Woche nach der Arbeit zum Unterricht. »Ich habe dann drei Jahre lang einen Lehrling ausgebildet.«

Die Kolleginnen und Kollegen merken schnell, dass der neue Mitarbeiter, der in der digitalen Welt mit Gameboy, Mobiltelefon und PC aufgewachsen ist, mit dem Computer sehr vertraut ist. »Die anderen sind immer wieder zu mir gekommen, wenn sie ein Problem mit dem PC hatten, und haben gesagt: ›Du Bernd, kennst du dich da aus?‹« Aus der kollegialen Hilfe entwickelt sich ein neues Aufgabengebiet.

Wieder drückt der engagierte ÖZIV-Mitarbeiter die Schulbank, absolviert eine Ausbildung zum PC- und Netzwerkadministrator und übernimmt den sogenannten First-Level-Support im EDV-Bereich. Er leistet also erste Hilfe, wenn es bei den PCs der Kolleginnen und Kollegen in Wien, Niederösterreich oder im Burgenland Probleme gibt. Außerdem betreut er die österreichweite ÖZIV-Klientendatenbank und ist als Administrator dafür zuständig, Kolleginnen und Kollegen einzuschulen. »Ich komme ganz schön herum, Ich fahre durch ganz Österreich. Ich besuche alle Landesorganisationen, wo ich die Mitarbeiterinnen und Mitarbeiter zum Beispiel nach einer EDV-Umstellung ins neue System oder in die Datenbank einweise und Fehler behebe.« Es gelingt Bernd Veigl, ungefähr 80 Prozent der anfallenden EDV-Probleme selbst zu lösen. Für die restlichen 20 Prozent ist ein externer EDV-Betreuer zuständig. Das sei ein Vorteil für ihn und für seinen Arbeitgeber. Als Administrator verdiene er jetzt etwas mehr als vorher und die Firma spare trotzdem bei der EDV-Betreuung einiges ein. Neben seiner Tätigkeit als Netzwerkadministrator unterstützt er die Personalabteilung. Er erstellt, aktualisiert und verwaltet zum Beispiel Zeitaufzeichnungslisten. Für die Lohnverrechnung wertet er einmal im Monat gemeinsam mit einer Kollegin die Urlaubs- und Krankenstandstage der Angestellten aus.

Bernd Veigl erledigt bei seiner Arbeit vielfältige und unterschiedliche Aufgaben. Das mag und schätzt er. Er ist dafür zuständig, dass die Kolleginnen und Kollegen am PC reibungslos arbeiten können. Er kümmert sich um Fragen der Sicherheit in der Firma und er sorgt für Angebote, die das Wohlbefinden und die Gesundheit der Mitarbeiterinnen und Mitarbeiter fördern. Da der ÖZIV, der vom Sozialministeriumservice finanziert wird, über kein entsprechendes Budget dafür verfügt, organisiert der Gesundheitsbeauftragte eine Zusammenarbeit mit dem Blinden- und Sehbehindertenverband. So kommt einmal in der Woche eine blinde Masseurin ins Haus, die im Zuge ihrer Ausbildung ein Praktikum absolvieren muss. »Ich bin stolz und froh, denn wir zahlen nur einen kleinen Betrag und kommen in den Genuss einer Massage. Und die blinde Person kann die erforderliche Praxis sammeln.« Schließlich hat er als Verwaltungskraft noch immer mit Klientinnen und Klienten zu tun, die das Angebot des ÖZIV nutzen. »Ich mache oft den Erstkontakt und organisiere Termine. Das ist mir von meiner ursprünglichen Tätigkeit geblieben.«

Bernd Veigl wächst zwar in Wien-Donaustadt auf, verbringt aber als kleines Kind viel Zeit im Weinviertel. Sein Vater kommt aus der Marktgemeinde Staatz, die Oma hat dort einen Bauernhof. Die Eltern errichten nebenan ein Wochenendhaus, die Mutter führt im Ort einen Friseursalon und pendelt zwischen Wien und Staatz hin und her. Dann ereignet sich etwas, dass das Leben der Familie völlig verändert. »Ich habe mit drei Jahren in den Fleischwolf hineingegriffen.« Die Oma verarbeitet gerade frisch Geschlachtetes, es ist ein einziger kurzer Moment der Unachtsamkeit. »Ich seh vor meinen Augen immer noch dieses Bild: die Hautfetzen, der Knochen, das Blut. Sonst weiß ich nichts mehr.«

Bei den Erwachsenen herrscht Entsetzen, Panik, Angst. Das schwer verletzte Kind wird mit dem Taxi ins Krankenhaus gebracht, um keine Zeit zu verlieren. Bernd Veigl erinnert sich nicht an den Krankenhausaufenthalt und ob er nach der Operation Schmerzen hatte. Es gibt aus der Zeit nach dem Unfall ein Foto, das den kleinen Buben zeigt, wie er mit eingebundener Hand Fußball spielt. Er wächst mit diesem Sport auf. Er hat drei ältere Halbbrüder, der jüngste von ihnen ist ein begeisterter Fußballer und schon als Kleinkind ist Bernd mit den Eltern am Fußballplatz. Er eifert dem älteren nach, ist oft Balljunge und spielt bereits mit vier oder fünf Jahren im Verein des Bruders. Der älteste der drei Brüder ist bereits berufstätig, als der Unfall passiert. Er arbeitet als Koch, muss aber seine Tätigkeit aufgeben, denn er erträgt es nicht mehr, mit dem Fleischwolf zu hantieren. Er bewirbt sich bei den Österreichischen Bundesbahnen und wird Fahrdienstleiter. Der Jüngste fühlt sich dem Ältesten besonders innig verbunden.

»In der Schule wurde ich nie gemobbt. Ich hab wirklich Glück gehabt mit meinen Lehrern«, erzählt der ÖZIV-Mitarbeiter. Wenn die Kinder im Turnunterricht auf die Seile klettern, ist der Bub mit dabei. Nie heißt es, das kannst du nicht, das darfst du nicht. Er wird ermutigt, Dinge auszuprobieren und die Mitschülerinnen und Mitschüler bewundern Bernds Geschicklichkeit. Als der Volksschüler nicht länger Schuhe mit Klettverschluss tragen möchte, bringt ein Lehrer ihm bei, die Masche zu binden. »Das war echt super!«

Nach der Volksschule wechselt er in das Sportgymnasium in der Polgarstraße. Der begeisterte Fußballspieler erlernt auch den Kampfsport Jiu Jitsu. Wieder hat er Glück mit dem Trainer, der offen und aufgeschlossen ist, der bereit ist, auszuprobieren, wie Bernd die Übungen mit einer Hand ausführen kann. »Das hat sehr gut funktioniert und der Erfolg hat mir Recht gegeben.« Er wird Landes- und Staatsmeister, tritt bei internationalen Wettkämpfen an und ist der einzige Sportler mit einer Behinderung im Nationalteam. Aber wirklich wichtig werden die Freundschaften, die beim Sport entstehen. »Ich hatte immer Freunde, sportliche Freunde. Mobbing war nie ein Thema.«

Es gibt Erfolge, es gibt aber auch Rückschläge und Schwierigkeiten. Nicht alle können Bernd nehmen wie er ist. Einer ehemaligen Freundin ist es peinlich und unangenehm, dass die Leute sich nach ihnen umdrehen, wenn sie gemeinsam unterwegs sind. Er ist nicht bereit, seinen rechten Arm mit dem Stumpf zu verstecken. Es macht ihm nichts aus, dass die Menschen hinschauen, wenn sie etwas Ungewöhnliches wie seinen Stumpf wahrnehmen. »Ich tu das auch, wenn ich zum Beispiel jemanden sehe, der nur ein Bein hat. Es ist nicht abwertend, einmal kurz hinzuschauen. Es ist abwertend, wenn getuschelt oder blöd geredet wird.« In dieser Frage gibt es für den jungen Mann keine Kompromisse. Entweder kann die Frau an seiner Seite ihn akzeptieren wie er ist oder sie ist nicht die richtige für ihn.

Seine jetzige Frau lernte Bernd Veigl über eine Partnerbörse kennen. Es war ihm wichtig, sich auf dieser Internetseite für Singles so zu zeigen wie er ist. »Wir haben einmal aus Jux bei meiner rechten Hand Finger aus Plastilin geformt und Fotos gemacht. Und so ein Foto habe ich als Profilbild verwendet. Ich wollte nichts vorspielen, denn dann kommt es beim ersten Date, beim ersten Treffen gleich zum bösen Erwachen.« Seine Frau, eine ausgebildete Sonderpädagogin, und er sind glücklich, einander gefunden zu haben. Die beiden haben eine kleine Tochter namens Laura. Vor der Geburt des kleinen Mädchens plagen den werdenden Vater Ängste. Wie wird er sein Kind tragen, wickeln und füttern können? Er spricht diese Sorgen beim Geburtsvorbereitungskurs an, die Hebamme reagiert pragmatisch und schlägt vor, bei einer Puppe zu üben. »Ich habe mein Kind gleich nach der Geburt gehalten und dann gewickelt, alles hat gut gepasst.«

Letztlich macht Bernd Veigl es bei der Babypflege so, wie er es bei vielen anderen Dingen auch tut. Erst durch das Ausprobieren weiß er, ob es ihm gelingt, Rad oder Ski zu fahren, eine schwere Kiste zu heben oder ein Auto mit manueller Gangschaltung zu lenken. Jahrelang war er davon überzeugt, dass er nur einen Wagen mit einer automatischen Gangschaltung bedienen könne. Als er es eines Tages doch versucht, merkt er, dass es funktioniert. Er übt, absolviert einige vorgeschriebene Fahrstunden und eine Beobachtungsfahrt und fährt seitdem ein Auto mit händischer Gangschaltung.

Der ÖZIV bietet nicht nur Coaching, Arbeitsassistenz, Weiterbildung und rechtliche Information für Menschen mit Behinderung oder einer chronischen Krankheit, sondern berät auch Betriebe und öffentliche Einrichtungen zu Themen wie Arbeitsplatzgestaltung und Barrierefreiheit und schult die Angestellten großer Unternehmen wie der AUA, der ÖBB oder des Drogeriemarkts dm im Umgang mit Kundinnen und Kunden mit einer Behinderung. Bei diesen ein- oder zweitägigen Trainings können die Teilnehmerinnen und Teilnehmer ausprobieren, wie es ist, sich mit Stock und Augenbinde zu bewegen oder im Rollstuhl unterwegs zu sein. Sie reflektieren ihre Sprache und Ausdrucksweise und überlegen, was ihre Kundschaft beim Einkaufen oder Reisen benötigt. »Bei diesen Seminaren«, so Bernd Veigl, »bin ich als betroffene Person dabei. Ich erzähle, welche Barrieren und Missverständnisse ich tagtäglich erlebe.« So wird ihm mitunter beim Einkaufen die Ware unaufgefordert in die Tasche geräumt. Oder bei einer Fahrt im Aufzug werden fragende Kinder von ihren peinlich berührten Eltern zum Schweigen gebracht, wenn die Kleinen wissen wollen, warum der Mann neben ihnen nur eine Hand hat. Hier schaltet sich Bernd Veigl oft ins Gespräch ein und stellt sich auf die Seite der Kinder. Er erwidert dem Vater oder der Mutter, dass das Kind fragen und seine natürliche Neugierde befriedigen darf und er geht auf die kleinen Gesprächspartner ein. Ginge es nach ihm, würden Kinder mit und ohne Behinderung vom Kindergarten an zusammen betreut und später unterrichtet werden. Dies würde die gesellschaftliche Realität abbilden und ein Kind mit Behinderung wäre für die anderen ein ganz normales Kind. So könne Inklusion gelingen.

Natürlich würde er nicht noch einmal in den Fleischwolf hineingreifen, aber aufgrund seiner Behinderung haben sich Dinge ergeben, die er sonst nicht erlebt hätte. Wahrscheinlich würde er nicht beim ÖZIV arbeiten. »Ich bin heilfroh, dass ich damals als Klient hierhergekommen bin und dass ich jetzt hier arbeite. Ich bin in einem tollen Team und wir lernen sehr viel voneinander.« Fünf Leute sind in Bernd Veigls Abteilung tätig, der Projektleiter, eine Juristin, die Person, die für die Öffentlichkeitsarbeit zuständig ist, ein Controller und er als Verwaltungskraft. Diese Abteilung sorgt dafür, dass österreichweit alle ÖZIV-Coaches den Rücken frei haben für die Beratung und Begleitung ihrer Klientinnen und Klienten.

Darüber hinaus wirkt Bernd Veigl in mehreren Filmen mit. So spielt er einen Soldaten, dem bei einem Gefecht die rechte Hand abgetrennt wurde. »Die Maskenbildner haben das ganz toll gemacht, mit dem ganzen Blut hat das sehr echt ausgesehen.« Unter anderem wird er als Komparse für eine Neuverfilmung des Sissi-Stoffes engagiert. Aber er macht auch bei einem Werbespot für Licht ins Dunkel mit, der die Stärken und Fähigkeiten von Menschen mit einer Behinderung betont und nicht die Defizite. Der vielseitige junge Mann nimmt auch die Vergünstigungen gern in Anspruch, die ihm aufgrund seiner Behinderung zustehen. Es freut ihn, dass er beim Skifahren für die Liftkarte oder beim Besuch des Tiergartens Schönbrunn oder des Donauturms für die Eintrittskarte weniger bezahlen muss.

Die Behinderung habe auch seinen Charakter geprägt, habe ihn ausdauernd und ehrgeizig gemacht. »Wenn ich nicht so hartnäckig geübt hätte, eine Masche zu binden, würde ich heute noch in Schuhen mit Klettverschlüssen herumlaufen. Während ein anderer vielleicht nach dem zweiten oder dritten Mal aufgibt, habe ich von klein auf gelernt, es so lange zu probieren, bis es geht.«

Bernd Veigl erinnert sich nicht an jene Zeit, wo er noch beide Hände hatte. Für ihn ist es so, als wäre er mit einer Hand geboren worden. »Ich mache meiner Oma keinen Vorwurf. Wir haben öfters darüber geredet, und ich habe ihr gesagt, dass ich nicht da stehen würde, wo ich jetzt bin, und dass ich vielleicht auch charakterlich nicht so stark wäre, wie ich es bin.«

Für die Großmutter ist es sehr schwer, mit dieser Last zu leben. Sie macht sich viele Vorwürfe. Fast unerträglich aber ist dieses Ereignis für Bernds Mutter. Sie kann das Haus der Schwiegermutter nie wieder betreten. Zu stark und schmerzhaft sind die Bilder des blutenden Kindes, die Gefühle der Angst und des Entsetzens. Sie gibt ihren Friseursalon im Ort auf und lebt wieder ganz in Wien. Sie und ihr Mann entfremden sich zusehends, schließlich lassen sich die beiden scheiden. Bernd wohnt bei seiner Mutter in Wien, ist aber alle zwei Wochen beim Vater, der seit der Scheidung das Wochenendhaus in Staatz ganzjährig bewohnt. Oft kommt der Vater auch auf den Fußballplatz, um seinen Sohn spielen zu sehen.

15 Jahre später, Bernd hat gerade seinen Führerschein gemacht, versuchen Mutter und Oma einander wieder etwas näher zu kommen. Aber erst einige Jahre danach, knapp vor dem Tod von Bernds Mutter, die an Krebs leidet, gelingt es den beiden Frauen, sich zu versöhnen. »Am Sterbebett meiner Mutter haben sie sich wirklich ausgesprochen, das hat alles gepasst. Aber es tut mir sehr weh, dass meine Mutter meine kleine Tochter nicht mehr erleben kann und dass sie auch nicht bei unserer Hochzeit dabei sein konnte, die haben wir im Garten meiner Oma gefeiert. Ich bin oft dort draußen und verstehe mich mit der ganzen Familie sehr gut.«

Bernd Veigl ist einer von rund 50 Mitarbeiterinnen und Mitarbeitern des ÖZIV Bundesverbandes. Er und seine Kolleginnen und Kollegen tragen mit ihrer Arbeit dazu bei, dass sichtbare wie unsichtbare Barrieren beseitigt werden und die UN-Konvention über die Rechte von Menschen mit Behinderungen auf vielen verschiedenen Ebenen weiter umgesetzt wird. Menschen mit Behinderungen oder chronischen Krankheiten werden vom ÖZIV unterstützt, eine Erwerbsarbeit zu finden und ein möglichst selbstbestimmtes Leben zu führen. Betroffene sowie Unternehmen und Institutionen werden über arbeitsrechtliche Agenden informiert und zum Thema Barrierefreiheit beraten. Es werden politische Forderungen erhoben, damit mehr Menschen mit einer Behinderung Zugang zum allgemeinen Arbeitsmarkt erhalten, und es wird über Inklusion informiert. Doch die Arbeit richtet sich nicht nur nach außen, sondern auch nach innen. »Wir haben uns intern auf einen Inklusionsprozess begeben, denn wir müssen authentisch sein, wenn wir in Richtung Inklusion arbeiten und auftreten wollen«, so Dr. Julia Jungwirth, Geschäftsführerin des ÖZIV Bundesverbandes.

Mitarbeiterinnen und Mitarbeiter wurden eingeladen, in Arbeitsgruppen zu gehen und sich mit der Frage zu beschäftigen, welche Rahmenbedingungen den Inklusionsprozess im Arbeitsalltag hemmen beziehungsweise fördern. »So haben wir die positive Diskriminierung bei uns verankert. Wir nehmen bei gleicher Qualifikation lieber Menschen mit Behinderung auf«, so die Geschäftsführerin. Ungefähr die Hälfte der Mitarbeiterinnen und Mitarbeiter beim ÖZIV hat eine Behinderung oder chronische Erkrankung. Daraus ergebe sich auch die Frage, wie es den Kolleginnen ohne Behinderung geht, wenn verstärkt Menschen mit einer Behinderung eingestellt werden, so Jungwirth.

In den Arbeitsgruppen setzt man sich mit vielen verschiedenen Themen auseinander, so zum Beispiel mit sichtbaren und unsichtbaren Behinderungen, ebenso, ob und inwieweit über die eigene Behinderung gesprochen wird und in welchem Klima dies möglich ist. Und was ist mit jenen, die sich nicht an diesem Gedankenaustausch beteiligen, sondern einfach nur ihre Arbeit im Büro erledigen möchten? Wie und in welchem Ausmaß können lange Krankenstände einer Kollegin oder eines Kollegen von den anderen ausgeglichen werden und wo liegen die Grenzen der Inklusion? Was lässt sich individuell regeln, wo müssen neue arbeitsrechtliche Bedingungen geschaffen und politische Lösungen gefunden werden? »Wir haben diesen Prozess sehr positiv erlebt«, so Julia Jungwirth. »Es ist daraus eine neue Mission entstanden. Unsere Mission ist eine inklusive Gesellschaft. Dieses neue Leitbild wird von allen mitgetragen.«

Der interne Inklusionsprozess bewirke, dass die Teammitglieder viel voneinander lernen. Es werden gemeinsame Lösungen gesucht, es werde jetzt viel mehr auf die Kommunikation geachtet und aufeinander Rücksicht genommen. Was braucht ein Kollege, der im Rollstuhl sitzt, um sich bei den anfallenden Arbeiten in der Teeküche, wie zum Beispiel beim Geschirrspüler ausräumen, zu beteiligen? Wie können die verschiedenen Teams mit einer gehörlosen Mitarbeiterin am besten kommunizieren? In welcher Weise muss auf jene, die Kinder haben, bei der Urlaubsplanung und bei Terminen für Meetings und Fortbildungen Rücksicht genommen werden? Inklusion bedeute, so die ÖZIV-Geschäftsführerin, »dass wir alle Aspekte der Vielfalt anerkennen und wertschätzen.« Dies beziehe sich auf alle Mitarbeiterinnen und Mitarbeiter des ÖZIV, ob nun mit oder ohne Behinderung.

DER VERKAUFSRAUM ALS BÜHNE

Michaela Gottlieb, Einzelhandelskauffrau

Michaela Gottlieb arbeitet in einem kleinen Geschäft namens Asai in der Nähe von Schönbrunn. Angeboten werden exotische Kräuter, Wurzeln, Früchte und Superfoods wie die Acaibeere, der das Geschäft seinen Namen verdankt. Diese kleine, runde, dunkelblaue Beere ist die Frucht der Kohlpalme, die vor allem in Brasilien wächst. Als Superfood gelten andere exotische Lebensmittel wie Acerola oder Ahornkirsche und Graviola oder Sauersack, aber auch der heimische Kohl und Spinat oder die Heidelbeere. Sie werden deshalb so bezeichnet, weil sie besonders reich an Vitaminen, Mineralstoffen und Aminosäuren sind. Sie kommen ins Müsli, in den Salat oder in Smoothies, also in Kaltmixgetränke, und sind in unterschiedlicher Form erhältlich: als Extrakt, als Pulver, als tiefgekühltes Fruchtmus und in Form von Nahrungsergänzungsmitteln.

Auf den Regalen des Geschäftslokals, das im Souterrain liegt, stehen Glasbehälter mit Kakaobohnen, Maulbeeren und exotischen Heilpflanzen. In Säcken werden Boldo-, Papaya- und Moringablätter gelagert, aus denen Tees zubereitet werden. Lila Mais oder Kokosmehl werden ebenfalls lose angeboten. »Ich wiege die Ware ab«, sagt Michaela Gottlieb, »und gebe sie in kleine Papiersäcke. Die Stammkunden nehmen ihr eigenes Geschirr mit, da wird gar keine Verpackung gebraucht. Wir gehen mit den Ressourcen sparsam um.«

Ihre Chefin, Eveline Gisela Amort, gründet das Geschäft zunächst als Onlineshop im Jahr 2009 nach einem Aufenthalt in Brasilien. Erst später wird das Asai im 12. Wiener Gemeindebezirk eröffnet, wo Michaela Gottlieb seit Jänner 2017 tätig ist. »Ich habe auch schon vor meiner Erkrankung im Verkauf gearbeitet. Ich war in einem italienischen Spezialitätengeschäft angestellt. Das hat mir sehr viel Freude gemacht. Aber dann bin ich krank geworden und mein Chef hat zu mir gesagt, er kann mich nicht halten, er muss mich kündigen, er wird mich später wieder anstellen.« Doch dazu sollte es nicht mehr kommen. Der Inhaber musste sein Geschäft in der Zwischenzeit schließen.

»Mit dieser Diagnose rechnet man nicht, sie stellt alles auf den Kopf«, sagt Michaela Gottlieb. »Nachdem ich das Untersuchungsergebnis erfahren hatte, habe ich versucht, nur noch an mich zu denken und daran, wieder gesund zu werden. Die Kündigung und die Arbeit habe ich auf die Seite getan.« Eine Harnwegsinfektion führt die gelernte Einzelhandelskauffrau zum Frauenarzt und weil sie schon einmal da ist, lässt sie sich auch gynäkologisch untersuchen. Ihr Arzt hat einen Verdacht und schickt sie zur Mammografie. »Bei der Brustuntersuchung haben sie mir gesagt, das schaut nicht gut aus, das muss heraus.« Die Biopsie, bei der ein sehr kleiner Gewebeteil entnommen und untersucht wird, bestätigt, dass es sich um Brustkrebs handelt. »Von da weg habe ich gehofft, dass alles schnell geht.« Die Hausärztin empfiehlt ihr das Sozialmedizinische Zentrum Süd – Kaiser-Franz-Josef-Spital, das eine eigene Abteilung für Mammakarzinome hat. Dort fühlt sich die geschockte Patientin vom ersten Augenblick an gut aufgehoben und mit ihren Ängsten und Sorgen ernstgenommen. »Die Ärzte und Schwestern waren toll. Es ist alles sehr schnell gegangen.« Es sei ihr sehr schwer gefallen, die Diagnose anzunehmen und sich vertrauensvoll auf den Behandlungsprozess einzulassen. »Ich glaube, man muss bereit dafür sein. Ein Traum war da sehr wichtig für mich. Dadurch habe ich es geschafft, mich wirklich fallen zu lassen und mir helfen zu lassen.«

Kurz nach der Operation liest Michaela Gottlieb in einem Informationsblatt des Krankenhauses, dass Frauen nach einer Brustkrebs-OP die Möglichkeit haben, sich psychotherapeutisch begleiten zu lassen. Sie nimmt dieses Angebot an. »Das war eine gute Entscheidung. Mir hat das sehr geholfen. In so einer Situation kommen einem so viele Gedanken, man muss das alles erst einordnen. Wenn man das tut, kriegt man den Kopf wieder frei und hat wieder die Energie, die man braucht, um zu genesen, um zu heilen.« Viel Unterstützung und Rückhalt erhält sie vom Freundeskreis und vor allem von ihrer Familie, von ihrem Mann und ihren drei Töchtern. Die Kinder sind junge Erwachsene, zwischen 18 Jahren und Anfang 20, als die Mutter im Jahr 2015 die Diagnose Brustkrebs erhält. »Familie ist ja manchmal anstrengend. Aber in solchen Situationen wird man aufgefangen. Mir jedenfalls ist es so ergangen.«

Nach der Operation erhält die Patientin eine Chemotherapie, die sehr belastend ist. Dazwischen gibt es aber auch Zeiten, wo es ihr etwas besser geht. »Wenn ich mich wohl gefühlt habe, habe ich versucht, ein paar Dinge zu tun. Spazierengehen, Wäsche waschen, ein bisschen was im Haushalt erledigen. Das hat mir sehr gut getan. Ich habe es sehr genossen, etwas Nützliches zu tun, etwas leisten zu können.« In dieser schwierigen Zeit hätten die Familie, die Freundinnen und Freunde, aber auch die psychotherapeutische Begleitung ihr sehr viel Halt gegeben. Diese professionelle Unterstützung habe sie zuversichtlicher und mutiger gemacht und habe ihr geholfen, Strategien zu entwickeln. »Mich hat diese Unterstützung darin bestärkt, offen und direkt mit meiner Krankheit umzugehen.«

Michaela Gottlieb fährt nach ihrer Krebsbehandlung in die onkologische Rehabilitationsklinik in Bad Sauerbrunn im Burgenland. Hier stehen die besonderen Bedürfnisse der onkologischen Patientinnen und Patienten im Mittelpunkt. Die Menschen sollen nach ihrer schweren Erkrankung wieder Energie und Selbstvertrauen verspüren. Das Therapieangebot umfasst neben der medizinischen Versorgung vor allem physikalische Therapie, Physio- und Sporttherapie, um Kraft, Ausdauer und Mobilität zu verbessern. Es werden Schmerzen behandelt, Entspannungstechniken vermittelt, Informationen zum Thema Ernährung gegeben und psychologische Gespräche sowie eine Sozialberatung angeboten. Es sind allgemeine Informationen erhältlich, es ist aber auch möglich, sich individuell über zukünftige berufliche Schritte beraten zu lassen. »Dort war eine ganze liebe Sozialarbeiterin«, erinnert sich Michaela Gottlieb. »Ich habe mit ihr über meine Situation gesprochen und sie hat mich an Wien Work verwiesen.«

Wieder zuhause, wendet sich die genesende Patientin an Wien Work, das den Auftrag hat, Arbeitsplätze für Menschen mit Behinderungen oder chronischen Erkrankungen zu vermitteln, also für Personen, die am Arbeitsmarkt benachteiligt sind. Michaela Gottlieb recherchiert darüber hinaus eigenständig. Sie kontaktiert den Wiener ArbeitnehmerInnen Förderungsfonds (WAFF), eine arbeitsmarktpolitische Einrichtung der Stadt Wien, die Arbeitnehmerinnen und Arbeitnehmer bei ihrem beruflichen Fortkommen unterstützt. Sie erfährt, dass der WAFF eine Ausbildung für Leute anbietet, die in der Gastronomie arbeiten möchten. »Das war eine geförderte Ausbildung, da musste man sich sehr schnell entscheiden. Aber die Beraterin vom WAFF hat zu mir gesagt, dass ich mir keinen Druck machen soll, dass ich mir ganz genau überlegen soll, was für mich jetzt möglich ist und was in meiner Situation wichtig ist. Das hat mir sehr gut getan. Ich hatte dann weniger Angst und nicht mehr das Gefühl, dass ich möglichst schnell irgendwo rein muss, sondern dass es wichtig ist, genau zu schauen, was ich will und was ich kann.«

Die gelernte Einzelhandelskauffrau weiß, dass ihre Chancen am Arbeitsmarkt begrenzt sind. Sie ist um die 50 Jahre alt, hat eine schwere Krebserkrankung hinter sich und muss in den nächsten fünf Jahren eine Antihormonbehandlung machen, sie muss also Medikamente nehmen. Durch Hormonentzug soll das Wachstum bestimmter Tumorzellen gestoppt werden und es soll verhindert werden, dass die Krankheit entweder weiter fortschreitet oder dass es zu einem Rückfall kommt. Auch wenn die Aussichten auf einen Job nicht allzu gut sind, möchte Michaela Gottlieb nach ihrer Krebserkrankung auf jeden Fall wieder arbeiten. Sie will in ihren erlernten Beruf zurück, sie absolvierte bei der Firma Meinl am Graben ihre Lehrausbildung. Sie will wieder im Verkauf und im Lebensmittelbereich tätig sein, wenngleich sie über eine vielfältige Arbeitserfahrung verfügt. Als die beiden älteren Töchter noch klein sind, trägt sie als Tagesmutter zum Familieneinkommen bei. Später, die jüngste Tochter ist inzwischen auf der Welt, bestreitet sie gemeinsam mit ihrem Mann ein Puppentheater. »Wir hatten eine mobile Bühne und spielten traditionelles Kasperltheater. Das war sehr lustig, aber auch sehr anstrengend.« Das Paar absolviert verschiedene Kurse in Puppenspiel, Stimmbildung, Sprechtechnik, Dramaturgie und Schauspiel. Die Arbeit mit den Handpuppen habe ihr sehr viel Freude gemacht, doch irgendwann seien der organisatorische und betriebswirtschaftliche Aufwand zu groß geworden, deswegen habe sie das Puppentheater aufgegeben. »Vielleicht mache ich es später wieder einmal, wenn ich in Pension bin«, meint sie lächelnd.

Bei ihrer Arbeitssuche nützt die dreifache Mutter das Beratungsangebot von Wien Work, ist aber auch eigenständig aktiv. Gemeinsam mit ihrer Tochter sucht sie über die kostenlose AMS JOB APP nach einer passenden Tätigkeit und erhält damit geeignete Stellenangebote des Arbeitsmarktservices (AMS) direkt auf das Smartphone. »Da haben wir die Stellenanzeige vom Asai Shop gefunden. In diesem Anforderungsprofil hat vieles auf mich zugetroffen.« Michaela Gottlieb vervollständigt ihre Bewerbungsunterlagen, an denen sie bereits seit einiger Zeit gearbeitet hatte und stellt sich im Dezember 2016, als sie sich noch im Krankenstand befindet, bei der Chefin vor.

»Die Frau Gottlieb war von Anfang an anders«, sagt Eveline Gisela Amort, die Inhaberin des Geschäfts. »Sie brachte zum Vorstellungsgespräch alle Unterlagen mit, auch den Meldezettel und die Bestätigungen über die Kurse, die sie gemacht hatte. Mich faszinierte, dass sie Puppentheater gespielt und eine Ausbildung zum Barista hatte und natürlich, dass sie im Lebensmittelhandel gearbeitet hat. Alles, was ich las, gefiel mir. Und besonders gut hat mir ihre erfrischende und humorvolle Art gefallen. Sie hat ja auch eine Ausbildung zum Clown. Man glaubt gar nicht, wie hilfreich so etwas ist, wenn man in einem Geschäft wie im Asai arbeitet, wo sehr viele und sehr spezielle Lebensmittel angeboten werden. Denn da muss man auch in der Lage sein, mit sehr unterschiedlichen Kundinnen und Kunden umgehen zu können. Nachdem ich mich innerlich schon für sie entschieden hatte, erfuhr ich, dass sie eine Krebserkrankung hinter sich hatte, noch im Krankenstand war und Medikamente nehmen musste.«

Diese Information habe ihre Fürsorge geweckt, aber auch ihre Bedenken, ob die Arbeit im Geschäft nicht zu anstrengend für Michaela Gottlieb werden könnte, so die Chefin. »Man muss hier schwere körperliche Arbeit verrichten, 25 Kilogramm Säcke hin- und herziehen. Die Glasbehälter, die ungefähr drei Kilogramm wiegen, muss man von oben nach unten und von unten nach oben heben. Die Arbeit ist auch mental herausfordernd. Es müssen gesetzliche Vorschriften beachtet und eingehalten werden. Wir haben ein kompliziertes Kassensystem. Außerdem haben wir noch einen Paketshop mit drei verschiedenen Paketlieferanten. Und vor allem gibt es unseren Onlineversand.«

Beide Seiten sprechen aus, was ihnen wichtig ist. Die Inhaberin benennt die Aufgaben klar und deutlich, die im Geschäft zu erledigen sind. Michaela Gottlieb will nicht den Eindruck erwecken, als sei sie topfit und es gehe ihr gesundheitlich sehr gut. »Ich habe gleich gesagt, dass ich die nächsten drei Jahre noch auf Reha fahren werde, das sind jeweils drei Wochen im Jahr. Ich brauche diese Reha. Ich wollte offen und direkt damit umgehen. Ich dachte mir, dieser Umgang schafft eine gute Basis, um langfristig zusammenzuarbeiten.« Als alle wichtigen Punkte beim Vorstellungsgespräch geklärt sind, fragt Michaela Gottlieb, ob sie sich das Geschäft und die Arbeit in der nächsten Zeit genauer anschauen dürfe. »Sie ist dann fast jeden Tag gekommen«, erzählt die Chefin, »war einfach da, war ganz Auge und Ohr, war sehr interessiert und hat viele Fragen gestellt. Es hat mich fasziniert, wie genau sie nachgefragt hat.«

Die gelernte Einzelhandelskauffrau bespricht mit ihrer Betreuerin von Wien Work, ob die Arbeit im Asai Shop für sie passend und langfristig geeignet ist. Sie wird über Förderungen informiert, die in ihrem Fall möglich sind. Sie ist einerseits aufgrund ihrer Krebserkrankung eine begünstigte behinderte Person und gehört andererseits zur Gruppe jener Arbeitssuchenden, die 50 Jahre und älter sind. Eine Form der Beihilfe ist die Arbeitserprobung, die in bestimmten Fällen arbeitslosen Personen zur Integration in den Arbeitsmarkt offensteht. Das AMS sichert während des dreimonatigen Arbeitstrainings die finanzielle Existenz. Der Arbeitgeber oder die Arbeitgeberin hat keine Kosten. So können Vorgesetzte und Bewerberin herausfinden, ob die Tätigkeit passt und die Anforderungen erfüllt werden. Dieses Angebot nimmt Eveline Gisela Amort an. »Ich hatte also drei Monate Zeit, meine neue Mitarbeiterin einzuschulen. Es braucht tatsächlich diese Zeit, bis man sich im Geschäft gut auskennt. Es gibt ungefähr 300 verschiedene Produkte. Und wir haben viele Onlinebestellungen, die sehr sorgfältig bearbeitet werden müssen. Da sind Frau Gottlieb am Anfang viele Fehler passiert. Aber andererseits konnte ich ihr so zeigen, wie es richtig geht. Und am Ende der drei Monate habe ich gesagt, dass ich sie übernehmen kann. Denn jetzt hat sie alle möglichen Fehler gemacht, sie wird sie nicht noch einmal machen.« Seit 1. April 2017 ist Michaela Gottlieb im Asai Shop angestellt. Sie arbeitet 30 Stunden pro Woche.

Neben der Arbeitserprobung gibt es noch weitere Beihilfen. Michaela Gottlieb: »Meine Chefin hat gar nicht gewusst, wie sie zu den Förderungen kommt. Da konnte ich mich bei Wien Work erkundigen und habe wichtige Informationen bekommen. Denn man muss bei den Förderungen die einzelnen Schritte genau einhalten und man muss sich außerdem zum richtigen Zeitpunkt an die richtige Stelle wenden.« Das AMS gewährt zum Beispiel unter bestimmten Voraussetzungen eine Eingliederungsbeihilfe und leistet Zuschüsse zu den Lohn- und Lohnnebenkosten für Unternehmen. Ein Jahr lang erhält Eveline Gisela Amort 60 Prozent des Lohnes jeden Monat als Förderung überwiesen. Sie zahlt also nur 40 Prozent des Gehalts für ihre Angestellte. »Die Frau Gottlieb hat sich um die Förderungen gekümmert. Sie war sehr dahinter, dass ich sie bekomme. Auch das passt zu ihrer ganzen Persönlichkeit«, sagt die Geschäftsinhaberin.

Weitere Lohnförderungen können beim Sozialministeriumservice beantragt werden. Es werden Zuschüsse zu den Lohnkosten in Form einer Entgeltbeihilfe oder einer Arbeitsplatzsicherungsbeihilfe gewährt. Wer eine begünstigte behinderte Person angestellt hat, kann zum Ausgleich von behinderungsbedingten Leistungseinschränkungen eine Entgeltbeihilfe beantragen – und zwar vorausgesetzt, dass eine Leistungsminderung gegeben ist. Wenn der Arbeits- oder Ausbildungsplatz eines Menschen mit Behinderung gefährdet ist, kann das Unternehmen einen Zuschuss zu den Lohn- und Ausbildungskosten erhalten. Diese Förderungen sollen Unternehmen auch einen Anreiz bieten, Menschen mit Behinderungen oder einer chronischen Erkrankung einzustellen.

Michaela Gottlieb fühlt sich im Asai wohl, sie arbeitet sehr gerne hier, schätzt ihre Vorgesetzte und hat einen Bezug zu den Produkten, die sie verkauft. Sie freut sich, dass sie ihre kreativen Ideen einbringen kann. »Ich setze die Ware in Szene, Verkauf und Bühne sind verwandte Bereiche. Das gefällt mir.« Die Chefin wiederum ist begeistert, dass es ihrer Mitarbeiterin gelingt, die vielen Produkte in diesem kleinen Lokal, auf diesem beengten Raum, ansprechend zu präsentieren. Inzwischen wird das Schaufenster je nach Saison und Anlass liebevoll gestaltet, sei es zum Valentinstag, zu Ostern, zum Muttertag oder zu Weihnachten. »Das Geschäft ist schöner geworden durch sie. Meine Mitarbeiterin kümmert sich mit einer Kreativität und Hingabe um die Auslage, die ich nie hatte, obwohl ich selber Künstlerin bin. Mir war das Schaufenster immer wurscht.«

Die Tätigkeiten, die Michaela Gottlieb verrichtet, sind vielfältig. Sie übernimmt die Ware, die geliefert wird, und lagert sie sachgerecht ein. Sie sorgt dafür, dass es im Geschäft stets sauber ist. Sie nimmt die Onlinebestellungen entgegen und verschickt alles termingerecht. Sie betreut den Paketdienst, ordnet die Packerl ein und händigt sie den Leuten aus, die sie im Geschäft abholen. Mittlerweile schult sie schon selbst neue Mitarbeiterinnen ein, wie die beiden Teilzeitkräfte, die das Team seit einiger Zeit verstärken. Sie habe dies wunderbar gemacht, befindet die Chefin, und es sei schön, dass sich die drei Kolleginnen gut verstehen würden.

Besonders viel Freude bereitet der Einzelhandelskauffrau der Umgang mit den Kundinnen und Kunden. »Die Frau Gottlieb bedient nicht einfach«, stellt Eveline Gisela Amort fest. »Was die Frau Gottlieb so auszeichnet, das ist diese unglaublich liebevolle Zuwendung zu den Kunden. Das ist einfach unbezahlbar.« Sie habe nie geplant, Lebensmittelunternehmerin zu werden. Der Asai Shop sei ihr »zugelaufen«. Das Geschäftslokal hätte eigentlich ihr Bildhaueratelier werden sollen, doch dann kam es anders. Sie mache keine Werbung für das Asai, aber die Kundschaft werde größer und größer, das hänge vor allem mit der Mundpropaganda zusammen. »Unser Geschäft wird immer wieder weiterempfohlen und das hat sehr viel mit der Frau Gottlieb zu tun. Ich merke es sofort am Umsatz, wenn sie nicht da ist, wenn sie auf Urlaub ist. Es kommen sehr viele kranke Leute zu uns und sie bringt ein ganz besonderes Verständnis für diese Menschen mit.«

Gerade der Umgang mit leidenden Personen erfordere sehr viel Einfühlungsvermögen und Fingerspitzengefühl. Denn wer krank und geschwächt ist, will häufig wissen, wie er wieder gesund und energievoll werden könne. Es komme immer wieder vor, dass Kundinnen und Kunden von ihrer Erkrankung erzählen und fragen, was sie nehmen sollten. »Aber das dürfen wir natürlich nicht, das ist nicht erlaubt, das würde gegen das Beratungsverbot verstoßen«, so die Geschäftsinhaberin. »Gleichzeitig wollen wir niemanden vor den Kopf stoßen, sondern im Rahmen unserer Möglichkeiten hilfreich sein. Und das gelingt der Frau Gottlieb ganz wunderbar.«

Michaela Gottlieb weiß, was es bedeutet, krank zu sein. Sie hat sich damit auseinandergesetzt, wie sie am besten mit ihrer Erkrankung und deren Folgen zurechtkommen kann. In der psychotherapeutischen Begleitung, die Krebspatientinnen nach der OP offensteht, lernt sie, aufmerksam zu sein und in sich hineinzuhören. Sie eignet sich einfache Übungen an, die ihr helfen, Stress, Angst und Sorge zu bewältigen. Das kann eine Atemübung sein oder eine Achtsamkeitsübung, wo eine simple Alltagstätigkeit sehr konzentriert verrichtet oder ein Gegenstand ganz aufmerksam beobachtet wird. »Wenn ich zur Arbeit herkomme, schaue ich mir manchmal die Lindenbäume in der Straße ganz genau an. Ich nehme die Blätter, die Form, das Licht, den Geruch ganz bewusst wahr. So eine kleine Übung kann sehr hilfreich sein. Sie gibt einem Bodenhaftung, aber auch das Gefühl, dass man im Großen und Ganzen geborgen ist.« Ihre Krebsbehandlung ist erst fünf Jahre nach der OP und der Chemotherapie abgeschlossen, denn so lange dauert die Antihormontherapie. »Manchmal spüre ich meine Knochen von den Medikamenten, die ich nehme. Ich versuche, mir mit pflanzlichen Produkten zu helfen, und ich achte auf meine Ernährung. Es ist sehr wichtig, dass ich viel trinke und ich kann bei der Arbeit immer einen Tee machen. Ich habe mit meiner Chefin eine Arbeitgeberin gefunden, die auf mich schaut und die sehr fürsorglich ist. Wenn ich in meinem Arbeitseifer drinnen bin, dann erinnert sie mich daran, eine Pause zu machen. Es ist wirklich schön zu erleben, dass ich am Arbeitsplatz in meinem Heilungsprozess so unterstützt werde.«

Eveline Gisela Amort schätzt es sehr, dass ihre Mitarbeiterin engagiert und talentiert ist. Sie sei fleißig, kraftvoll, arbeite wie eine gesunde Person. Sie habe ein Gespür dafür, was die Leute brauchen und mögen könnten. Sie sei verlässlich und vertrauenswürdig. »Was will ich mehr!? Das ist der Traum einer jeden Einzelhändlerin. Meine Mitarbeiterin verlässt das Geschäft nicht, bevor es nicht ordentlich und sauber ist. Ich muss sie immer wieder in den Feierabend schicken. Ich schätze sie ungemein und bin ganz glücklich mit ihr. Deshalb bin ich auch so dahinter, dass sie Pausen macht, Feierabend macht und auf sich schaut.«

Sie sei sehr froh, dass sie diesen Arbeitsplatz gefunden habe, sagt Michaela Gottlieb. »Mir gefällt die familiäre Atmosphäre. Hier ist es möglich, Fehler zu machen, und man kann unterschiedliche Meinungen vertreten, aber man weiß, dass man an einem Strang zieht.« Sie sei in einer multikulturellen Familie aufgewachsen, erzählt die gebürtige Wienerin. Ihr Großvater mütterlicherseits ist Armenier. Ein Teil der Verwandtschaft wanderte vom Burgenland nach Argentinien aus. Ein anderer Teil lebt in Bulgarien. Schon als Kind kommt Michaela viel herum und hört fremde Sprachen. Ihr Mann, der aus einer jüdischen Familie stammt, ist in Australien geboren und im Alter von fünf Jahren nach Wien gekommen. Die beiden haben sich bei einem Computerkurs kennengelernt. Dass Menschen verschieden sind, erlebt sie von klein auf. Das sei für sie etwas ganz Selbstverständliches, das komme ihr im Geschäft zugute, wo sie es mit sehr unterschiedlichen Kundinnen und Kunden zu tun habe.

Sie sei auch sehr froh, dass sie nach ihrer Krebserkrankung wieder eine Arbeit gefunden habe. Es gebe viele Menschen, die davon betroffen seien. Jeder kenne jemanden und in vielen Fällen sei eine Heilung möglich. Deshalb sei es so wichtig, dass diese Menschen wieder in das Arbeitsleben und in die Gesellschaft integriert würden. Nicht nur Förderungen und Beihilfen bieten einen Anreiz, Menschen einzustellen, die eine schwere Krankheit hinter sich haben, sondern vor allem auch die Erfahrungen, das Wissen und das Know-how, das sie sich im Laufe dieses Prozesses angeeignet haben, stellt ein Potential dar, auf das Vorgesetzte aus unternehmerischen Überlegungen heraus nicht verzichten sollten.

TRAUMBERUF BÄCKER

Elfil Abdulhamidi, Bäckergeselle

Wenn Elfil Abdulhamidi seine tägliche Arbeit in der Holzofenbäcke-rei Gragger in Ansfelden bei Linz beginnt, sind seine Kolleginnen und Kollegen meistens schon heimgegangen. In der alten Scharmühle, ei-nem schönen alten Vierkanthof, wo tagsüber im Erdgeschoß Bäcker-lehrlinge und im ersten Stock Konditorlehrlinge ausgebildet werden, ist es bereits still. Der großgewachsene junge Mann fängt um acht Uhr am Abend an und heizt als erstes den Holzofen ein, den sein Chef Helmut Gragger nach eigenen Vorgaben anfertigen ließ. Dann richtet er Roggen-, Dinkel- und Weizenmehl, Fenchel, Kümmel und Koriander sowie Salz und den Natursauerteig her. Jede Sorte – sei es der Mühlviertler Vollkornlaib, das Roggen-Dinkel Körndl Brot oder das Schweizer Dinkel Brot – hat eine eigene Rezeptur. Der Bäcker-geselle wiegt und mischt die Zutaten, die alle aus biologischer Land-wirtschaft stammen, dann lässt er den Teig kurze Zeit rasten und schließlich beginnt er die weiche Masse mit den Händen zu kneten.

In der Bäckerei Gragger gibt es eine Mischmaschine, die Mehl, Gewürze, Salz, Sauerteig und Wasser vermengt, aber es gibt keine Knetmaschine. Jedes Stück Brot wird von Elfil geknetet, dann gewo-gen und in ein Simperl, eine Brotform, gegeben. Nach dem Gären schießt er das Brot ein. Der Holzofen hat jetzt die richtige Tempe-ratur, das Brot braucht, je nach Größe, eine Stunde oder eineinhalb Stunden bis es fertig gebacken ist. Es benötige eine scharfe Hitze, des-halb wird es zuerst eingeschossen, anschließend kommt das Weiß-gebäck in den Ofen. Die richtige Temperatur habe er längst im Ge-fühl, meint der Geselle, der bereits in der Schulzeit, als er in einem Bäckerbetrieb schnuppern war, gemerkt hatte, dass ihm dieses Hand-werk liegt. »Das hat mir gefallen. Es war mein Ziel, Bäcker zu wer-den. Das wollte ich im Leben erreichen.«

Während die verschiedenen Schwarzbrotsorten im Holzofen ge-backen werden, bringt Elfil die Wagen mit dem Teig für das Weiß-gebäck in die Backstube, das von seinen Kolleginnen und Kolle-gen tagsüber vorbereitet und bei drei Grad Celsius gekühlt wurde.

Nachdem der junge Bäcker das Schwarzbrot aus dem Ofen geholt hat, bäckt er Kornspitze, Mohnflesserl, Salzstangerl, Hildegardkipferl und Handsemmeln und ganz zum Schluss kommt das Plundergebäck dran. 40 bis 50 Stück Brot und 300 bis 400 Stück Gebäck macht er jede Nacht. Gegen zwei Uhr Früh ist er fertig. Fast immer arbeitet er alleine, nur am Donnerstag und am Freitag trifft er seine Kolleginnen und Kollegen, denn an diesen beiden Tagen beginnt er früher, da mehr zu tun ist. Es sei eine »Gewöhnsache« alleine in der Backstube zu stehen, er könne ja Radio hören und außerdem mache ihm die Arbeit viel Freude. »Dass ich mit dem Teig arbeiten kann, dass ich seh und weiß, was ich produziere, und dass die Leut' was zum Essen haben, das ist schön.«

Elfil Abdulhamidi gehört bereits seit etlichen Jahren zur Belegschaft der Bioholzofenbäckerei Gragger, wo er auch seine Lehre gemacht hat, und zwar im Rahmen des Projektes Back ma's. »Du wirst viel unterstützt. Der Bäckermeister zeigt dir ganz genau vor, was du machen musst. Und wenn du beim Lernen Probleme hast, wenn du dir schwer tust, dann hilft dir eine Lehrerin.«

Bäcker und Bäckerinnen sind gefragt und schwer zu bekommen. Diese Erfahrung macht auch Helmut Gragger, als er im Jahr 1997 seinen eigenen Betrieb in Ansfelden in Oberösterreich gründet. Der gelernte Bäcker, der im In- und Ausland, in Klein- und Großbetrieben Berufserfahrung sammelte, weiß genau, was er will, insbesondere nach seiner Tätigkeit in einem Großkonzern. Er will nachhaltig wirtschaften, in ökologischer wie in sozialer Hinsicht. Er möchte, dass das Bäckerhandwerk weiterhin ausgeübt wird und dass in seinem Betrieb Lehrlinge ausgebildet werden. Allerdings war es damals nicht leicht, junge Leute zu finden. Wenige wollten diesen Beruf erlernen, viele, die es taten, wechselten aufgrund der Arbeitszeiten nach der Lehre bald in eine andere Sparte. So war es eher Zufall, dass in der Holzofenbäckerei Gragger von Anfang an der eine oder andere Jugendliche ausgebildet wurde, der Schwächen und Probleme beim Lernen hatte – und das mit Erfolg.

Als Edgar Gratzer von der Caritas in Linz an den engagierten Bäckermeister mit dem Anliegen herantritt, weitere junge Menschen mit einer kognitiven, sozialen oder emotionalen Beeinträchtigung bei ihm in die Lehre gehen zu lassen, beginnt eine fruchtbare Zusammenarbeit und das Projekt Back ma's wird entwickelt, beim Sozialministeriumservice eingereicht, genehmigt und finanziert.

Im Jahr 2009 fangen die ersten Jugendlichen an. Sie absolvieren eine klassische Lehre und besuchen wie alle Bäckerlehrlinge zehn Wochen im Jahr die Berufsschule. »Es ist unser klares Ziel«, so der Caritas-Projektleiter Edgar Gratzer, »dass so viele Lehrlinge wie möglich einen Abschluss schaffen.« Fast alle erreichen ihn über die verlängerte Lehre, das heißt, dass sie vier statt drei Jahre Zeit haben. Manche machen eine Teilqualifizierung, weil sie bestimmte Fächer in der Berufsschule wie zum Beispiel Rechnungswesen trotz Unterstützung nicht bewältigen. Aber kaum jemand bricht die Ausbildung ab. Bisher wurden im Projekt Back ma's über 30 junge Menschen ausgebildet und die allermeisten haben einen Lehrabschluss in der Tasche und sind berufstätig.

»Die Jugendlichen sollen gern zu uns kommen, sie werden unterstützt und sollen sich wohl fühlen, aber sie werden nicht in Watte gepackt«, so Gratzer. Auch wenn diese jungen Menschen mehr Probleme haben als viele andere Lehrlinge, sei es beim Lernen, in der Familie oder persönlich, auch wenn sie am regulären Arbeitsmarkt zunächst keine Chance haben, werden sie trotzdem unter realen wirtschaftlichen Bedingungen ausgebildet, denn wenn die Lehre abgeschlossen ist, sollen sie in jedem anderen Betrieb bestehen können. Zehn Jugendliche nehmen zurzeit am Projekt teil, sechs von ihnen erlernen das Bäckerhandwerk, vier werden in der Konditorei ausgebildet. Sie erhalten eine Lehrlingsentschädigung nach dem Kollektivvertrag und werden von der Caritas bezahlt.

In der Bäckerei im Erdgeschoß arbeiten tagsüber zwei Bäcker, sechs Lehrlinge und ein weiterer Bäcker, der von der Caritas entlohnt wird und sich ausschließlich um die Ausbildung der Jugendlichen kümmert. Ähnlich ist es in der Konditorei im ersten Stock, auch hier gibt es eine zusätzliche Kraft, eine Konditorin und ausgebildete Sozialpädagogin, die die Konditorlehrlinge fördert und unterstützt. Aber – und das ist Helmut Gragger wichtig – die Lehrlingsausbildung passiert im regulären Arbeitsprozess. Einige Lehrlinge werden zwar übernommen und arbeiten weiterhin in der Holzofenbäckerei, die meisten begeben sich aber nach der Ausbildung auf Arbeitssuche. »Das ist die große Herausforderung«, so Helmut Gragger, »dass wir sie darauf vorbereiten.«

Dies geschieht einerseits dadurch, dass sie ihr Handwerk sehr gründlich erlernen, andererseits dadurch, dass sie für einige Zeit, bis zu zwei Monate, in einem anderen Betrieb tätig sind. Helmut Gragger nützt seine guten Kontakte zu Kollegen und Kolleginnen, organisiert für seine Lehrlinge Praktika und bewirkt so zweierlei: Er bereitet die jungen Leute auf den Berufseinstieg und Arbeitsalltag nach der Lehre vor und er baut bei den anderen in der Branche Hemmschwellen ab. Denn allein die Tatsache, dass die jugendlichen Projektteilnehmer bei der Caritas angestellt sind, ruft bei vielen Widerstand und Ablehnung hervor. Nein, man habe nicht die Zeit, die jungen Leute zu integrieren. Nein, es sei einfach zu heikel, das Arbeitstempo werde immer schneller, die Bedingungen immer härter. Nein, auf so ein Experiment wolle man sich lieber nicht einlassen. Doch im Lauf der Jahre findet der Chef der Holzofenbäckerei immer mehr Kolleginnen und Kollegen, die sich schließlich doch darauf einlassen wollen.

Auch Elfil Abdulhamidi machte während seiner Lehrzeit ein einmonatiges Praktikum in einer anderen Bäckerei. Es war ein sehr großer Betrieb und der Unterschied zu seiner Ausbildungsstätte war enorm. »Das ist wie eine Fließbandarbeit«, beschreibt der gelernte Bäcker seine Erfahrung. »Du formst stundenlang nur Bretzel und Kornspitz. Du stehst nur bei einer Maschine und tust nichts anderes. Das ist nicht zu vergleichen mit einer kleinen Bäckerei, wo du viele verschiedene Sachen machst und auch mehr Spaß bei der Arbeit hast.«

Helmut Gragger setzt auf Handwerk und Handarbeit, weil er höchste Qualität erzielen möchte. Doch dieser Anspruch stellt ihn vor Herausforderungen, die kaum zu bewältigen sind. 20.000 Semmeln werden mithilfe einer Maschine am Tag produziert, ein Mensch schafft 300 bis 400. Bereits vor 30 Jahren seien Bäckereien, wo überwiegend mit der Hand gearbeitet wurde, praktisch unrentabel gewesen. Wie gelingt es da, wirtschaftlich zu überleben? »Möglichst viel direkt vermarkten und möglichst geringe Retouren haben«, lautet die Antwort des Bäckermeisters. Die Produkte der Bioholzofenbäckerei werden auf Märkten und in eigenen Geschäften in Linz und Wien angeboten und im Gegensatz zu anderen Betrieben, wo zehn bis 20 Prozent der Ware zurückkommen, ist hier der Anteil viel geringer. Für Marketing, das in der Wirtschaft immer wichtiger wird, bleibt allerdings kaum Geld.

Sorgen bereitet dem Bäcker mit der Liebe zum Handwerk und zur Qualität das wachsende Arbeitstempo. »Die Maschinen laufen immer schneller, der Produktionsdruck steigt und ich sehe, dass unsere Jugendlichen mit dieser Geschwindigkeit oft nicht mehr zu Rande kommen. Es kann passieren, dass sie vor einer Maschine stehen, die schneller rennt als sie arbeiten können. Dann kriegen sie den Job natürlich nicht. Der ist den schnellsten vorbehalten und irgendwann wird der Mensch von der Maschine ersetzt. Aber das sind Fragen, die von der Gesellschaft und der Politik beantwortet werden müssen. Wir müssen uns entscheiden, unter welchen Bedingungen gearbeitet werden soll.« Dies sind die Fragen, die ihn persönlich beschäftigen, die ihn motivieren, nachhaltig zu wirtschaften, um eine gute Zukunft für seine Kinder und andere junge Menschen zu gestalten. »Ökologisch, nachhaltig und sozial, das gehört ja alles zusammen. Das lebe ich im Betrieb und das lebe ich privat. Das ist mein Lebensinhalt.«

Mit dem Projekt Back ma's steht Helmut Gragger allerdings auch vor Fragen: »Wie schaffe ich es, meine Produkte stets in dieser hohen Qualität auf den Markt zu bringen und wirtschaftlich zu überleben und wie gelingt es mir, jenen Jugendlichen die beste Perspektive zu geben, die am regulären Arbeitsmarkt chancenlos sind?« Chancenlos, weil sie beim Lernen große Probleme haben oder psychisch belastet sind, weil der familiäre Rückhalt fehlt, weil die Eltern sie schlagen und misshandeln, weil sie verschuldet sind, weil sie aufgrund ihres Migrationshintergrundes geringere Bildungschancen oder Unterstützungsmöglichkeiten haben.

Die meisten jungen Menschen finden über das Jugendcoaching Zugang zum Projekt Back ma's. Das Jugendcoaching wird in der neunten Schulstufe, also am Ende der Pflichtschulzeit durchgeführt. Dabei arbeiten die Lehrkräfte mit den Beraterinnen und Beratern jener Stellen zusammen, die das Jugendcoaching anbieten, und ersuchen um Kontaktaufnahme mit jenen Schülerinnen und Schülern, die beim Übergang von der Schule zum Beruf vermutlich eine Unterstützung benötigen werden. Diese fällt je nach Bedarf unterschiedlich aus. Es wird informiert, Talente und Stärken werden abgeklärt, Berufsausbildungen vorgestellt oder, falls nötig, Therapiemöglichkeiten genannt.

Das Jugendcoaching ist ein Angebot des Sozialministeriums und wird vom Sozialministeriumservice und vom Europäischen Sozialfonds gefördert und umgesetzt. Es richtet sich an Jugendliche und ihre Erziehungsberechtigten, es soll die Chancen der jungen Leute auf dem Arbeitsmarkt verbessern, es ist kostenlos und freiwillig. Es unterstützt die jungen Menschen dabei, ihre Stärken und Fähigkeiten zu erkennen, geeignete Ausbildungs- und Berufsmöglichkeiten zu finden und den Berufseinstieg zu schaffen. Ausmaß und Umfang der professionellen Beratung sind, wie erwähnt, individuell verschieden.

Wer am Projekt Back ma's in der Holzofenbäckerei teilnehmen möchte, muss motiviert sein, braucht eine gewisse Arbeitsgeschwindigkeit und Arbeitseinstellung sowie handwerkliches Geschick und Freude daran, aus dem Teig Brot und Gebäck zu formen. Darauf wird bei der Auswahl geachtet. »Denn die Arbeit in einer Bäckerei ist eine toughe, eine knallharte Geschichte«, so Edgar Gratzer von der Caritas »Die Margen für Handsemmerl sind sehr gering. Die Bäckerinnen und Bäcker müssen viel leisten, sie müssen pro Stunde eine bestimmte Anzahl zusammenbringen. Der reine Tafelarbeiter muss seine Fingergeschicklichkeit drauf haben.«

Die Lehrlinge werden in der Backstube gefördert und beim Lernen unterstützt, beim Lehrstoff für die Berufsschule und vor allem bei den Dingen, die für den Beruf wichtig sind. »Ein guter Bäcker muss nicht potenzieren können«, so der Caritas-Projektleiter, »aber er muss multiplizieren, er muss von Gramm in Kilo umwandeln oder zumindest einen Taschenrechner bedienen können und er muss ein gewisses Gefühl für Mengen und Relationen entwickeln können.« Die Jugendlichen sollen probieren, produzieren und das Handwerk erlernen. Der Bäcker und die Konditorin, die eigens für die Lehrlinge da sind, leiten an, erläutern die Theorie, zeigen vor, erklären, wiederholen, schauen zu und geben Tipps.

Eine Betreuerin hilft bei den Aufgaben oder den Vorbereitungen für Nachprüfungen. Sie bereitet die jungen Leute auf die zehnwöchige Berufsschulzeit vor und fängt zwei Wochen vor Schulbeginn an, mit ihnen zu lernen. Es wird Stoff wiederholt, meistens geht es um das Fach Rechnungswesen und die Lehrlinge stellen sich so wieder auf den Schulbetrieb, aufs Lernen, Aufpassen und das lange Sitzen ein. Die Sozialpädagogin unterstützt nicht nur beim Lernen, sie macht Sozialkompetenz- und Persönlichkeitstraining, klärt über Rechte und Pflichten auf, ermutigt durchzuhalten, auch wenn es anstrengend ist, viel im Stehen zu arbeiten, pünktlich zu kommen und regelmäßig anwesend zu sein. Für diese Tätigkeiten steht ein eigener Raum, ein ehemaliges Geschäftslokal im Erdgeschoß des Bäckereibetriebes Gragger zur Verfügung. Die sozialpädagogische Betreuerin organisiert gelegentlich aber auch Freizeitaktivitäten wie einen Trommelworkshop oder einen Ausflug in einen Hochseilgarten. »Wir haben einen Betreuungsschlüssel von eins zu fünf, das heißt, pro fünf

Jugendliche haben wir eine Vollzeitkraft«, so Gratzer. »Wir haben praktisch keine Dropouts. Fast alle, bis auf zwei, haben die Lehre bei Back ma's abgeschlossen. Da sind wir schon sehr stolz auf unsere Jugendlichen.«

Von Sonntag bis Freitag fährt Elfil Abdulhamidi jeden Abend gegen halb acht mit seinem Auto von Linz zu seinem Arbeitsplatz in Ansfelden. Er hat, wie das bei Bäckern üblich ist, eine Sechstagewoche. Die Arbeitszeiten stören ihn nicht, gegen drei Uhr in der Früh ist er wieder daheim und am späten Vormittag fühlt er sich fit und ausgeschlafen. Es bleibt ihm bis zum Arbeitsbeginn am Abend genügend Zeit, Dinge zu erledigen oder seinen Interessen nachzugehen.

Am Samstag hat er frei, trifft sich mit Freunden, ist mit der Familie zusammen, geht spazieren oder schwimmen. Im Sommer fährt er regelmäßig nach Mazedonien, dort ist er geboren, dort steht sein Elternhaus. Elfil stammt aus einer türkischen Familie und kommt als kleines Kind nach Linz, kehrt aber mit Mutter und Schwester bald wieder in seine Heimatstadt Gostivar zurück, die im Nordwesten des Landes liegt und eine relativ große türkische Gemeinde hat, sogenannte Balkantürken, die seit dem Osmanischen Reich in Europa leben. In Gostivar wird er eingeschult, doch nach einem halben Jahr kommt die Familie erneut nach Linz zurück. So passiert es, dass er mitten im Schuljahr in eine österreichische Klasse wechselt, kein Wort Deutsch spricht und niemanden kennt. Das sei schon hart gewesen, erinnert sich Elfil. Aber das ist lange her, die Schule ist geschafft und die Lehre abgeschlossen. »Wie ich ausgelernt hatte, da wollte ich beim Gragger bleiben und ich hab's auch dürfen. Denn es ist das Schönste, was es gibt, wenn du in einem Betrieb bleiben darfst, wo du gelernt hast. Du kennst dich aus, du weißt, wie alles geht, und du kennst auch die Leut'.«

Die meisten gehen auf Arbeitssuche, nachdem sie ihre Ausbildung im Projekt Back ma's abgeschlossen haben. Davor wird oft noch der Führerschein oder ein längerer Urlaub gemacht. Auch wenn das Projekt mit dem Lehrabschluss endet, werden die jungen Menschen bei ihrem nächsten Schritt weiter unterstützt. Sie werden eingeladen, alle zwei Wochen vorbeizukommen, von ihren Aktivitäten bei der Jobsuche zu erzählen und sich den einen oder anderen Tipp geben zu lassen.

So ein Projekt funktioniere vor allem dann, wenn die verschiedenen Partner Verständnis füreinander haben, denn der Unternehmer

Gragger müsse natürlich auf andere Dinge schauen als ein Caritas-Mitarbeiter. Aber zum Glück gelinge es ihnen immer wieder, so Edgar Gratzer, einen guten Mittelweg zu finden. Das erfolgreiche Projekt wurde bereits ausgezeichnet, ebenso die qualitativ hochwertigen Produkte aus der Bioholzofenbäckerei Gragger.

TALENTE UND POTENTIALE SICHTBAR MACHEN

Mark Wilson, Berater

In der Beratung sei es sehr wichtig, gut und genau zuzuhören, ist Mark Wilson überzeugt, der Menschen mit Behinderungen und chronischen Erkrankungen bei der Arbeitssuche unterstützt. Jede Klientin und jeder Klient brauche etwas anderes und auf diese konkreten Wünsche und Bedürfnisse gelte es einzugehen. »Einige wollen eine Unterstützung bei der Recherche der Stellenanzeigen. Andere wünschen sich, dass wir mit ihnen die Bewerbungsunterlagen optimieren. Wieder andere möchten, dass wir sie gut auf das Vorstellungsgespräch vorbereiten. Aber eines ist allen gemeinsam: Es geht immer um den Umgang mit der Behinderung oder der chronischen Krankheit im Bewerbungsprozess.« Jeder Klient, jede Klientin ist bei der Jobsuche mit der Frage konfrontiert: Spreche ich meine Behinderung oder chronische Erkrankung an? Wenn ja, wann mache ich es, bereits in der schriftlichen Bewerbung oder erst beim Vorstellungsgespräch? Handelt es sich um eine unsichtbare Behinderung, müssen sich die Arbeitssuchenden überlegen, ob sie ihre Beeinträchtigung überhaupt thematisieren oder für sich behalten wollen. »Es gibt kein allgemeingültiges Rezept«, so der Berater. »Es ist wichtig, dass man immer die Vor- und Nachteile bespricht und jede Person muss für sich eine eigene Lösung und einen individuellen Weg finden.«

Mark Wilson ist bei ABAk beschäftigt. ABAk ist ein Angebot zur beruflichen Integration von Akademikerinnen und Akademikern mit einer Behinderung oder chronischen Erkrankung. Die Arbeitsassistenz steht Menschen offen, die ihr Studium an einer Universität oder Fachhochschule gerade abgeschlossen haben und auf der Suche nach einem Job sind. Aber auch Personen mit einem akademischen Grad, die bereits im Arbeitsleben stehen und sich aufgrund eines Unfalls oder einer Erkrankung beruflich neu orientieren wollen oder müssen. Das Angebot ist kostenlos, ABAk wird vom Sozialministeriumservice gefördert.

Gegründet wurde ABAk vom Verein Uniability. Diese Arbeitsgemeinschaft setzt sich dafür ein, dass Menschen mit Behinderungen oder chronischen Erkrankungen – wie andere auch – unbehindert und uneingeschränkt lernen und studieren können. Uniability berät, informiert und begleitet Studierende mit Behinderungen, stellt auf der Homepage den Ratgeber SOWIESO zur Verfügung und engagiert sich dafür, dass die Orte des akademischen Lehrens und Lernens so ausgestattet werden, dass sie für alle Studentinnen und Studenten zugänglich sind. Für Menschen mit Behinderungen ist jedoch nicht nur das Studieren mit vielen Herausforderungen verbunden, sondern auch die Arbeitssuche, wenn sie ihr Studium abgeschlossen haben. Deshalb hat Uniability eine eigene Beratungsstelle für Akademikerinnen und Akademiker mit einer Beeinträchtigung initiiert.

Bei ABAk wird nach der Methode des Peer Counseling gearbeitet. Dies bedeutet, dass Menschen mit Behinderungen und chronischen Erkrankungen Personen mit Behinderungen und chronischen Erkrankungen beraten. Hinzu kommt, dass beide Seiten akademisch gebildet sind. Das englische Wort peer steht für Gleichaltrige oder für jene, die derselben Gruppe angehören. Die Ratsuchenden und die Beratenden verfügen über einen vergleichbaren Erfahrungshintergrund. Dies schafft Vertrauen. Es fällt leichter, einander zu verstehen, und fördert oftmals die Zusammenarbeit. Peer Counseling wird als eine emanzipatorische Beratungsmethode gesehen. Es geht darum, eine Lösung zu finden, die für die jeweilige Person tatsächlich angemessen und machbar ist und ihr ein höheres Maß an Selbstbestimmung ermöglicht. Die Peer-Beratung, die aus den Vereinigten Staaten von Amerika stammt, wird vor allem in der Selbstbestimmt Leben Bewegung eingesetzt.

»Es geht in der Beratung immer auch um Empowerment, um Ermächtigung«, so Mark Wilson. »In der Arbeit mit unseren Klientinnen und Klienten versuchen wir stets, die Möglichkeiten, die Potentiale und Chancen aufzuzeigen. Unsere Kundinnen und Kunden werden dabei unterstützt, selbstständig Stellenangebote zu finden und Stellenanzeigen richtig zu lesen, also zu erkennen, was dem Arbeitgeber wirklich wichtig ist. Unsere Arbeit besteht darin, dass es den Arbeitssuchenden gelingt, erfolgsversprechende Bewerbungsunterlagen zu verfassen und beim Vorstellungsgespräch die eigenen Stärken und Qualifikationen zu zeigen. Es geht immer um diese Hilfe zur Selbsthilfe.«

Nicht alle Personen, die sich an ABAk wenden und eine Behinderung haben, sagen von sich, dass sie eine Beeinträchtigung haben würden. Wer aufgrund eines Unfalls oder einer Erkrankung plötzlich eingeschränkt ist, braucht Zeit, dieses Ereignis zu verarbeiten, die Folgen zu erkennen und zu akzeptieren. Dieser Prozess ist häufig schmerzhaft und mit seelischen Belastungen verbunden. »Manchmal kommt es bei der Beratung vor, dass jemand sagt, er sei ja gar nicht behindert«, so Mark Wilson. »In diesem Fall braucht es vielleicht noch zusätzliche Angebote, um erfolgreich an der Jobsuche weiterarbeiten zu können. Wenn es gewünscht wird, informieren wir darüber.«

Im Team von ABAk arbeiten Personen, die von Geburt an eine Einschränkung haben, und andere, die erst im Laufe ihres Lebens eine Behinderung oder chronische Erkrankung bekommen haben. Das seien zwei ganz unterschiedliche Zugänge, meint Mark Wilson, der mit einer spastischen Diplegie auf die Welt gekommen ist und eine Gehbehinderung hat. »Ich kenne es nicht anders. So wie ich gehe, ist es für mich normal. Aber wenn jemand durch einen Unfall oder eine Erkrankung plötzlich nicht mehr wie gewohnt gehen kann, ist das anders. Da ist die Akzeptanz für die neue Situation ein großes Thema. Deshalb ist es wichtig, dass wir von unserer Seite beide Zugänge anbieten können.« Der Berater weiß aus eigener Erfahrung, wovon er spricht. Im Alter von sechs Jahren fängt er zu stottern an, und diese Sprachbehinderung empfinde er anders, schwieriger als seine angeborene Gehbehinderung.

Mark Wilson wächst in Baden bei Wien auf, er ist der älteste von drei Brüdern. Seine Mutter ist Niederösterreicherin, sein Vater kommt aus den Vereinigten Staaten von Amerika. Die beiden lernen sich während ihrer Ausbildung in Wien kennen. Der Vater arbeitet für IBM, die Mutter ist evangelische Religionslehrerin. Beide Eltern engagieren sich sehr in der evangelischen Kirche und die Religion spielt im Elternhaus eine wichtige Rolle. Als Mark 13 Jahre alt ist, erhält sein Vater den Auftrag, für die saudi-arabische Tochter SBM zu arbeiten und die Familie übersiedelt nach Dschidda und verbringt zweieinhalb Jahre in der Hafenstadt am Roten Meer. Die Brüder gehen dort zur Schule, der mittlere besucht die amerikanische, die beiden anderen die deutsche Schule. »Die Schulzeit in Dschidda möchte ich als die schönste Schulerfahrung meines Lebens bezeichnen«, erzählt Mark Wilson. In der kleinen Schule herrscht ein großer Zusammenhalt. Lehrer und Lehrerinnen, die man besonders schätzt und mag, werden sogar zu privaten Festen und Feiern eingeladen. Es werden nicht nur Deutsch, Mathematik, Englisch oder Biologie unterrichtet, die Kinder spielen auch Theater und der halbwüchsige Mark steht mit den anderen auf der Bühne. »Die Lehrer waren sehr engagiert. Das war eine sehr schöne Schulzeit.« Vom Alltagsleben in Saudi-Arabien bekommt die Familie nicht allzu viel mit. Denn abgesehen von der sprachlichen Barriere leben die meisten Familien, die aus anderen Ländern kommen, in eigenen Wohnhausanlagen. »Diese Anlagen waren mit Rollbalken und Wächtern ausgestattet. Wir haben ziemlich abgeschottet gelebt.« Die Jahre in Dschidda beeindrucken den Jugendlichen tief. Mark ist neugierig, interessiert und offen. Die Zeit in Saudi-Arabien wird die Wahl seines Studiums beeinflussen.

Zurück in Baden besucht der Jugendliche das Gymnasium und entscheidet sich nach der Matura, Kultur- und Sozialanthropologie zu studieren. Damals heißt das Fach noch Völkerkunde. »Ich habe aus Interesse studiert. Ich wusste, dass es mit diesem Studium schwer sein wird, eine berufliche Karriere zu machen.« Doch der junge Mann trifft für sich die richtige Wahl. Das Studium erfüllt nicht nur seine Erwartungen, sondern überbietet sie bei weitem. Die vielfältigen Themen, sie reichen vom Ackerbau bis zur Mythenforschung, von Sozialsystemen bis zum Hüttenbau, sprechen ihn an und eröffnen ihm neue, unbekannte Gebiete. Ganz besonders interessiert ihn die vergleichende Mythenforschung. Er ist fasziniert, wie ähnlich die großen Erzählungen der verschiedenen Kulturen oft sind. Das Studium habe auch viel zu seiner Persönlichkeitsentwicklung beigetragen, sagt Mark Wilson. »Die Auseinandersetzung mit Wertesystemen anderer Kulturen führte dazu, dass ich einen völlig neuen Blick auf das eigene Wertesystem bekommen habe. Wie ich noch im Gymnasium war, hatte ich mir vorgestellt, dass ich unbedingt einmal einen BMW fahren und chice Kleidung tragen möchte.« Im Laufe des Studiums sei er draufgekommen, sagt er lachend, dass es im Leben überhaupt nicht darum gehe. »Alles, was im Leben wichtig ist, lässt sich nicht kaufen. Freundschaft, Gesundheit, Liebe, auch Erfolg kann man nicht kaufen. Ich habe mein Studium als große Bereicherung empfunden.« Er besucht außerdem einige Vorlesungen am Institut für Publizistik, denn die Arbeit als Journalist würde ihn auch sehr reizen. Nebenbei jobbt er im Dokumentenvertrieb bei den Vereinten Nationen. In einer Zeit, wo noch keine E-Mails geschrieben werden, nimmt die UNO bei größeren Konferenzen zusätzliches Personal auf, das die vielen Schriftstücke, die produziert werden, sortiert und vertreibt.

Die Jahre, die der Student an der Universität verbringt, eröffnen ihm nicht nur viele neue Erkenntnisse, sondern tragen auch dazu bei, sich aus alten Rollen zu lösen. Mark und sein um ein Jahr jüngerer Bruder besuchen dasselbe Gymnasium. Kent, der nebenbei als Model arbeitet, ist der Star der Schule. »Es ist sicherlich nicht schlecht, wenn man als Bruder vom schönen Kent mit dabei ist«, erinnert sich Mark Wilson. »Aber es ist nur halb so schön, wenn die Damenwelt einen ständig fragt, wie es dem Bruder gehe und wie sein aktueller Beziehungsstatus sei. Es hat mir gut getan, dass ich während des Studiums neue Leute kennengelernt habe, die mich als Person wahrgenommen und nichts von meinem Bruder gewusst haben. Ich konnte mich ein Stück emanzipieren. Das Studium hat auch dazu beigetragen, dass sich mein Selbstbild verändert hat.«

Mark Wilson ist seinen Eltern dankbar, dass sie ihn als Kind und Jugendlichen nicht auf eine besondere, überfürsorgliche oder ängstliche Weise behandelten. Er ist einer unter dreien, er ist ein neugieriger Bub, darf vieles ausprobieren, wird von Mutter wie Vater gefördert und unterstützt. »Natürlich lernt man dabei auch seine Grenzen kennen. Radfahren hat nicht funktioniert und der Weg zu dieser Erkenntnis war schmerzhaft. Aber ich hatte das Glück, dass meine Eltern immer völlig normal mit mir umgegangen sind. Das Wissen, ich bin wie ich bin, mich gibt es nicht anders und ich steh zu mir, hat sich bei mir schon früh gefestigt.« Auf diesem Nährboden entwickeln sich sein Selbstvertrauen und Selbstbewusstsein.

Nach dem Studium beginnt die Arbeitssuche, ein langwieriger Prozess. Der frischgebackene Magister weiß, dass er als Kultur- und Sozialanthropologe nicht die besten Chancen am Arbeitsmarkt hat. Außerdem hat er sich bei seinem Studium auf die Museumsarbeit spezialisiert und das Völkerkundemuseum in Wien wurde kurz vor seiner Sponsion geschlossen und hat erst viel später als Weltmuseum seine Pforten wieder geöffnet. Er muss flexibel sein, sucht zwar im Bereich der Kultur- und Sozialanthropologie, bewirbt sich aber auch für Jobs in der Öffentlichkeitsarbeit und Entwicklungszusammenarbeit. »Ich habe monatelang die Zeitungen durchforstet, Stellenangebote gelesen, unzählige Bewerbungen verschickt und kaum Einladungen erhalten.« Seine Behinderung habe bei den Bewerbungsgesprächen immer eine große Rolle gespielt, sagt Mark Wilson. »Das war keine einfache Situation für mich. Ich kenne diese Angst, ich habe sie am eigenen Leib erlebt. Diese Erfahrungen fließen in meine Beratertätigkeit ein. Sie helfen mir, die Situation meiner Klientinnen und Klienten zu verstehen. Ich weiß, wie es ist, wenn man sich immer wieder bewirbt, selten eingeladen wird und sich noch dazu davor fürchtet, dass alles an der Behinderung scheitern wird.«

Schließlich stößt der Jungakademiker auf ein Inserat von ABAk. Er bewirbt sich und setzt sich beim Auswahlverfahren den anderen Bewerberinnen und Bewerbern gegenüber durch. Er spürt, dass er den richtigen Job gefunden hat, denn er arbeitet gerne mit Menschen zusammen, es entspreche seinem Wesen. »Ich bin seit dem Jahr 2004 bei ABAk und arbeite Vollzeit. Ich bin noch heute mit Elan und Engagement dabei und überzeugt davon, etwas Sinnvolles zu tun.« Nach wie vor arbeitet er in der Beratung, kümmert sich um Firmenkontakte, macht bei der Öffentlichkeitsarbeit mit und absolviert immer wieder Aus- und Fortbildungen. »Ich habe jede Chance genutzt, mich in der Peer-Beratung weiterzubilden«, sagt der ABAk-Mitarbeiter. Er eignet sich außerdem grundlegende rechtliche wie wirtschaftliche Kenntnisse an und absolviert einen Lehrgang für Öffentlichkeitsarbeit sowie für Diversitätsmanagement. Diversität bedeutet Vielfalt. Jedes Team hat unterschiedliche, hat ganz verschiedene Mitglieder und es stellt sich die Frage, wie man mit dieser Diversität möglichst nutzbringend in einer Organisation oder in einem Unternehmen umgehen kann.

Der ABAk-Mitarbeiter, der seine Klientinnen und Klienten bei der Arbeitssuche begleitet, erstellt gemeinsam mit ihnen ein persönliches Qualifikationsprofil. Davon ausgehend werden die Bewerbungsunterlagen optimiert und die Arbeitssuchenden auf die Bewerbungsgespräche vorbereitet. Mark Wilson, der sagt, die Beratung sei ihm von all seinen Aufgaben die liebste, lässt sich dabei von der Frage leiten: Wo liegen die Stärken und Interessen? Was sind die Potentiale? »In unserer Gesellschaft werden Menschen mit Behinderungen oder Personen mit chronischen Erkrankungen meistens von den Defiziten her gesehen. Und die Leute selbst denken auch oft als erstes daran, was sie nicht können und was ihnen nicht möglich ist. In der Beratung geht es mir darum, eine andere Perspektive einzunehmen, nach den Talenten und Fähigkeiten zu fragen. Und allein dieser Wechsel bewirkt manchmal schon sehr viel.« Oft bekämen Menschen mit Behinderung zu hören, es sei unmöglich, diese oder jene Arbeit zu verrichten. Der ABAk-Berater möchte mit seiner Tätigkeit dazu beitragen, diese diskriminierende Sichtweise und festgefahrenen Denkmuster zu überwinden. Und er will seine Klienten dabei unterstützen, dass sie ihre Berufsziele verwirklichen können und einen Arbeitsplatz finden. Aber natürlich könne er nicht garantieren, dass die Beratung erfolgreich sein werde. Es gebe viele Faktoren, auf die ein Berater keinen Einfluss habe, wie auf die allgemeine Arbeitsmarktlage, den Gesundheitszustand des Klienten oder die Motivation der Klientin. »Man kann den Beruf nur gut ausüben, wenn man einerseits sein Bestes gibt und andererseits akzeptiert, dass vieles nicht von einem selbst abhängt. Wir geben unser Bestes, aber es liegt nicht in unserer Hand, ob eine Vermittlung zustande kommt oder nicht.« Die Mitarbeiterinnen und Mitarbeiter von ABAk werden bei ihrer Arbeit unterstützt. In regelmäßigen Supervisionssitzungen besprechen und reflektieren sie ihre Beratungstätigkeit. »Das ist sehr wichtig, das brauchen wir. Das braucht man in einem beratenden Beruf wie in unserem und da werden wir gut begleitet.«

Zu Mark Wilsons Aufgaben gehört es auch, Firmen und Betriebe zu finden, die nicht nur qualifizierte Leute brauchen, sondern auch bereit sind, Menschen mit Behinderungen und chronischen Erkrankungen einzustellen. Er pflegt diese Kontakte und bietet auch seine Vermittlungstätigkeit an, wenn eine Arbeitnehmerin oder ein Arbeitnehmer mit Behinderung Probleme am Arbeitsplatz hat und die Gefahr besteht, dass das Dienstverhältnis aufgelöst wird. »Wir versuchen durch Gespräche, Information und Lösungsvorschläge dazu beizutragen, dass der Arbeitsplatz möglichst erhalten bleibt. Ich mache also auch Arbeitsplatzsicherung, aber die Arbeitsplatzsuche steht im Vordergrund.« Der ABAk-Mitarbeiter, der seinen Beruf nach wie vor sehr gerne ausübt, ist nicht nur froh, eine Arbeit zu haben, die er als sinnvoll und wichtig empfindet, sondern auch darüber, einer bezahlten Tätigkeit nachgehen zu können. »Denn mein Job führt mir tagtäglich vor Augen, wie schwierig es ist, als Person mit Behinderung überhaupt eine Arbeit zu bekommen. Insofern macht mich meine Arbeit dankbar und demütig. Und sie motiviert mich, mit den Klientinnen und Klienten gemeinsam neue Möglichkeiten und Perspektiven zu entwickeln, aus denen sie Hoffnung und Energie schöpfen können.«

Zu Mark Wilsons persönlichen Kraftquellen gehören klassische Musik, Jazz, Soul und Funk. Er sei ein großer Musikliebhaber, gehe gerne ins Konzert und höre oft CDs. Die Musik sei ein wunderbarer Ausgleich zu seiner Arbeit. Er könne den Worten Pablo Picassos viel abgewinnen, der einmal gesagt hat: »Kunst ist dazu da, den Staub des Alltags von der Seele zu waschen.«

BIS ZUR ERSCHÖPFUNG ARBEITEN

Marie P., Mitarbeiterin Personalmanagement

Marie P. hat einen attraktiven, interessanten und sehr gut bezahlten Job in einem renommierten Unternehmen mit ungefähr 1000 Beschäftigten. Sie leitet die Personalentwicklung und ist für das Recruiting zuständig, also dafür, dass das Unternehmen mit geeigneten Arbeitskräften versorgt wird. Zu ihren Aufgaben zählen die Förderung und Weiterbildung der Mitarbeiterinnen und Mitarbeiter. Sie erarbeitet maßgeschneiderte Konzepte für Fortbildungen, wählt geeignete Angebote aus und vergibt Aufträge. Die Schulungen sollen gewährleisten, dass die passenden Personen zur richtigen Zeit in den benötigten Positionen eingesetzt werden können. Sie und ihr Team tragen dazu bei, dass qualifizierte und kompetente Mitarbeiter die Wettbewerbsfähigkeit des Unternehmens erhöhen, dass die Arbeitnehmerinnen motiviert und zufrieden sind und sich immer wieder weiterbilden, um neue Aufgaben in einer sich verändernden Arbeitswelt gut bewältigen zu können. Sie ist darüber hinaus die Ansprechpartnerin für die Betreuung und Beratung der Angestellten und wird mit diversen Sonderaufgaben und Projekten betraut.

Die Leiterin der Personalentwicklung ist sehr motiviert und engagiert. »Ich habe immer gern und immer viel gearbeitet. Wenn es einem Spaß macht, dann tut man ja oft freiwillig mehr. Ich habe es auf jeden Fall so gemacht.« Doch irgendwann spürt die erfolgreiche Enddreißigerin, dass die Arbeit ihr zunehmend weniger Freude bereitet. Sie raucht sehr viel, besonders wenn sie gestresst ist. Sie ist oft müde und ausgelaugt, kommt in der Früh sehr schwer aus dem Bett und kann sich kaum aufraffen, in die Firma zu gehen. Es kommt vor, dass sie während des Frühstücks oder in der Badewanne einschläft. Sie weiß nicht, was mit ihr los ist und wie es für sie beruflich weitergehen soll. Sie fühlt sich schwach und überfordert, hat Probleme mit den Bandscheiben und bekommt in Situationen Heulkrämpfe, in denen sie früher ruhig und sachlich reagierte. Es ist ein schleichender Prozess, der sich über viele Monate hinzieht. »Irgendwann ging es einfach nicht mehr. Es war mir alles viel zu viel.«

Im März 2007 sucht sie schließlich das Gespräch mit ihrer Chefin. Sie spürt, dass sie eine Pause braucht, sie möchte eine dreimonatige Auszeit, doch dies kommt für das Unternehmen nicht in Frage. »In diesem Moment war mir klar, dass ich nicht mehr so weiter tun kann und auch nicht weiter tun will.« Sie ist zu diesem Zeitpunkt 39 Jahre alt und beschließt zu kündigen. Allerdings will sie das Unternehmen erst in einem halben Jahr verlassen. Sie möchte das, was sie dort in den letzten Jahren aufgebaut hat, gut übergeben. Es dauert aber nicht sechs, sondern acht Monate, bis die Qualitätsmanagementnorm, die Zertifizierung nach ISO, abgeschlossen ist und eine geeignete Nachfolgerin gefunden wird. »Ich habe mich in dieser Zeit noch derart aufgerieben. Ich hatte damals zwei Auffahrunfälle mit dem Auto, weil ich nur noch müde und fertig war. Dennoch habe ich bis zuletzt gearbeitet.« In letzter Minute, in der Nacht vom ersten zum zweiten Jänner 2008 räumt sie ihren Schreibtisch. Sie weiß, dass sie bis sechs Uhr in der Früh fertig sein muss, denn dann kommen die Kolleginnen. »Ich habe bis zum Umfallen gearbeitet. Ich habe wirklich Raubbau am eigenen Körper betrieben.«

Marie P. ist vollkommen erschöpft, als sie das Unternehmen verlässt. In den ersten acht Wochen schläft sie sehr viel. »Ich bin nach 14 Stunden Schlaf aufgestanden, zur Toilette gegangen, habe eine Kleinigkeit gegessen und mich gleich wieder ins Bett gelegt und weiter geschlafen.« Im Frühjahr fährt sie wegen ihrer Rückenbeschwerden auf Kur. Doch auch nach drei Monaten Auszeit fühlt sie sich noch immer erschöpft und energielos. Sie ist irritiert und ratlos. Erst einige Zeit später, als sie die Unterlagen von der Kur benötigt und den Arztbrief durchliest, erfährt sie etwas über ihren Zustand. »Da stand als Diagnose Burnout, wobei es diese Diagnose eigentlich gar nicht gibt.«

Die Weltgesundheitsorganisation (WHO) listet das Burnout-Syndrom nicht als Krankheit, sondern zählt es zu den Gesundheitsproblemen mit Bezug auf Schwierigkeiten bei der Lebensbewältigung. Es gibt keine einheitliche Definition von Burnout. Der Begriff entstand in den 1970er-Jahren und bezeichnet einen Zustand, wo Menschen sich ausgebrannt, leer und völlig erschöpft fühlen und der mit emotionalen, körperlichen und geistigen Beschwerden einhergeht. Die Betroffenen leiden unter psychischen und physischen Symptomen, die sehr unterschiedlich sein können: Erschöpfung, Gedächtnis- und Konzentrationsstörungen, Antriebslosigkeit, verminderte Leistungsfähigkeit, Versagensängste, Gereiztheit, Aggressivität, Rückzug oder Schlafstörungen. Es können Kopf- und Rückenschmerzen, Magen-Darmbeschwerden, Schwindel, Herz-Kreislaufprobleme, starkes Schwitzen sowie ein Hörsturz oder Tinnitus auftreten. Diese, je nach Persönlichkeit unterschiedlichen Symptome, erschweren eine klare Diagnose und erfordern eine besonders sorgfältige ärztliche Untersuchung. Das Burnout-Syndrom wird auch als Stress-Syndrom oder als Erschöpfungsdepression bezeichnet. Die Krankheit entwickelt sich über einen längeren Zeitraum, über Monate oder sogar einige Jahre hinweg.

Es gibt verschiedene Theorien, wie ein Burnout-Syndrom entsteht. Doch es scheint klar zu sein, dass dauerhafter Stress dabei eine entscheidende Rolle spielt. Jeder Mensch ist mehr oder weniger gut in der Lage, vorübergehenden Stress wegzustecken. Doch wenn eine Person über Monate oder Jahre hindurch einer Stressbelastung ausgesetzt ist, nimmt der Organismus Schaden. Belastungen von außen wie Zeit- und Leistungsdruck, eine hohe Verantwortung, existentielle Ängste, Überforderung oder Mobbing können Burnout begünstigen. Aber auch bestimmte Persönlichkeitseigenschaften können dazu führen, dass Menschen sich völlig ausgebrannt fühlen. Die Betroffenen sind oft sehr ehrgeizig, perfektionistisch, stehen unter hohem Erfolgsdruck oder sind ganz besonders hilfsbereit, tun sich schwer, nein zu sagen und Stress zu bewältigen. Menschen, die Angehörige pflegen, können genauso an Burnout leiden, wie Personen in verantwortungsvollen Positionen oder prekären beruflichen Verhältnissen. Zu einem Burnout-Syndrom kommt es aber erst, wenn bestimmte innere wie äußere Faktoren zusammenwirken.

Wer darunter leidet, wer sich kraftlos, verzweifelt, überfordert und deprimiert fühlt, keine Freude am Leben empfindet und von Schmerzen geplagt wird, braucht professionelle Hilfe und steht vor der Herausforderung, seinen Alltag neu zu gestalten und darauf zu achten, dass es ausreichend Erholungsphasen für Körper, Geist und Seele gibt. Eine Auszeit reicht nicht. Die Betroffenen benötigen ärztliche und therapeutische Unterstützung. Auch die Teilnahme an einer Selbsthilfegruppe ist für viele sehr entlastend.

Nachdem Marie P. den Arztbrief gelesen hat, beginnt sie sich für das Thema zu interessieren und besucht im Frühsommer 2008 ein zweitägiges Seminar über das Burnout-Syndrom. Zunächst ist sie davon überzeugt, dass sie noch fünf vor zwölf gehandelt und rechtzeitig gekündigt habe. Doch im Laufe dieser Veranstaltung merkt sie, dass es bereits fünf nach zwölf war. »Das habe ich erst ein halbes Jahr, nachdem ich das Unternehmen verlassen hatte, begriffen. Das war für mich sehr hart. Ich glaube, ich habe zwei Wochen lang nur geheult, weil ich mir gedacht habe, wie blind muss ich sein, dass ich das nicht erkannt habe.«

Die karrierebewusste Personalmanagerin ist traurig, aber auch ärgerlich und böse auf sich, dass sie so lange nicht gesehen hat, was mit ihr los ist. Vielen Betroffenen geht es wie ihr. Viele brauchen lange, bis sie erkennen, dass die Symptome Teil einer psychischen Erkrankung und nicht Ausdruck ihrer persönlichen Unzulänglichkeit sind. »Ich habe mir dann quasi selbst die Diagnose gestellt. Dann musste ich diese Tatsache noch akzeptieren und annehmen. Das war nicht einfach. Aber erst dann geht wirklich etwas weiter.« Im September, neun Monate, nachdem sie das Unternehmen verlassen hatte, geht es der Personalentwicklerin gesundheitlich wieder besser und sie ist in der Lage, sich mit der Jobsuche zu beschäftigen. Sie möchte nicht länger in der Personalentwicklung tätig sein, da das Arbeitspensum dort sehr groß ist und fast ihre gesamte Energie in Anspruch genommen hat. Sie will neue Wege gehen, einen anderen Beruf ergreifen und Zeit für Dinge haben, die sie gerne macht. Doch Marie P. bekommt die Finanz- und Wirtschaftskrise, die im Jahr 2007 ihren Ausgang in den USA genommen hat, sehr deutlich zu spüren. »Ich habe mich zwei Jahre und vier Monate lang um einen Job bemüht. Es war echt heftig.«

Marie wächst mit drei Geschwistern in Krems in Niederösterreich auf. »Ich war die Jüngste, ich war das Nestscheißerl«, erzählt sie. Die beiden älteren Schwestern sind gute und ambitionierte Schülerinnen. Sie selbst und ihr Bruder, der eine dreijährige Fachschule besucht, interessieren sich für andere Dinge als Lernen und Noten. Marie ist ein verträumtes, sensibles, nach innen gekehrtes Kind. Sie spielt Theater und schreibt Gedichte. Wenn ihr auf dem Schulweg eine Idee kommt, greift sie sofort zum Stift. »Ich habe den Schulranzen auf den Boden geschmissen und die Zeilen sofort aufgeschrieben. Wenn ich deswegen zu spät zum Unterricht gekommen bin, war mir das egal.« Sie sei ein sehr dickes Kind gewesen, das oft gehänselt wurde, das von den anderen »die Blade« genannt wurde. »Das hat mich sehr geprägt, deswegen war ich auch sehr introvertiert.«

Bei der Theatergruppe, die im Gymnasium angeboten wird, macht Marie begeistert mit. Ansonsten langweilt sich die Jugendliche oft im Unterricht. Sie überlegt, Kindergärtnerin zu werden. Doch die Eltern, die beide in einem Gastronomiebetrieb groß geworden sind, sind dagegen und möchten, dass ihre Tochter die Tourismusschule in Krems besucht. Als frischgebackene Maturantin sammelt sie auf einer Beauty Farm erste Arbeitserfahrungen. Dann heuert sie auf einem Kreuzfahrtschiff an und pendelt zwischen Passau und dem Schwarzen Meer hin und her. Das Schiff fährt von März bis November, neun Monate arbeitet sie sieben Tage in der Woche, es gibt keinen einzigen freien Tag. »Das ist eine ganz eigene Welt. Du lebst auf engstem Raum mit den anderen zusammen. Drei Jahre am Schiff sind wie zehn Jahre Lebenserfahrung. Dort bin ich vom schüchternen, introvertierten zum extrovertierten Menschen geworden.« Sie ist engagiert, arbeitet viel und steigt in kurzer Zeit zur Rezeptionschefin auf. Der Job macht ihr Freude, besonders gerne schult sie Mitarbeiterinnen und Mitarbeiter ein.

Nach drei Jahren Saisonarbeit lässt sich die junge Frau der Liebe wegen in Wien nieder und nimmt einen Bürojob bei einem Bauträger an. Als Sachbearbeiterin fehlt ihr jedoch der Kontakt zu den Menschen. Sie will Neues lernen und kehrt mit 25 Jahren auf die Schulbank zurück. Berufsbegleitend besucht sie einen zweijährigen Lehrgang für Personalentwicklung und Bildungsmanagement. Später studiert sie Wissensmanagement an der Donau-Universität Krems und macht eine Trainerinnenausbildung. Das interessiert sie, sie möchte sich beruflich verändern und in die Personalentwicklung gehen. Diesen Berufswunsch erfüllt sie sich mit Anfang 30, macht Karriere und gelangt an die Spitze der Personalentwicklung eines großen Unternehmens. Jahrelang arbeitet sie sehr viel, mitunter mehr, als gefordert wird, und sie ist begeistert bei der Sache. Doch langsam verändert sich etwas. Sie verliert den Spaß am Job, fühlt sich erschöpft und ausgelaugt und empfindet ihr Tun als sinnlos. Doch erst acht Monate später kommt die Leiterin der Personalentwicklung aus diesem Hamsterrad heraus und verlässt das Unternehmen.

Es dauert noch einmal acht Monate, bis sie wieder einigermaßen bei Kräften ist und mit der Arbeitssuche beginnen kann. Sie bewirbt sich, erhält manchmal Einladungen, aber keine Jobangebote. Monat um Monat vergeht. Es plagen sie in dieser Zeit keine existentiellen Nöte, denn als Personalmanagerin hat sie sehr gut verdient und vorgesorgt. Aber es schmerzt sie sehr, dass fast alle Menschen, die ihr nahestehen, verunsichert oder verständnislos auf ihre Situation reagieren. »Meine Eltern haben mich nie gefragt, wie geht es dir ohne Arbeit, was macht die Jobsuche. Die haben das totgeschwiegen. Es gab einen großen Kreis, Familie wie Freunde, die gewusst haben, dass ich zuhause bin, die mich aber nie gefragt haben, wie es mir geht. Das hat echt wehgetan.«

Als Marie P. über einen Lehrgang für Gestaltpädagogik liest, fühlt sie sich vom Konzept dieser ganzheitlichen Pädagogik spontan angesprochen und entschließt sich, diese Ausbildung zu machen. Sie erlebt die praktischen Übungen als besonders anregend und hilfreich. »Wir haben Theater gespielt, Figuren geformt und gemalt. Es war für mich einfach fantastisch, mich auf diese Art und Weise auszudrücken. Das hat mich in dieser schwierigen Lebenssituation wieder auf den Boden geholt.« Am Ende des Lehrgangs empfehlen ihr einige Kolleginnen, sich wieder eine Gruppe zu suchen. Sich zum Beispiel an pro mente, an die Gesellschaft für psychische und soziale Gesundheit zu wenden, die auch Selbsthilfegruppen für Menschen mit einem Burnout-Syndrom anbietet. Sie greift diese Anregung auf und nimmt im April 2009 das erste Mal an einer Gruppensitzung teil. Fünf Jahre lang wird sie Woche für Woche den Dienstagabend in ihrer Gruppe verbringen. »Es war für mich ein absoluter Halt. Außer im Urlaub und zu Weihnachten war ich immer dort. Da sitzen Leute, die wissen, wie es einem geht.«

Marie P. fühlt sich zum ersten Mal wirklich verstanden. Sie weiß sich während der Arbeitssuche genauso unterstützt und aufgefangen von der Gruppe wie in den Zeiten, wo sie zwar wieder einen Job, aber Probleme am Arbeitsplatz hat. Sie überlegt, eine Tätigkeit anzunehmen, die sie gar nicht interessiert, weil sie meint, sich so am besten vor dem Ausbrennen schützen zu können, und erlebt die Reaktionen der Teilnehmerinnen und Teilnehmer der Selbsthilfegruppe als äußerst hilfreich. Die Frage der Moderatorin, was sie in ihrer momentanen Situation tun könne, eröffnet ihr Wege aus ihrer Ohnmacht und Hilflosigkeit. Und es ist befreiend, dass es in der Gruppe immer wieder etwas zu lachen gibt, obwohl sich alle Mitglieder in einer schwierigen Lebenssituation befinden. Das Angebot von pro mente, gefördert vom Sozialministeriumservice, steht den Betroffenen so lange offen, wie sie es benötigen. Viele engagieren sich später selbst als Moderatoren oder Beraterinnen, denn pro mente folgt dem Konzept der Peer-Beratung, das bedeutet, dass Betroffene Betroffene unterstützen. Auch Marie P. ist ein Jahr nachdem sie die Selbsthilfegruppe als Teilnehmerin verlassen hatte, als Moderatorin einer Gruppe zu pro mente zurückgekehrt.

Besonders während der Arbeitssuche ist Marie P. sehr froh, einmal in der Woche verständnisvollen Menschen von den Hoffnungen, Enttäuschungen und Anstrengungen der Jobsuche erzählen zu können. Die gut ausgebildete Personalmanagerin ist mit Unterbrechungen insgesamt fünf Jahre und drei Monate arbeitslos. Das ist nicht nur eine lange Zeit, es bedeutet auch einen großen Verdienstentgang. Trotzdem gelingt es ihr, nicht zuletzt aufgrund ihrer Ersparnisse, die Zeit der Arbeitslosigkeit für sich zu nützen. »Wie es mir ganz dreckig ging, habe ich einen einwöchigen Malkurs gemacht, der ziemlich verrückt klang. Wir malten blind und nach Musik, wir malten mit den Fingern und Zehen. Ich habe mich so richtig ausgetobt.« Sie ist mit ganzem Herzen dabei und spürt wieder Boden unter den Füßen. Sie malt weiter, entwickelt sich zur Amateurkünstlerin und veranstaltet später sogar Ausstellungen. »Wenn ich einen Lotto-Sechser hätte, wüsste ich genau, was ich machen würde. Ich hätte ein Atelier und würde Kurse geben, wo sich die Leute ganz dem Malen hingeben können, wo sie ohne Scheu mit Farben experimentieren können.«

Das Glück im Spiel bleibt aus, doch nach zwei Jahren und vier Monaten findet Marie P. endlich einen Job, allerdings wieder in der Personalentwicklung. Diesmal im Sozialbereich. Nach kurzer Zeit ist die Personalentwicklerin so sehr mit Arbeit überhäuft, dass ihr fast keine freie Zeit mehr bleibt. Da sie ihre gut bezahlte Tätigkeit nicht aufgegeben hat, um für weniger Geld genauso viel zu arbeiten wie davor, trennt sie sich von ihrem Arbeitgeber. Wieder ist sie auf der Suche und es dauert noch einmal zwei Jahre, bis sie eine Anstellung findet. »Das war echt ein Wahnsinn. Ich hatte aber das Glück, dass ich vorher so gut verdient hatte und immer noch über einen Polster am Sparbuch verfügte. Ich hatte auch das Vertrauen, dass es funktionieren wird.« Außerdem kommt ihr ihre Erfahrung als Personalmanagerin zugute. Sie weiß, wie sie ihren Lebenslauf verfassen und die Lücken, die durch die Arbeitslosigkeit entstanden sind, am besten beschreiben muss. Sie versucht nicht, diese zu verbergen. Sie führt ein Sabbatjahr und die Ausbildungen, Kurse und Aktivitäten, die sie gemacht hat an. So seien diese Arbeitspausen bei den Bewerbungsgesprächen, zu denen sie gelegentlich eingeladen wurde, kaum thematisiert worden. Trotz aller Schwierigkeiten und Absagen, tritt sie bei den

Vorstellungsgesprächen nicht als Bittstellerin auf. Sie kommt im Vertrauen darauf, einem potentiellen Arbeitgeber viel bieten zu können.

Marie P. findet einen Job als Trainerin und hat mit Menschen zu tun, die arbeitslos sind. Erneut erlebt sie, dass sie unter dem Arbeitsaufwand zu leiden beginnt. »Ich ziehe das irgendwie an. So als hätte ich ein Gen in mir, dass mich so gewissenhaft macht, dass ich mir sage, dieses und jenes muss noch erledigt werden und das geht schon noch, das kann ich schon noch machen. Andererseits wird in vielen Betrieben gespart und so wird das Arbeitspensum für die einzelnen immer größer. Es hat mit der Arbeitswelt und mit mir, mit innen und außen zu tun.«

Die Trainerin fühlt sich sehr belastet, erleidet einen schweren Bandscheibenvorfall und entkommt nur knapp einer Operation. Einige Zeit später treten Schmerzen in der Brust, Schwindel und Atemnot auf. »Das war am Samstag in der Früh, am Abend bin ich ins Krankenhaus gegangen. Obwohl am Montag ein ganz wichtiger beruflicher Termin war und nur ich den Schlüssel für den Kursstandort und die Unterlagen hatte. Früher wäre ich erst zum Arzt gegangen, wenn der ganze Arbeitsstress vorbei gewesen wäre. Aber wenn ich diesmal drei oder vier Tage gewartet hätte, dann hätte ich die Lungenembolie nicht überlebt.« Marie P. ist alarmiert und weiß, dass sie etwas tun muss. »In diesem Fall wurde etwas für mich getan. Als ich aus dem Krankenstand zurückkam, erhielt ich die Kündigung.« Sie ist von der Art und Weise, wie sie gekündigt wird, sehr betroffen. »Meine Chefin hat mich gefragt, ob man die Ursache für die Lungenembolie gefunden habe. Als ich verneinte, hat sie gemeint: ›Glaubst du nicht, dass das psychisch bedingt ist, denn du hast ja einmal von einem Burnout erzählt?‹ Nie wieder würde ich einem Dienstgeber gegenüber ein Burnout zugeben.« Es wird ihr zwar angeboten, 25 Stunden in der Woche zu arbeiten, doch mit diesem Gehalt kann sie ihren Lebensunterhalt nicht bestreiten. Also begibt sie sich wieder auf Arbeitssuche.

Nach neun Monaten findet Marie P. einen Platz in einem Trainee-Programm, das sich an Personen richtet, die 45 Jahre oder älter sind. Das Ausbildungsprogramm, das im Jahr 2016 startet, bereitet die Teilnehmerinnen gezielt auf eine Karriere im Unternehmen vor. Nachdem Marie P. verschiedene Bereiche der großen Handelsfirma durchlaufen und einen Auslandsaufenthalt absolviert hat, ist sie jetzt als Mitarbeiterin des Personalmanagements tätig. Sie ist beruflich viel unterwegs. »Wenn ich nach einem Tag im Außendienst heimkomme, bearbeite ich bis 21:00 Uhr meine Mails. Meine Chefin ist ein Workaholic, sie verschickt auch am Wochenende und an Feiertagen mindestens 20 Nachrichten. Ich habe schon wieder keine Freizeit.«

Am liebsten hätte sie eine Anstellung mit geregelten Arbeitszeiten, einen Job, wo sie um neun Uhr in der Früh beginnt und um fünf am Nachmittag das Büro verlassen kann, mit dem Wissen, dass die Arbeit für diesen Tag getan ist. Wenn man mit Menschen arbeitet, sei das aber viel schwerer möglich. Sie habe beruflich mit Lehrlingen zu tun. Da sind junge Leute dabei, die zuhause oder im Freundeskreis Probleme haben. Da gibt es Jugendliche, die nach Österreich geflüchtet sind, hier eine Ausbildung machen und plötzlich vor fast unlösbaren Schwierigkeiten stehen. So wie eine junge Frau, die abgeschoben werden sollte. Da könne sie nicht zwei Tage warten, da müsse sie sofort reagieren. Diese Dinge würden viel Zeit und Energie kosten. »Ich gebe die Hoffnung nicht auf, dass ich einen Job finde, wo ich halbwegs mit 40 Stunden pro Woche auskomme. Ich habe jetzt einen 43 Stunden Vertrag, den ich gar nicht wollte, und trotzdem arbeite ich noch weit darüber hinaus.«

Seit Marie P. in diesem Handelsunternehmen tätig ist, fehlt ihr die Zeit zum Malen. Sie kommt auch nicht mehr ins Studio, wo sie früher wegen ihrer Rückenbeschwerden regelmäßig trainierte. Sie würde gerne Freunde treffen und Ausstellungen besuchen oder einmal bei einem Theaterworkshop mitmachen. Oft komme sie gehetzt zu pro mente, wo sie die Selbsthilfegruppe moderiert. Aber dieses Engagement lasse sie sich nicht nehmen, das liege ihr ganz besonders am Herzen. Wer eine Gruppe leitet, muss von jeder Sitzung ein Protokoll verfassen, sich weiterbilden und Supervision machen. In den Gruppensitzungen geht es oft darum, wie man es schafft, einen Job zu bekommen oder zu behalten und vor allem darum, wie es einem gelingt, gesund zu werden und gesund zu bleiben. Die Mitglieder erzählen, dass sie Angst haben, ihre Arbeit zu verlieren, wenn sie zu lange im Krankenstand sind. Manche kehren deshalb zu früh in die Firma zurück. Andere überlegen, innerhalb des Unternehmens zu wechseln, von einer Führungstätigkeit zu einer Arbeit, die mit weniger Verantwortung und Stress verbunden ist. Viele in der Gruppe fragen sich, ob der Dienstgeber die Diagnose erfahren soll oder nicht. Betroffene gehen damit ganz unterschiedlich um. Das hängt von der jeweiligen Persönlichkeit, aber auch vom Klima am Arbeitsplatz ab.

Die Personalentwicklerinfindet es sehr wichtig, dass Führungskräfte reagieren, wenn sie bemerken, dass eine Mitarbeiterin oder ein Mitarbeiter ein ernsthaftes gesundheitliches Problem hat. »Für mich war es echt erschreckend, wie das bei mir im Mitarbeitergespräch abgelaufen ist. Meine Chefin hat mich gefragt, wie es mir geht. Und wie ich zu ihr gesagt habe, dass es mir gar nicht gut geht und ich es nicht mehr schaffe, da hat sie gemeint, sie habe sich das ohnehin schon gedacht.« Marie P. ist überzeugt davon, dass es zu den Aufgaben einer Führungskraft gehöre, von sich aus auf die Angestellten zuzugehen und sie auf ihre Probleme anzusprechen. Die Vorgesetzte dürfe nicht ignorieren, was sie sieht. Wenn sie unsicher ist, wie sie am besten vorgehen soll, könne sie sich an den Betriebsarzt oder an die Gesundheitsbeauftragte in der Firma wenden. Aber auch die betroffenen Arbeitskräfte müssten sich darum kümmern, Hilfe zu bekommen. »Ich war lange beratungsresistent. Ich habe lange geglaubt, ich kann alles mit mir selber ausmachen. Rasch Unterstützung suchen und nicht wegschauen ist für Führungskraft wie Mitarbeiter wichtig.« Das Feedback der anderen und der Tipp, zu pro mente zu gehen, motivierten Marie P., sich Hilfe zu holen. Es sei kein leichter Schritt gewesen, bei pro mente anzurufen, sich für die Selbsthilfegruppe anzumelden und das erforderliche Einführungsgespräch zu machen. »Ich hab schon noch ein bissl gebraucht, bis ich zum Telefonhörer gegriffen habe.« Dieser Griff zum Hörer hat sich gelohnt. Fünf Jahre lang hat sie ihre Fragen, Sorgen und Anliegen rund um das Thema Burnout sowie Job, Karriere und Arbeitslosigkeit Woche für Woche in einem Kreis von Betroffenen besprechen und Anregungen für Lösungen finden können. Die Selbsthilfegruppe bietet ihr aber auch als Moderatorin die Möglichkeit, ihre Arbeitshaltung weiterhin zu reflektieren, den anderen von sich zu erzählen und die Gruppenmitglieder als Korrektiv zu erleben. Denn wer einmal an einem Burnout-Syndrom gelitten hat, wird besonders darauf achten, wenn sich die Anzeichen mehren, die dazu führen, sich erschöpft und ausgebrannt zu fühlen.

LEKTORIEREN, KODIFIZIEREN, INDIZIEREN

Amadé Módos, Verlagsmitarbeiter

LexisNexis Österreich ist ein juristischer Verlag, der Rechtsinformationen in gedruckter wie digitaler Form anbietet. Das Unternehmen publiziert Kodizes, also Gesetzessammlungen, Kommentare sowie Fach- und Lehrbücher, bringt Zeitschriften heraus und betreibt eine Rechtsdatenbank, eine Online-Rechercheplattform. Alle digitalen Ressourcen sollen mit den jeweiligen Printausgaben genau übereinstimmen und beide Versionen sollen fehlerfrei sein.

Es gehört zu den Lektoratstätigkeiten von Amadé Módos, die einzelnen Nummern einer gedruckten Fachzeitschrift mit deren Onlineversion zu vergleichen. »Ich schaue, ob die Kapitelnamen stimmen, ob die einzelnen Kapitel in der richtigen Reihenfolge stehen und ob die Überschriften und Unterüberschriften korrekt zugeordnet sind. Ich kontrolliere, ob die Absätze vollständig und in der richtigen Reihenfolge sind und ob die Formatierungen, also fett oder kursiv gedruckt, hoch- oder tiefgestellt, stimmen.« Wenn er einen Fehler findet, wird dieser dokumentiert und ausgebessert. Es kann sein, dass irgendwo ein Leerzeichen zu viel ist, dass vergessen wurde, kursiv zu formatieren oder dass ein Link ins Leere verweist. Es sind nicht allzu viele Fehler, aber die, die da sind, will er aufspüren und ausbessern. »Ich ruhe erst, wenn ich davon überzeugt bin, dass ich alles zu 100 Prozent richtig gemacht habe.« Und schmunzelnd fügt er hinzu: »Wenn man ein halbes Jahr keinen Fehler findet, kommt man ja in den Verdacht, gar nicht zu arbeiten.«

Der LexisNexis-Mitarbeiter tauscht außerdem einzelne Seiten oder Absätze von Loseblattwerken aus und vergleicht wiederum die gedruckte mit der digitalen Version. Handbücher, Gesetzes- und Judikatursammlungen sowie Kommentare erscheinen auch als Loseblattwerke. Dabei handelt es sich um nichtgebundene Werke, um lose Blätter in Mappen oder Aktenordnern. Diese Form hat den Vorteil, dass im Laufe eines Jahres mehrere Aktualisierungen vorgenommen werden können. Es muss nicht das gesamte Werk neu gedruckt, sondern es müssen nur einzelne Blätter ausgetauscht werden. Der Verlag kann auf diese Weise schnell und kostengünstig auf neue Gesetze, auf eine neue Judikatur oder neue Erkenntnisse reagieren. Loseblattwerke unter anderem zum Arbeitsrecht, zur Einkommenssteuer, zur Straßenverkehrsordnung oder zur Mehrwertsteuer werden bereits seit vielen Jahren oder Jahrzehnten bei LexisNexis publiziert. Darunter sind Werke, die jeweils zehn Bände umfassen. Insgesamt machen diese Loseblattwerke, die auch auf der Rechercheplattform online zur Verfügung stehen, tausende Seiten aus.

Bedingt durch das Alter der Werke und die verschiedenen technologischen Erneuerungen haben sich Fehler eingeschlichen. Als man bei LexisNexis die Produktionsprozesse umstellt – man will medienneutral produzieren, die Daten sollen also im Internet wie im Druckverfahren ausgegeben werden können –, zeigt sich ein Problem. »Man ist draufgekommen«, so Mag. Michaela Stadler, Leiterin der Printproduktion, »dass in den Daten, die wir benötigen, Fehler drinnen sind. Und damit war klar, dass wir jemanden brauchen, der die gedruckte Version mit den Daten, die online verwendet werden, abgleicht.«

Wer aber soll diese riesigen Datenmengen durchforsten, die Fehler suchen, finden und beseitigen? Ein möglicher Job für Studentinnen und Studenten? LexisNexis beschäftigt immer wieder Studierende, doch so ein Datenabgleich, der eine hohe Konzentration und große Ausdauer erfordert, wird von den meisten Menschen spätestens nach zwei Stunden als äußerst anstrengend, langweilig und ermüdend empfunden, und zwei Stunden richten bei dieser riesigen Datenmenge wenig aus. Für diese Aufgabe wird jemand gebraucht, der bereit ist, täglich viele Stunden konzentriert daran zu arbeiten, der fähig ist, sich ausdauernd diesen monotonen Tätigkeiten zu widmen.

Mit diesem Anliegen wendet sich Michaela Stadler an die Personalabteilung. Die Human Resources-Managerin (HR-Managerin) erzählt ihr, dass sie kürzlich bei einer Veranstaltung von Specialisterne gehört habe, einem gemeinnützigen Verein, der Menschen im Autismus Spektrum (ASS) vermittelt, die extrem genau sind sowie einen ausgeprägten Blick für Details und Freude an Routinearbeiten aufweisen. Der Verein bringt Personen, die eine leichte Form des Autismus haben – meistens das Asperger-Syndrom – und über diese speziellen Fähigkeiten verfügen, mit Unternehmen zusammen, die genau diese Talente benötigen.

Specialisterne ist das dänische Wort für Spezialisten. Das gemeinnützige Unternehmen wurde im Jahr 2004 von Thorkil Sonne in Dänemark gegründet. Sein Sohn erhielt im Kindesalter die Diagnose Autismus und der Vater erkannte früh die besonderen Begabungen wie auch Schwierigkeiten seines Kindes. Da Menschen mit autistischer Wahrnehmung ganz große Probleme am Arbeitsmarkt haben (ungefähr 80 Prozent finden keinen Job), beschloss der Däne, dem entgegenzuwirken. Inzwischen gibt es dieses Modell in mehr als zehn Ländern.

Specialisterne Austria wurde im Jahr 2011 vom Unternehmer Stephan Dorfmeister gegründet. Das Ziel des Vereins besteht darin, möglichst viele Arbeitsplätze für Menschen mit dem Asperger-Syndrom zu schaffen, vor allem in den Bereichen Dateneingabe, Datenkontrolle, Qualitätssicherung, Lektoratstätigkeiten, Produktkontrolle oder in der IT-Branche wie zum Beispiel als Programmiererin oder Software-Tester. Specialisterne bietet den Arbeitssuchenden Qualifizierungsmaßnahmen und begleitet sie auf dem Weg zum neuen Job. »Wir können leider nur jene Personen unterstützen, die für uns vermittelbar sind, die sehr motiviert sind, die also arbeiten wollen und in unsere Tätigkeitsbereiche hineinfallen«, so Mag. Elisabeth Krön, die Geschäftsleiterin von Specialisterne. »Denn wir arbeiten nicht wie eine Arbeitsassistenz, wir suchen kaum personenbezogen, sondern orientieren uns vor allem am Bedarf der Unternehmen. Wir haben einen Pool von Leuten, die wir gut kennen und einen Pool von Unternehmen, die jemanden suchen. Wenn zwei zusammenpassen, vermitteln wir und begleiten diesen Prozess.«

Michaela Stadler und die HR-Managerin von LexisNexis erleben im Wiener Büro von Specialisterne, wie Menschen mit Asperger-Syndrom geschult und gefördert werden, sie lernen Amadé Módos kennen und erfahren, wie der Verein sowohl die Arbeitssuchenden als auch die Unternehmen unterstützt. »Wir waren berührt und begeistert, wir haben das Projekt dem Managementteam von LexisNexis vorgestellt und alle haben zugestimmt.«

Amadé Módos kommt in Begleitung der Geschäftsleiterin zum Vorstellungsgespräch und es werden Schnuppertage vereinbart. Von Anfang an wird darauf geachtet, dass die Rahmenbedingungen passen und bestimmte Bedürfnisse des zukünftigen Kollegen erfüllt sind. Im Büro wird ein ruhiger Eckplatz hergerichtet und die ersten kleinen Arbeitsanweisungen werden sorgfältig erläutert und schriftlich erteilt. In jener Woche, in der der studierte Versicherungsmathematiker seine künftigen Tätigkeiten sowie Kolleginnen und Kollegen kennenlernt, ist immer eine Mitarbeiterin von Specialisterne anwesend.

Kurze Zeit später führt Elisabeth Krön für das gesamte Team einen Workshop durch. Es wird differenziert über das Thema Autismus informiert. Anschließend haben alle Beteiligten kurz Zeit, sich Notizen über ihre eigenen beruflichen Stärken und Schwächen zu machen. Dann stellt sich das neue Teammitglied mit Lebenslauf vor und erzählt, wo seine Schwierigkeiten liegen. Dass es sich leicht in Details verliert, Probleme mit dem Multitasking hat, anderen ein zu direktes Feedback gibt, die Emotionen anderer schwer deuten und nichts zum Small Talk beitragen kann oder nicht weiß, wie man mit den anderen reden und umgehen soll. »Ich fordere aber auch die Leute vom Team auf, mitzuteilen, was ihnen bei der Arbeit schwer fällt und was sie brauchen«, so Elisabeth Krön von Specialisterne. »Auf diese Weise haben alle die Möglichkeit, etwas von sich zu erzählen und sich zu öffnen.«

Von der Abteilungsleiterin wird eine verlagsinterne Aussendung gemacht und angekündigt, dass ein neuer Mitarbeiter mit Asperger-Syndrom im Unternehmen ist. Es kommen viele Fragen auf: Worauf denn zu achten sei, wie man sich am besten verhalten solle, womit man zu rechnen habe? »Ich habe meinen Kolleginnen und Kollegen gesagt, redet einfach ganz normal mit dem Amadé. Als die Leute ihn dann erlebt und mit ihm gesprochen haben, sind die Berührungsängste rasch verflogen und sie haben gesagt, der ist total nett«, erinnert sich Michaela Stadler.

Es wird klar definiert, wer für Amadé Módos als Ansprechperson zur Verfügung steht und wer die Rolle eines Mentors übernimmt. In den ersten Monaten kommt wöchentlich eine Mitarbeiterin von Specialisterne ins Unternehmen, erkundigt sich, wie er mit der Arbeit zurechtkommt, wie es den Kolleginnen und Kollegen geht und bespricht mit der Teamleitung anstehende Fragen. »Ich muss sagen«, so Michaela Stadler, »Specialisterne ist super organisiert. Sie sorgen für eine sehr gute Begleitung.«

Routinetätigkeiten, die mit großer Genauigkeit durchgeführt werden müssen, fallen bei LexisNexis in verschiedenen Bereichen und Abteilungen an. So wird Amadé Módos nach und nach mit neuen Aufgaben betraut, unter anderem mit dem Kodifizieren. Wird ein neues Gesetz oder die Novellierung eines Gesetzes beschlossen, erfolgt die Verlautbarung im Bundesgesetzblatt. Die Änderungen werden im Verlag in die Stammdaten der jeweiligen Kodizes eingearbeitet. Amadé Módos druckt den Text des Bundesgesetzblattes, der auch in pdf-Form zur Verfügung steht, aus. Er öffnet das entsprechende Computerprogramm und schreibt zum Beispiel ›neuer §38‹ sowie das Datum des Inkrafttretens hinein. Dann geht er zum Absatz, wo der Gesetzestext nach einem genauen Schema hineinkopiert wird. Manchmal wird ein Paragraf hinzugefügt, manchmal wird einer weggenommen. »Es kommt vor, dass ich tagelang kodifiziere. Daraus werden dann diese gelben Kodexbücher gemacht. Dann ist diese Arbeit fertig.«

Zuvor waren drei Kolleginnen mit dem Kodifizieren befasst. Inzwischen hat Amadé Módos diese Arbeit übernommen. »Meine Mitarbeiterinnen kontrollieren das gar nicht mehr, weil er so exakt arbeitet. Man kann sich total auf ihn verlassen. Er findet sogar manchmal Fehler, die vom Gesetzgeber stammen«, so Michaela Stadler.

In den ersten Wochen und Monaten hatte Amadé Módos viele Fragen. Was ist bei einem Abgleich zu beachten, was gilt als Fehler oder wie teilt man sich am besten die Zeit ein? Doch die Anfangsschwierigkeiten sind längst überwunden und die Unsicherheiten beseitigt. Es mussten, erinnert sich die Abteilungsleiterin, viele Gespräche geführt werden. »Es war für mich eine sehr fordernde Zeit, aber ich habe das sehr gerne gemacht. Der Vergleich passt vielleicht nicht ganz, aber ich bin Mutter und bin es gewohnt, Verantwortung zu übernehmen und dann kümmere ich mich auch um diese Person.«

Amadé Módos, der seit dem Jahr 2014 bei LexisNexis arbeitet und gleich nach dem Probemonat angestellt wurde, ist sehr zufrieden mit seiner Arbeit. »Ich mache genau das, was ich gerne tue. Der Job ist maßgeschneidert, ganz auf mich zugeschnitten. Und man nimmt Rücksicht auf mich. Man weiß, dass ich mir eine Erklärung nicht immer auf Anhieb merke, vor allem, wenn sie mündlich gegeben wird.« Die Kolleginnen und Kollegen haben sich vom ersten Tag an auf die speziellen Bedürfnisse des neuen Mitarbeiters eingestellt. Sie nehmen sich Zeit, um mit ihm die Dinge in Ruhe zu besprechen. Es wird klar und direkt kommuniziert, indirekte Botschaften werden vermieden. Die Arbeitsanleitungen werden schriftlich verfasst, so kann er stets darauf zurückgreifen und, wenn nötig, selbst ergänzen. Es gibt einen eigenen Kalender, wo die Aufgaben eingetragen werden, das erleichtert die Planung, den Überblick und die Arbeitseinteilung. Es ist geklärt, wer für welchen Aufgabenbereich als Ansprechperson zur Verfügung steht und dass jederzeit gefragt werden darf.

Hier habe er seine Nische, sein kleines, autistenfreundliches Eck, so der allseits geschätzte Mitarbeiter. Bei LexisNexis sei für ihn wahr geworden, was er nicht mehr für möglich gehalten habe, einen Arbeitsplatz zu finden, wo er sich mit Freude betätigen und etwas leisten könne, wo er sich auskenne und mit den anderen gut auskomme. Das war bei den Jobs davor ganz anders. Da galt der studierte Versicherungsmathematiker als seltsam und merkwürdig. Mitunter gab es zwar Arbeiten, die ihm Spaß bereiteten und in die er sich vertiefte und vergrub. »Aber da wurde mir gesagt, das geht nicht, wir sind ein Team, wir müssen zusammenarbeiten und jeder muss sich mit allem auskennen. So ein kleines Eck, das war nicht genehm.«

Auf zehn schwierige Arbeitsjahre, in denen er von Job zu Job wechselt, folgen drei noch schwierigere Jahre der Arbeitslosigkeit. Er bewirbt sich, geht zu Vorstellungsgesprächen, die ihm ein Gräuel sind, erhält Absagen, versucht es erneut und wird schließlich gar nicht mehr eingeladen.

Viele Personen mit einem Asperger-Syndrom, so Elisabeth Krön von Specialisterne, seien sehr reflektiert, bescheiden und selbstkritisch, sie manipulieren nicht und heben bei den Vorstellungsgesprächen eher ihre Schwächen als ihre Stärken hervor. Sie seien sachorientiert und haben oft Spezialinteressen und große Begabungen. Viele besitzen eine Vorliebe für monotone Tätigkeiten, andere wiederum seien kreativ und innovativ. Sie haben Probleme, die Gefühle ihrer Mitmenschen zu lesen und soziale Situationen zu deuten.

»Ich hatte immer Schwierigkeiten«, erzählt Amadé Módos. »Ich fühlte mich anders als die anderen, ich dachte anders als die anderen. Ich konnte mich in einer Gruppe nicht zurechtfinden, weil es mich oft nicht interessierte, was die Leute so sagen, oder weil ich es gar nicht verstehen konnte.«

Geboren in Budapest, übersiedelt der Bub im Alter von eineinhalb Jahren mit seinen Eltern nach Österreich. Sie leben zuerst drei Jahre in Innsbruck, gehen dann, da der Vater Opernsänger ist und ein neues Engagement erhält, nach Graz und später nach Wien. Hier bleiben sie, damit Amadé, der gerade ins Gymnasium Theresianum gekommen ist, nicht wieder die Schule wechseln muss. Erste Probleme zeigen sich bereits im Kindergarten, in der Schule wird es besonders schwierig für den Buben. Seine außerordentlichen mathematischen und sprachlichen Begabungen werden von den Lehrkräften gesehen, aber der Grund seiner Einschränkungen wird nicht erkannt. Von seinen Klassenkameraden bekommt er zu hören, dass er zwar hochintelligent, aber lebensuntüchtig und im Umgang mit anderen gestört sei.

Roberta Csernay, eine Freundin der Familie, beschreibt wie sie den 13-Jährigen erlebte, als sie ihn als Gruppenleiterin bei einem Pfadfinderlager kennenlernte. »Ein nerviges Kind, es benahm sich komisch und verrückt, konnte aber alle Kalendertage auswendig und blitzschnell aufsagen. Welcher Wochentag war der 23.4.1966? Ein Sonntag. Die Antwort kam sofort und mit absoluter Treffsicherheit. Und so ging es weiter. Wir hatten alle einen Riesenspaß. Aber was den Spaß betrifft, war das auch schon alles, denn der Bursche war ansonsten als Pfadi anstrengend, bekam regelmäßig Auszucker und sein ganzes Verhalten wirkte irgendwie befremdend. Er machte komische, zuckende und abgehackte Körperbewegungen, gab kuriose Laute von sich und benahm sich insgesamt unpassend. Unsere Betroffenheit schien ihn überhaupt nicht zu kümmern, er registrierte unsere Reaktion überhaupt nicht. Wir alle waren peinlich berührt und bemitleideten insgeheim seine Eltern. Wir wussten damals natürlich nicht, genauso wenig wie sein ganzes soziales Umfeld, dass er ein autistisches Kind mit einer Inselbegabung, ein Savant, war.«

Diese Erinnerung findet sich im Vorwort zu dem Buch *Ich muss mich durch das Leben tasten* von Amadé Módos, das die authentische Lebensgeschichte eines Asperger-Autisten beschreibt. Der Titel des Buches beschreibt ein lang anhaltendes Lebensgefühl des Autors. Wie ein blinder Mensch tastet er sich vorsichtig durchs Leben. Er fühlt sich weltfremd und erlebt sich als Außenseiter. »Mir kam es so vor, als fehle mir ein Organ fürs Leben. Jeder kennt sich in bestimmten Situationen aus, nur ich habe keine Ahnung, was los ist und worum es geht. Ich hatte immer den Eindruck, dass mir etwas fehlt und es hat sich herausgestellt, dass ich recht hatte.«

Amadés Talent für Sprachen zeigt sich in der Schule, wo er Englisch, Französisch, Russisch, Latein und Italienisch lernt, Neugriechisch bringt er sich als Jugendlicher selbst bei und träumt zunächst davon, ein Dolmetscher für sieben Sprachen zu werden. Insgesamt beherrscht er heute 15 verschiedene Sprachen. Nach der Matura weiß er trotz seiner Begabungen nicht, wie es weitergehen, welche Zukunftspläne er schmieden soll. Er schreibt in seinem Buch: »Mein Gehirn war unberechenbar. Manches merkte ich mir auf Anhieb, manches auch nach zehnmaligem Lernen nicht und ich erkannte keine Gesetzmäßigkeit dahinter, warum mir das eine leicht erschien und das andere nicht.« Außerdem spürt er, dass es ihm nicht möglich ist, sich beispielsweise intensiv mit zwei oder drei Sprachen zu beschäftigen. »Mein Gehirn ist wie ein Schwamm, ab einer bestimmten Sättigungsmenge kommt da überhaupt nichts mehr hinein.« Obgleich sprachbegabt, scheidet ein Studium der Sprachen oder Sprachwissenschaften aus.

Hinzu kommt, dass es ihm kaum möglich ist, Zusammenhänge und Querverbindungen herzustellen. Er entscheidet sich schließlich, an der Technischen Universität Wien Versicherungsmathematik zu studieren. Dieses Studium erscheint ihm als das geringste Übel, da es breitgefächert ist und von der Wirtschaftswissenschaft über Jus bis zur theoretischen Mathematik verschiedene Inhalte bietet. »Ich musste viel auswendig lernen, weil das Verständnis in vielerlei Hinsicht nicht so vorhanden war. Es war für mich zum Teil sehr schwierig, aber dann habe ich es doch noch geschafft und meinen Diplom-Ingenieur gemacht.« Vielen Studierenden mit einem Asperger-Syndrom gelingt der Studienabschluss trotz hoher Intelligenz nicht, da es ihnen sehr schwer fällt, einen Blick fürs Ganze aufzubringen, zu planen, flexibel zu sein, mit fremden Menschen zu sprechen, sich in einen vollen Hörsaal zu drängen, sich selbst ein Thema zu suchen und es einzugrenzen oder eine Gruppe für ein Referat zu finden.

Nach dem Studium arbeitet der Versicherungsmathematiker in verschiedenen Unternehmen. Auch wenn er den Arbeitsplatz wechselt, bleibt das Gefühl, anders als die anderen zu sein. Die Arbeitslosigkeit verschärft seine Situation. Er ist damals 40 Jahre alt und glaubt nicht mehr daran, einen Job zu finden. Es scheint für ihn nur noch eine Möglichkeit zu geben, in Frühpension zu gehen.

Eine gute Freundin der Familie, eine Sozialpädagogin, die schon früher einmal den Verdacht äußerte, es könne sich um eine Autismus Spektrum Störung (ASS) handeln, rät zu einem Test. Mit 40 Jahren bekommt Amadé Módos die Diagnose Asperger-Syndrom. Eine Diagnose, die ihn sehr erleichtert. Endlich weiß er, was mit ihm los ist.

Autismus ist keine Krankheit, es ist ein Syndrom. Autismus gilt als neurologische Variante. Es handelt sich dabei um eine Entwicklungsstörung, um eine Wahrnehmungsverarbeitungs- und Beziehungsstörung. Das Störungsbild ist komplex und die Erscheinungsformen sind sehr vielfältig. Deshalb spricht man von einem Autismus Spektrum. Die genaue Ursache dieser Verarbeitungsstörung ist bis heute nicht ganz geklärt. Bei der autistischen Wahrnehmung können die Reize nicht ausreichend gefiltert werden. Es kommt zu einer Reizüberflutung. Dadurch entsteht ein Chaos im Gehirn. Es werden keine Verbindungen gebildet, die nach dem Schema »Wenn-dann« ablaufen und eine Ordnung und einen Überblick ermöglichen. So können Situationen nicht richtig eingeschätzt werden und die betroffenen Personen sind in der Kommunikation und im Umgang mit anderen beeinträchtigt.

Jetzt versteht Amadé Módos, wieso die Mitmenschen befremdet auf ihn reagieren. Er schöpft Hoffnung, wieder in die Arbeitswelt zurückkehren zu können. Er informiert sich und stößt bald auf Specialisterne. Er geht dorthin, wird freundlich empfangen und man hört ihm aufmerksam zu. »Ich war zuerst etwas skeptisch, die werden sich denken, da kommt jetzt ein Autist daher. Aber ich habe dann gleich gesehen, dass die Autisten dort ein- und ausgehen.«

Menschen mit einem Asperger-Syndrom seien oft sehr einsam und erfahren spät, was mit ihnen los ist. »Aber hier«, so Elisabeth Krön, »können sie einmal unter sich, einmal in der Mehrheit sein. Sie erleben, dass sie sich unterhalten können, teamfähig und hilfsbereit sind. Sie merken, dass jede Person ein bisschen anders ist, dass einige zum Beispiel flüssig sprechen, andere etwas zeitverzögert und manche vielleicht stottern, dass sie aber auch vieles gemeinsam haben. Sie erfahren, dass sie respektiert werden, egal welche Einschränkungen sie haben. Viele wurden ausgelacht oder gemobbt. Darüber können sie sich austauschen.«

Wer von Specialisterne Austria bei der Jobsuche unterstützt werden möchte, muss mindestens 18 Jahre alt sein, die Diagnose ASS haben und bereit sein, im Raum Wien zu arbeiten. Je nach Bedarf werden Schulungen oder Arbeitstrainings angeboten. Amadé Módos kommt über Specialisterne zunächst in eine Pharmafirma, die eine Liste mit allen europäischen Kardiologen und Kardiologinnen benötigt, die in einem Krankenhaus arbeiten. Er erstellt eine Exel-Tabelle und kopiert Namen, E-Mail-Adresse und Telefonnummer der Herzspezialisten hinein. Seine Sprachkenntnisse kommen ihm sehr zugute, denn die Webseiten der Krankenanstalten sind in der Regel in der jeweiligen Landessprache abgefasst. Das Projekt findet ein jähes Ende, als die Pharmafirma die Liste nicht mehr braucht. Es folgt eine Anstellung bei Specialisterne und bereits drei Monate später fängt er bei LexisNexis zu arbeiten an. Dass er gleich von LexisNexis eingestellt wurde, ist ungewöhnlich. Viele werden bei Specialisterne beschäftigt und kommen von hier über eine gemeinnützige Arbeitskräfteüberlassung zu einem Unternehmen.

Elisabeth Krön stellt Specialisterne unter anderem bei IT-Konferenzen und HR-Veranstaltungen vor, baut auf diese Weise ihre Kontakte zu Firmen ständig aus, lädt Verantwortliche ein und bringt Unternehmen mit Jobsuchenden zusammen. Außerdem arbeitet sie eng mit der Autistenhilfe Wien, der Arbeitsassistenz sowie dem Arbeitsmarktservice und dem Sozialministeriumservice zusammen.

Amadé Módos schätzt es sehr, dass sowohl das Aufgabengebiet wie auch die Arbeitszeit genau auf ihn zugeschnitten sind. 30 Stunden pro Woche sind für ihn ideal, so bleibt ihm genug Zeit zur Erholung, für den Haushalt, die Behördenwege oder Einkäufe. Seit kurzem ist er neben dem Lektorieren und Kodifizieren auch damit beschäftigt, Stichwörter zu indizieren. Die Stichwörter, die mit der entsprechenden Seitenzahl aufgelistet sind, formt er in eine Exel-Tabelle um, in der ersten Spalte steht das Stichwort, in der zweiten die Seitenzahl. Es handelt sich dabei um eine ziemliche Tüftelei. Der LexisNexis-Mitarbeiter nimmt Bleistift und Lineal zur Hand, denn die Tabelle muss exakt ausgemessen und die Zellen genau eingefügt werden. »Es ist die Art von Arbeit, die ich mag. Also ordnen, sammeln, analysieren und am Ende kommt eine schöne Tabelle heraus. Aber ich habe schon öfters gehört, dass ich der einzige im Unternehmen bin, der das gerne macht.«

Der Mittvierziger freut sich sehr, dass seine Vorlieben und Begabungen gebraucht und geschätzt werden. Er fühlt sich im Unternehmen wohl und kommt mit seinen Kolleginnen und Kollegen gut aus. Das hängt vor allem damit zusammen, dass er respektiert wird, dass niemand von ihm erwartet, sich in der Kaffeepause am Small Talk zu beteiligen und dass die anderen akzeptieren, dass er sich zu Mittag am liebsten alleine in der Küche oder auf der Terrasse hinsetzt. »Es gibt einen Kollegen, wenn der zum Essen kommt, dann fragt er jeden, was sich so tut, nur mich nicht, weil er weiß, dass ich das nicht so mag. Man nimmt Rücksicht auf mich und ich habe überhaupt keinen Stress.«

Michaela Stadler kann sich ihr Team ohne Amadé Módos gar nicht mehr vorstellen, da er inzwischen eine Reihe von wichtigen

Aufgaben übernommen hat und diese perfekt erledigt. »Er ergänzt unser Team, ist ein Teil davon und gehört einfach dazu. Wir würden ihn super vermissen, wenn er nicht mehr bei uns wäre.« Es sei wirklich schön, Menschen eine Perspektive zu geben, die trotz ihrer hohen Begabungen kaum eine Chance am Arbeitsmarkt haben und gleichzeitig den optimalen Mitarbeiter zu bekommen. Denn in einem Unternehmen wie LexisNexis gebe es viele Tätigkeiten, wo man extrem genau, ausdauernd und konzentriert sein muss. Das sei eine absolute Win-win-Situation, denn aufgrund der Diagnose weiß Amadé Módos über sich Bescheid. Er kann sich zeigen, wie er ist und braucht keinem etwas vorzuspielen. Heute kann er sagen: »Ich bin Autist, es tut mir leid, aber dieses oder jenes ist mir nicht möglich.«

Früher galt er als komischer Kerl, der viele Defizite hatte. Heute wird er dafür geachtet, dass er offen über seine ASS spricht und seine besonderen Begabungen werden dringend gebraucht und geschätzt. Specialisterne ermöglichte den Weg zurück in die Arbeitswelt und die unvoreingenommenen und engagierten Verantwortlichen von LexisNexis boten einen konkreten Arbeitsplatz. Sich dort bewährt zu haben, verdankt Amadé Módos aber vor allem sich selbst.

»ICH WILL ALLE ROLLEN SPIELEN«

Nancy Mensah-Offei, Schauspielerin

Große Frauenrollen der Theatergeschichte reizen Nancy Mensah-Offei genauso wie interessante Männerrollen. »Wenn ich im Alter von 27 Jahren ein Kind spielen kann, kann ich auch einen Mann darstellen«, findet die junge Schauspielerin. Im Stück *SchwarzWeißLila* verkörpert sie ein elfjähriges Mädchen, das selbstbewusst die alleinerziehende Mutter herausfordert und witzig und mutig auf die Vorurteile reagiert, die ihm aufgrund seiner Hautfarbe in einer Kleinstadt entgegengebracht werden. Ihr Spiel überzeugt Publikum wie Kritik, und Nancy Mensah-Offei erhält – so die Jury – »für ihre verletzliche und kraftvolle Darstellung einer Jugendlichen« 2016 die Auszeichnung STELLA als beste Schauspielerin.

Was reizt die junge Frau am Spielen, was macht den Beruf für sie interessant? »Du bist immer am Suchen, Probieren und Herausfinden. Es ist ein bisschen wie die Arbeit einer Detektivin.« Jedes Stück, jede Rolle bringt es mit sich, dass die Schauspielerin sich mit einem neuen Thema auseinandersetzt. Verkörpert sie die Medea, beschäftigt sie sich mit der Sage der Argonauten und der griechischen Mythologie. Stellt sie die Kate im *Mittelschichtsblues* dar, interessiert sie die Situation der Schwarzen in den Vereinigten Staaten von Amerika. Durch das Spielen lernt sie ständig Neues kennen und wird mit Fragen konfrontiert, die ihr im Alltag nicht unbedingt begegnen würden. Das neu gewonnene Wissen verändert ihre Sicht auf die Welt, fordert sie heraus, immer wieder ihre Haltung zu hinterfragen und ihre Einstellung zu verändern. Es fasziniert sie, dass ein Theaterstück oder ein Film erst dann entsteht, wenn mehrere Menschen zusammenkommen und jeder einzelne sein Können einbringt. Die einen, die für das Bühnenbild, das Licht oder die Regie zuständig sind, die anderen, die für die Kostüme, das Make-up, die Dramaturgie oder das Spielen verantwortlich sind. »Es arbeiten viele daran, dass eine Geschichte erzählt wird und im besten Fall sind alle mit dem Ergebnis glücklich und zufrieden, das Ensemble und das Publikum. Aber es geht immer um diese Reise von A nach B, am Anfang hast du nur Worte, und aus diesen Worten erschaffst du eine Welt.«

Im Stück *Freiheit* verkörpert sie Joy, eine von vier hippen, jungen Erwachsenen, die ein Wochenende in einem idyllischen Landhaus verbringen. Die Freunde tauschen sich aus, gehen spazieren, kochen Marmelade ein, doch nach und nach wird spürbar, wie wütend, verzweifelt und frustriert sie sich fühlen, wie sehr sie sich nach einem anderen Leben sehnen. Nancy Mensah-Offei, die in verschiedenen Wiener Theatern zu sehen ist, übernimmt aber auch Film- und Fernsehrollen. Im Kinofilm *Angelo* verkörpert sie Josephine, die Tochter von Angelo Soliman, der als Kind von Afrika nach Europa verschleppt, als »Wiener Hofmohr« bekannt und nach seinem Tod auf grausame Weise zur Schau gestellt wurde. Sie tritt im *Tatort* und in der Fernsehserie *Schlawiner* auf. Im Kurzfilm *Samosa* stellt sie eine junge Frau dar, die in einer Bar putzt, um sich ihr Studium zu finanzieren und die auf der Suche nach ihrem eigenen Weg mit ihren persönlichen Grenzen konfrontiert wird. In *Schwestern* spielt Nancy Mensah-Offei die Rolle der Niah, die aus Ghana stammt, als kleines Kind adoptiert wird, in Zwettl aufwächst, später nach Wien zieht und dort studiert. Als die Adoptivmutter plötzlich stirbt, kehrt Niah in die niederösterreichische Kleinstadt zurück, um mit ihrer älteren Schwester Anna das Begräbnis zu organisieren. In die Trauer um die Mutter mischen sich schmerzliche Erinnerungen aus der Kindheit.

Nein, sie wollte nicht schon immer Schauspielerin werden. Sie wollte ganz unterschiedliche Berufe ergreifen, Tierärztin, Friseuse, Mechanikerin, Bauarbeiterin oder Diplomatin. Aber das Verkleiden habe ihr schon immer Spaß gemacht. »Ich hatte im Hort einen Schulfreund, der musste bei unseren Spielen Mädchenkleider tragen. Es war lustig, etwas anzuziehen und dann jemand anderer zu sein.« Im Gymnasium gibt es ein Unterrichtsfach, das Nancy ganz besonders liebt: Theater spielen. Hier kann sie aktiv sein, etwas tun, muss nicht nur still sitzen und zuhören. Nach der Matura studiert sie zunächst Philosophie und Kunstwissenschaften in Linz, doch die Vorlesungen begeistern sie nicht. Also doch Schauspiel? Bei der Aufnahmsprüfung an der Anton Bruckner Privatuniversität scheitert sie, wie sie sagt, katastrophal. Einmal will sie es noch versuchen, sie meldet sich an der Musik und Kunst Privatuniversität der Stadt Wien an, auch bekannt als KONS, als Konservatorium der Stadt Wien. Diesmal bereitet sie sich sorgfältig vor, studiert ihre Rolle genau ein und alles scheint gut

zu gehen. Doch dann tut sich ein Hindernis auf. »Bei der Aufnahme-
prüfung war mein Bein ein Thema, weil ich humple. Die Frage war,
ob man darüber hinwegsehen kann oder nicht.« Man kann, die junge
Frau wird mit neun anderen in die Schauspielklasse aufgenommen.

Im September 2010 übersiedelt die Schauspielstudentin von Linz
nach Wien und beginnt ihre Ausbildung; diese dauert vier Jahre und
verlangt den Studierenden körperlich wie geistig sehr viel ab. Die jungen Leute müssen fit sein, sie lernen Fechten und Aikido, machen
Atemübungen und absolvieren einen Schießworkshop. Tanzen, Sin-
gen und Stimmbildung, Sprach- und Rollengestaltung sind weitere
Unterrichtsfächer. Es geht zunächst vor allem darum, ein feines Gespür für den eigenen Körper zu entwickeln, sich der eigenen Regun-
gen bewusst zu werden. »Am Anfang haben wir sehr viele Körper-
übungen gemacht. Da musste ich zum Beispiel darauf achten, was
meine linke große Zehe tut oder ob meine rechte Hand verkrampft
ist, während ich dastehe und spreche. Dein Körper ist dein Instrument, aber um auf diesem Instrument spielen zu können, musst du
wissen, wie es aufgebaut ist. Die erste Sprache ist die Körpersprache,
erst dann kommt der Text.«

Ein Schauspielstudium erfordert Disziplin und Durchhaltever-
mögen, denn der Unterricht fängt oft schon um sieben oder acht
Uhr in der Früh an und endet erst am Abend. Die Gruppe ist klein,
es fällt sofort auf, wenn einer von zehn Leuten nicht da ist. Das
Programm ist intensiv. So erinnert sich Nancy Mensah-Offei an die
Wadlwoche, die im ersten Jahr stattfand. »Da haben wir in allen Fä-
chern etwas gemacht, das die Waden so sehr beansprucht hat, dass
du am Abend nicht mehr gehen konntest. Wir mussten in die Knie
gehen, die Waden im Stehen heben oder auf Zehenspitzen gehen,
solche Sachen.« Nancy ist sportlich und bewegt sich gerne, aber wie
jede in ihrer kleinen Ausbildungsgruppe stößt auch sie, die seit frü-
hester Kindheit hinkt, an ihre Grenzen. »Ich kann nicht auf Zehenspitzen gehen. Ich kann auch nicht rennen oder sprinten, das ist mir
aufgrund meiner Behinderung nicht möglich.«

Wie alle anderen in der Klasse setzt auch sie sich immer wieder
mit ihren Möglichkeiten auseinander. Wo lassen sich die Grenzen
verschieben, wo müssen sie akzeptiert werden? Und was dann? »Du
lernst, damit umzugehen. Und du lernst, Übersetzungen für deinen Körper zu finden, für jene Dinge, die du nicht kannst.« Die Behinderung am Bein lässt es nicht zu, dass die Schauspielerin auf der

Bühne Stöckelschuhe trägt. »Aber ich muss nicht auf hohen Absätzen gehen, um auszudrücken, dass ich auf High Heels bin. Ich kann das mit meinem Körper auch anders darstellen.« Verlangt die Regieanweisung, dass sie läuft, überlegt und probiert sie, wie sie dies mit ihren körperlichen Voraussetzungen vermitteln kann. Wenn sie auf der Bühne vor jemanden davonrennen soll, geht sie so schnell sie kann und ihr Verfolger muss sich ihrem Tempo anpassen. »Es gibt bei *ScharzWeißLila* eine Situation, wo ich vor dem Bahnwärter weglaufen muss. Mein Kollege muss sich an mich anpassen und darauf schauen, dass er langsamer geht als ich. Das ist für ihn vielleicht ein bisschen unnatürlich, aber es geht sich schon aus. Man findet immer eine Übersetzung, man findet immer eine Lösung.«

Natürlich sei es für sie schwierig, an diese körperlichen Grenzen zu stoßen. »Man denkt sich dann schon, warum kann ich das nicht? Man probiert und probiert und, wenn es gar nicht geht, ist man frustriert und traurig. Das gilt es dann halt zu überwinden.« Kommt es vor, dass sie eine Rolle aufgrund ihrer Behinderung nicht erhält? Das wisse sie nicht, ihr gegenüber habe das nie jemand gesagt. Es komme aber öfters vor, dass ihr Hinken auf der Bühne unbemerkt bleibe. »Einmal ist ein Zuschauer nach dem Stück zu mir gekommen und hat mich gefragt, ob ich mich in der Pause verletzt habe. Im zweiten Teil hat er gesehen, dass ich hinke, im ersten Teil nicht. Das passiert mir auch öfters mit Leuten, die ich neu kennenlerne. Wir sind am Abend unterwegs, gehen etwas trinken und wenn wir uns dann ein paar Tage später treffen, fragen sie ganz besorgt, ob ich mir wehgetan habe. Aber ob meine Behinderung bemerkt wird oder nicht, sie ist da und ich versuche, damit so gut wie möglich umzugehen. Je besser ich damit umgehen kann, desto leichter fällt es auch den anderen.«

Nancy Mensah-Offei wurde 1989 in Obuasi in Ghana geboren. Das Mädchen ist sieben Jahre alt, als es sein westafrikanisches Heimatland verlässt und nach Österreich kommt. Der Vater lebt schon längere Zeit in Linz und ist mit einer Österreicherin verheiratet. Das Paar, das das Kind mehrmals gemeinsam besuchte, holt es im Sommer 1996 zu sich nach Linz. Fast alles ist neu und anders, die Sprache, das Klima, das Essen, die Sitten und Bräuche und die Mentalität der Menschen. Nancy absolviert kurz nach ihrer Ankunft einen Deutschkurs und besucht bereits im Herbst die erste Klasse Volksschule. Sie ist neugierig, will kommunizieren und eignet sich mehr und mehr Kenntnisse der deutschen Sprache an. Die Stiefmutter und die Stiefoma lesen der Kleinen viel vor. Sie wächst mit den Büchern von Christine Nöstlinger und Astrid Lindgren auf und wird eine leidenschaftliche Leserin. Sie liebt die Scheibenwelt-Romane von Terry Prattchett und teilt mit ihrem Freundeskreis die Begeisterung für Harry Potter. »Bücher waren immer sehr, sehr wichtig für mich.«

Zurzeit arbeitet Nancy Mensah-Offei als freie Schauspielerin für das Theater und den Film. Die freiberufliche Tätigkeit sei hart, da gebe es nichts zu beschönigen. Aber da sie nur für sich selbst zu sorgen habe, könne sie diesen beruflichen Weg gehen. Außerdem habe es Vorteile, mit unterschiedlichen Ensembles zu arbeiten. »Ich finde es schön und wichtig, mich immer wieder auf neue Menschen einzulassen. So lernst du sehr viel. Du beobachtest die Kollegen und Kolleginnen, du schaust, wie sie es machen. Dann arbeitest du mit anderen zusammen, die haben wieder ihre eigene Art zu spielen. Du lernst ja nie aus und so kannst du dir immer ein Scheibchen abschneiden.«

Wer als freie Schauspielerin arbeitet, braucht eine Agentur oder muss sich selbst um Engagements kümmern und sich an Theatern und für Filmproduktionen bewerben. Im besten Fall wird man angerufen und bekommt eine Rolle angeboten. Ihr Schauspieldebüt hatte Nancy Mensah-Offei noch während des Studiums in dem Stück *Verrücktes Blut*, das in der Garage X in Wien aufgeführt wurde. In den ersten Jahren tritt sie auf kleinen Bühnen am Stadtrand auf. »Irgendwo im nirgendwo«, wie sie sagt. Und sie macht bei Projekten mit, wo sie nicht viel Geld verdient, aber spielen, sich ausprobieren und erproben kann. »Ich will ja herausfinden, was noch alles in mir drinnen steckt. Als Anfängerin ist es ganz besonders wichtig, dass ich spielen und üben kann.« Inzwischen ist die Schauspielerin im Rabenhoftheater, im Dschungel, im Theater an der Gumpendorfer Straße genauso wie im Volks- und Burgtheater zu sehen gewesen. Doch wo immer sie auftritt, bei jedem Spiel gehe es von Neuem darum, die eigenen Grenzen zu verschieben. »Wenn mir das gelingt, freue ich mich sehr. Denn ich entdecke dabei immer wieder neu oder anders, wozu mein Körper fähig ist«.

Eine Rolle habe sie ganz besonders gefordert. Bei den Dreharbeiten für den Film *Angelo* im Jahr 2017 steht sie vor der Aufgabe, Angelos Tochter in einer extremen Gemütsverfassung darzustellen. In dieser Szene weint Josephine heftig, ist außer sich, tief verletzt, sehr wütend, fast hysterisch. »Ich habe so heftige Gefühle noch nie gespielt und zunächst gar nicht gewusst, wie ich es tun soll. Ich habe es probiert und probiert, schließlich ist es mir gelungen. Ich kann nicht nur eine fragile Figur darstellen, ich kann auch eine sehr explosive, dramatische Figur verkörpern. Aber das weißt du nur, wenn du es ausprobierst.« Es sei wie eine große Entdeckungsreise mit anstrengenden Etappen. Es gehe darum, die unterschiedlichen Facetten der eigenen Persönlichkeit aufzuspüren und auszudrücken, die traurigen, zornigen, ernsten, bösen, leidenschaftlichen oder lustigen. »Komisch zu sein, ist ganz besonders schwer. Aber je mehr du machst, desto besser findest du heraus, zu welchen Gefühlen du einen schnellen Zugang hast und wo du noch mehr arbeiten musst, um dorthin zu kommen.«

Der Schauspielberuf ist körperlich wie mental sehr herausfordernd, das Arbeitsausmaß unterschiedlich. Es kann sein, dass es wochenlang keine Engagements gibt. Es kann aber auch sein, dass in einem Monat zwei Premieren stattfinden und außerdem noch ein neuntägiger Dreh angesetzt ist. Das bedeutet dann, dass Nancy Mensah-Offei jeden Tag um fünf Uhr in der Früh aufsteht, zum Filmset nach Zwettl fährt, am Abend in einem Wiener Theater auf der Bühne steht und am nächsten Tag wieder früh aus dem Bett muss. »An einem Abend hatte ich keine Vorstellung, aber da hatte ich einen Dreh in der Nacht. Da war ich erst um vier Uhr in der Früh wieder in Wien. Das ist einfach zu viel, manchmal musst du in den sauren Apfel beißen und dich einfach durchkämpfen. Aber ich weiß, warum ich das mache, weil eine Gruppe von tollen Menschen eine wunderbare Geschichte erzählt, an die ich glaube. Und ich genieße es mit Menschen zu arbeiten, die alle an einem Strang ziehen, um eine Geschichte zu erschaffen.«

Woher nimmt die junge Schauspielerin die Energie für ihre Arbeit und die Bereitschaft, sich immer wieder mit ihrer eigenen Person auseinanderzusetzen? »Meine Mama hat mich aufs Leben sehr, sehr gut vorbereitet. Ich finde, es ist für diesen Beruf hilfreich, wenn du hartnäckig bist, einen langen Atem hast, sehr gut organisiert bist und auf dich und deinen Körper aufpassen kannst. Und das habe ich von daheim mitbekommen.« Nancy wird von Anfang an von ihrer österreichischen Stiefmutter akzeptiert, unterstützt und ermutigt. »Meine Mama hat zu mir als Kind immer gesagt, du kannst alles machen, was die anderen Kinder auch tun. Sie hat mir nie das Gefühl gegeben, dass ich arm sei, dass man auf mich besonders Rücksicht nehmen müsse. Sie hat ganz genau gewusst, was diese Krankheit bedeutet, aber sie hat mir immer vermittelt, dass ich mich deshalb nicht klein machen müsse.«

Nancy ist im Alter von einem Jahr an Kinderlähmung erkrankt und hinkt seither. Bei der Poliomyelitis, kurz Polio genannt, handelt es sich um eine fieberhafte Virusinfektion, die zu einer bleibenden Lähmung der Beine oder eines Beines führen kann. Häufig verläuft sie jedoch leicht, ähnlich einem grippalen Infekt. In sehr seltenen Fällen sterben die Erkrankten. Die Weltgesundheitsorganisation (WHO) rechnet damit, dass es die Polio-Erkrankung aufgrund der Schutzimpfung bald nicht mehr geben wird. Nancy ist zwar aufgrund der Kinderlähmung etwas beeinträchtigt, lernt aber wie andere Kinder Rad fahren und schwimmen, nimmt am Turnunterricht teil und macht alles mit, was für sie möglich ist. Nur Skifahren darf sie nicht, denn sie sollte nicht riskieren, sich das Bein zu brechen. Das Mädchen wird von seinen Eltern und seiner Oma ermutigt, Dinge auszuprobieren. Wenn es dabei auf den Bauch fällt, wird es unterstützt, es wieder und wieder zu versuchen. »Meine Familie hat mir immer vermittelt, dass ich fähig und unabhängig bin. Aber auch, dass sie für mich da sind, wenn ich etwas brauche. So habe ich mir nie gedacht, ich bin arm oder ich bin behindert. Wenn meine Mama zu mir immer gesagt hätte, bleib doch sitzen, ich bring dir schon, was du brauchst, ich mach das schon für dich, dann würde ich gar nicht wissen, was ich alles kann. Das gab es nicht, dass man zu mir sagte, das kannst du nicht.«

Sein Selbstbewusstsein ermöglicht es dem Mädchen, sich gegen jene Kinder zu wehren, die es in der Schule verspotten und hänseln. »Kinder sind beinhart, Kinder sind grausam und böse. Aber ich war ein starkes Kind, ich hab dagegen geredet oder gerauft. Und wenn jemand nicht mit mir spielen wollte, na gut. Ich habe auch gerne alleine gespielt und ich habe immer Freundinnen gehabt.« Sie sei behütet aufgewachsen, mit einer coolen Mama und einer coolen Oma. Natürlich sei nicht alles schön gewesen, wie das eben so sei, aber ihr Zuhause habe sie stark gemacht.

Innere Kraft, Selbstvertrauen und Talent bilden ein tragfähiges Fundament für eine Schauspielkarriere. Wer diesen Beruf ergreifen will, muss fähig sein, sich körperlich sehr differenziert auszudrücken, braucht eine gute Beobachtungsgabe, muss sich Texte leicht merken können, in der Lage sein, mit anderen Menschen zusammenzuarbeiten und psychisch sehr belastbar sein. Der Arbeitsalltag besteht darin, einen Text, eine Rolle zu erlernen und in den Leseproben und szenischen Proben das Stück zusammen mit den Kolleginnen und Kollegen und der Regisseurin oder dem Regisseur zu erarbeiten. Nach sechs oder sieben Wochen Probezeit erfolgt die Aufführung. »Aber im Theater fängt die eigentliche Arbeit nach der Premiere an. Du kannst die Figur weiter ausbauen. Manche Textpassagen, manche Facetten deines Charakters begreifst du erst nach der zehnten oder 15. Vorstellung. Außerdem ist es so, dass du jeden Abend ein anderes Publikum vor dir hast, dass du selbst nie gleich gestimmt bist. Es ist jede Aufführung ein bissl anders als die vorige.« Es kann immer etwas passieren, dass man eine Textpassage plötzlich vergisst, dass eine Kollegin auf unerwartete Weise reagiert oder dass ein wichtiges Requisit kaputt geht. Immer aber muss das Unvorhergesehene möglichst gut in den Ablauf integriert werden.

Ganz anders verläuft die Produktion eines Filmes. Manchmal wird eine Szene vor dem Dreh geprobt, manchmal nicht. Sie wird einmal oder zweimal aufgenommen, aber es kann auch sein, dass fünf oder 20 Takes gemacht werden. Welche Version genommen wird und ob diese Szene überhaupt im Film vorkommt, entscheidet der Regisseur. »Als Schauspielerin kannst du das Endergebnis nicht mehr beeinflussen.«

Die Theater- und Filmwelt, die Medien- und Unterhaltungsbranche üben eine große Anziehungskraft aus. Es gibt sehr viele gut ausgebildete Schauspielerinnen und Schauspieler im Verhältnis zu den Arbeitsmöglichkeiten in der Filmbranche und auf den deutschsprachigen Bühnen. Es herrscht ein starker Konkurrenzdruck. »Wenn ich mich damit beschäftige, wie viel Konkurrenz ich habe, kann ich mit der Schauspielerei gleich aufhören. Ich kann nur darauf vertrauen, dass ich für Stücke und Filme genommen werde, weil die Regisseure wissen, was sie an mir haben, was ich ihnen geben kann, wie ich eine Rolle gestalten kann. Natürlich mache ich es anders als eine andere Schauspielerin, weil ich etwas anderes mitbringe. Weil jeder anders ist.« So versuche sie, das Thema Konkurrenz auszublenden. Außerdem sei bei ihr aufgrund ihrer Hautfarbe sowieso alles ein bisschen anders. Bei manchen Rollenangeboten sei sie sicherlich ausschlaggebend. »Das ist einfach so«, stellt Nancy Mensah-Offei fest. »Manchmal kann ich besser damit umgehen, manchmal nervt es mich. Dann denke ich mir, es geht doch darum, eine Geschichte zu erzählen. Und es ist doch völlig egal, ob die Julia weiß, schwarz oder asiatisch ist.« Spielt ihre Hautfarbe bei einer Besetzung gar keine Rolle, kann es trotzdem sein, dass Kritik oder Publikum der Tatsache, dass die Figur mit einer Schwarzen besetzt wurde, eine tiefere Bedeutung beimessen. »Natürlich denkt man sich, man will nicht auf seine Hautfarbe reduziert werden, weil ich bin ja viel mehr, jeder ist viel mehr als das, was man im ersten Augenblick von ihm wahrnimmt. Aber das wird noch ein bissl dauern, bis das in den Köpfen der Menschen eingesickert ist.«

Sich selbst beschreibt die junge Schauspielerin als offen und extrovertiert, aber sie sei auch schüchtern und introvertiert. Was mag sie, was tut sie gerne, wie entspannt sie sich? In einem Kaffeehaus sitzen, Freunde einladen, gut essen, Serien schauen, schwimmen, mit dem Rad Wien erkunden. »Mit dem Rad und durch den Beruf komme ich in Winkel dieser Stadt, die ich sonst nie gesehen hätte. Ich habe Proben im F23 in Atzgersdorf, in Simmering, in die Tscherttegasse oder im 17. Bezirk. So entdecke ich irgendwo ein altes Café oder einen schönen Platz.« Sie mag die Stadt und sie mag ihren Beruf. Besonders befriedigend ist die Arbeit, wenn sie spürt, dass sie sich bei einer Aufführung nicht anstrengen muss, weder über den Text noch über ihre Bewegungen und Mimik nachdenken muss, wenn es sich wie von selbst spielt, wenn alles passt. »Manchmal stellt sich dieser Zustand überhaupt nicht ein. Aber wenn er sich einstellt, spürst du es sofort.«

Nancy Mensah-Offei will Geschichten erzählen und gemeinsam mit anderen aus Worten eine Welt erschaffen. Aber sie kann sich auch eine andere Tätigkeit als die Schauspielerei vorstellen. Sie interessiert sich für Geschichte und Politik. Sie will wissen, warum die Menschen sind, wie sie sind, und wieso sie sich in eine bestimmte Richtung entwickeln. Es bewegt sie die Frage, wie sich in der Welt etwas zum Besseren verändern lässt und wie man einen Streit zwischen zwei verfeindeten Parteien schlichten kann. Aus der Kinderzeit gibt es ihren Wunsch, Diplomatin zu werden. »Ich wollte früher einmal die nächste ›Kofi Annanin‹ werden. Also wirklich etwas tun, wirklich etwas bewirken.« Der Diplomat Kofi Annan, der wie Nancy Mensah-Offei aus Ghana stammt, setzte sich in seinen beiden Amtszeiten als Generalsekretär der Vereinten Nationen für Frieden, Sicherheit und Menschenrechte ein und erhielt im Jahr 2001 den Friedensnobelpreis. Vielleicht bekommt die Schauspielerin auf ihrem Gebiet einmal eine genauso bedeutende Auszeichnung wie einst ihr Vorbild. Vielleicht wird sie einmal für ihre darstellerische Leistung einen Oscar entgegennehmen.

EINE GROSSE TIERFREUNDIN, DIE GERNE MIT MENSCHEN ARBEITET

Monika Weinrichter, Sozialarbeiterin

Die Arbeit mit älteren Menschen, die meisten ihrer Klienten und Klientinnen sind 50 Jahre oder älter, bereitet Monika Weinrichter Freude. Sie ist eine von mehreren Sozialarbeiterinnen im Demontage- und Recycling-Zentrum in Wien (DRZ), wo alte Elektrogeräte zerlegt oder repariert werden und wo aus Elektroschrott Schmuck, Möbel und Accessoires gestaltet werden.

Monika Weinrichters Tätigkeit ist vielfältig und abwechslungsreich. Besonders schätzt sie, dass sie ihre Arbeit weitgehend selbst einteilen kann. Die Sozialarbeiterin, die von Geburt an stark sehbehindert und als junge Frau erblindet ist, führt Gespräche, macht Jobcoaching, informiert über wichtige arbeits- und sozialrechtliche Fragen, arbeitet am Computer, unterrichtet Deutsch für jene Teilnehmerinnen und Teilnehmer, die ihre Sprachkenntnisse verbessern möchten, nimmt an Morgenbesprechungen und Teamsitzungen teil, sucht Jobangebote und motiviert immer wieder ihre Klientinnen und Klienten. Das sei eine ganz wichtige Aufgabe, denn vor allem die älteren meinen, es sei sowieso sinnlos, sich irgendwo zu bewerben. »Ich versuche, den Leuten Hoffnung zu geben. Ich möchte aufzeigen, dass es möglich ist, wieder einen Platz in der Arbeitswelt zu finden, auch wenn es schwierig ist. Es ist sehr schön, wenn ich merke, dass eine Person langsam Vertrauen fasst und neue Perspektiven entwickelt.«

Das DRZ ist ein sozialökonomischer Betrieb der Wiener Volkshochschulen, der vom Arbeitsmarktservice (AMS) Wien gefördert wird. Dort werden Menschen, die schon lange arbeitslos sind, beim Wiedereinstieg in das Berufsleben unterstützt. Wer vom AMS geschickt wird, kann sich um einen Platz im Projekt bewerben. Nach einem positiv absolvierten Bewerbungsgespräch machen die Klientinnen und Klienten im DRZ ein Arbeitstraining, das einige Wochen dauert. Dann wird, wenn beide Seiten zustimmen, ein Dienstvertrag für sechs Monate abgeschlossen. Je nach Eignung und beruflicher Ausbildung wird ein halbes Jahr demontiert, repariert oder gestaltet, im Büro, im Shop, in der Reinigung oder im Haus gearbeitet. Das Ziel besteht darin, dass dieser Transitarbeitsplatz zu einem Job auf dem ersten Arbeitsmarkt führt. So geht Monika Weinrichter mit ihren Klientinnen und Klienten Bewerbungsunterlagen durch, aktualisiert Lebensläufe, bespricht berufliche Möglichkeiten, unterbreitet Jobangebote oder erklärt den Inhalt eines amtlichen Schreibens, das nicht verstanden wird.

Allein in Wien werden jedes Jahr mehr als 8000 Tonnen alte Elektrogeräte gesammelt. Etwa ein Fünftel wird in das DRZ gebracht und in den verschiedenen Abteilungen bearbeitet. In der Demontage-Abteilung werden die Geräte mit der Hand zerlegt. In der ReUse-Werkstätte werden schadhafte Radios, Fernseher oder Plattenspieler repariert und in der trash_design Manufaktur werden aus Schrott und Abfall neue Objekte hergestellt, die unter anderem im hauseigenen Shop und online unter trashdesign.at verkauft werden.

Monika Weinrichter ist für ungefähr 20 bis 22 Personen zuständig, viele von ihnen arbeiten in der trash_design Manufaktur, manche in der Verwaltung oder Reinigung. Allen gemeinsam ist, dass sie schon länger arbeitssuchend sind. Einige haben gesundheitliche Probleme, andere haben Schulden und manche sind von Obdachlosigkeit bedroht. Viele haben schon einiges mitgemacht, wenn sie ins DRZ kommen, so die Sozialarbeiterin. »Es ist sehr schön zu beobachten, wenn sie langsam wieder aufleben und sich öffnen.«

Manche Klientinnen in der trash_design Manufaktur nutzen die Behinderung ihrer Sozialarbeiterin ein wenig aus und schweigen, wenn Monika Weinrichter mit einem lauten »Guten Morgen« den Raum betritt und fragt, wer da sei. »Einige sagen nichts, weil sie glauben, dass sie dann von mir nicht angeredet werden. Aber es gibt ja zum Glück noch den Werkstättenleiter, der mir mitteilt, wer anwesend ist.« Und lachend fügt sie hinzu: »Manche verhalten sich nach dem Motto: ›Wenn wir uns nicht melden, dann müssen wir uns auch nicht bewerben. Denn das wollen wir ja nicht, wo es hier so schön ist.‹« Natürlich sei es keine angenehme Rolle, die Klientinnen »aus dem Paradies« zu vertreiben, aber es sei nun einmal ihre Aufgabe, dafür zu sorgen, dass dies geschieht. Deshalb erörtert die Sozialarbeiterin mit ihnen Berufsmöglichkeiten und erstellt Bewerbungsunterlagen.

Die Arbeit am Computer bewältigt sie mithilfe einer Braillezeile und eines Screenreaders. Bei der Braillezeile handelt es sich um ein Computerausgabegerät für blinde Menschen, das Zeichen in Brailleschrift darstellt. Screenreader (»Bildschirmleser«) ist eine Software, die über den Bildschirm Textinformationen übersetzt, sodass sie entweder über eine Sprachausgabe akustisch oder über die Braillezeile taktil wahrnehmbar werden.

Diese Hilfsmittel sind überaus nützlich, doch manches, wie die Erstellung eines Lebenslaufes, wo es auf eine genaue Gestaltung ankommt, ist trotzdem schwierig. Außerdem gibt es Internetseiten, die nicht barrierefrei und somit für einen sehbehinderten Menschen unzugänglich sind. In solchen Fällen wird die blinde Sozialarbeiterin von einer geeigneten Sekretärin unterstützt, die als Transitarbeitskraft für jeweils sechs Monate im DRZ tätig ist. Diese Personen seien tüchtig, verlässlich und verschwiegen. Sie sind vor allem spontan verfügbar, wenn Monika Weinrichter Bewerbungsunterlagen am Computer formatieren muss oder ein Klient mit einem Schreiben kommt, das er nicht versteht und das vorgelesen und erklärt werden muss. Dennoch überlegt Monika Weinrichter die Dienste einer persönlichen Assistentin am Arbeitsplatz in Anspruch zu nehmen, die ihr zwar nur für eine bestimmte Stundenanzahl pro Woche zur Verfügung steht, dafür aber nicht alle sechs Monate wechselt wie die Transitarbeitskräfte im DRZ.

Ungefähr die Hälfte ihrer gesamten Arbeitszeit, das sind 19 Stunden pro Woche, verbringt Monika Weinrichter am Computer. Die andere Hälfte ist den Klientinnen und Klienten vorbehalten, die auf unterschiedliche Weise damit umgehen, dass ihre Betreuerin blind ist.

Jene Personen, die vom AMS zu einem Bewerbungsgespräch ins DRZ geschickt werden und zum ersten Mal der blinden Sozialarbeiterin gegenüber sitzen, reagieren verwundert, irritiert oder ganz entspannt. »Wenn mich jemand darauf anspricht, sag ich natürlich, dass ich nichts sehe. Oder wenn mir jemand einen Zettel hinhält, erkläre ich, dass ich blind bin und dass man mir den Inhalt vorlesen oder Namen buchstabieren muss. Aber ich geh da gar nicht so sehr drauf ein.«

Die Neuen, die ins Projekt aufgenommen werden, erhalten bei der Einführung die Information, dass eine der Mitarbeiterinnen sehbehindert ist. Einige Klientinnen und Klienten, die Monika Weinrichter zugeteilt sind, meinen, dass eine blinde Sozialarbeiterin weniger kompetent sei, und versuchen bei den anderen unterzukommen. »Da muss ich dann halt mit den Kolleginnen arbeiten und dafür sorgen, dass sie mir die Klientinnen und Klienten wieder zurückschicken. Manchmal ist das nicht so einfach, aber oft klappt es gut.«

Seit dem Jahr 2000 ist Monika Weinrichter als Sozialarbeiterin tätig. Ihre Sehbehinderung war vor allem am Anfang ein großes Thema am Arbeitsplatz. »Zwei Kollegen haben mich richtig gemobbt. Die haben mich nicht gegrüßt und auch versucht, die Zusammenarbeit zu verweigern.« Die beiden sind schon länger nicht mehr im Team; die Kooperation mit den anderen verläuft inzwischen recht zufriedenstellend, wenngleich es vorkommt, dass jemand zum Beispiel das Wort »behindert« als Schimpfwort verwendet oder meint, eine Person, die nichts sieht, müsse man im Gespräch nicht anschauen. Monika Weinrichter reagiert in der Regel offensiv, sagt, was sie stört und was sie will. Sie wünscht sich jedoch, dass eine Kollegin oder ein Kollege auch von sich aus das Thema Blindheit und Sehbehinderung aufgreift oder vorschlägt, gemeinsam zum *Dialog im Dunkeln* zu gehen, wo man erleben kann, wie es ist, wenn man nichts sieht. Sie möchte nicht immer die Einzige sein, die dieses Thema anspricht, Vorschläge macht und für mehr Sensibilität sorgt.

Es ist ihr wichtig, dass Bewusstseinsbildung nicht nur über Information, sondern auch über das Erleben erfolgt. Menschen sollen ausprobieren können, wie es ist, mit dem Rollstuhl beim Bankomaten Geld zu holen, aufs WC zu gelangen oder über eine Rampe zu fahren; oder wie es ist, wenn man sich, ohne etwas zu hören, verständlich machen muss; wenn man sich, ohne etwas zu sehen, im Straßenverkehr bewegen muss. Auch für Politiker und Politikerinnen wäre es wichtig, solche Erfahrungen zu machen, findet die engagierte Mittvierzigerin, die sich dafür einsetzt, dass Autos für blinde Menschen gut hörbar sind. Denn die neuen Wagen werden immer leiser und es gibt zunehmend mehr Elektroautos. Das Warngeräusch, das von der EU vorgeschrieben wird, wird von vielen als zu gering erachtet. »Es ist ein großes Problem für uns blinde Menschen, wenn die Autos für uns nicht mehr wahrnehmbar sind. Das ist eine enorme Gefahrenquelle und wir müssen noch mehr aufpassen. Wir stecken aber ohnehin schon so viel Energie in unsere Mobilität hinein.« Eine Sinnesbehinderung oder andere Einschränkungen erschweren das Alltags- und Arbeitsleben. Wege müssen genau geplant werden, entsprechende Informationen über Aufzüge, Baustellen oder Stationen vorab eingeholt werden. Viele Tätigkeiten erfordern höchste Konzentration und in der Regel mehr Zeit als bei einem Menschen ohne Behinderung. Allen Menschen gleich ist jedoch das Bedürfnis und das Recht, am gesamten gesellschaftlichen Leben teilzunehmen.

Monika Weinrichter ist Mutter von zwei Kindern. Kurz nachdem sie ihre Ausbildung zur Sozialarbeiterin abgeschlossen hatte, kommt ihr Sohn Georg auf die Welt, drei Jahre später ihre Tochter Julia. Es ist eine Herausforderung, die zwei Kleinen zu versorgen, wenn man nichts sieht, aber beim Wickeln fühlen die Finger, ob der Kinderpopo sauber ist und beim Füttern nimmt sie das Kleinkind auf den Schoß und führt den Löffel zu seinem Mund. Damit den kletterfreudigen Kindern nichts passiert, werden die Fenster vergittert und Gefahrenquellen aus dem Weg geräumt. Eine Frau hilft beim Saubermachen, eine Familienhelferin kommt für eine Weile zwei Mal in der Woche ins Haus. Die alleinerziehende Mutter plant, ins Berufsleben einzusteigen, wenn beide Kinder die Schule besuchen.

Die AMS-Beraterin empfiehlt mit Nachdruck eine Umschulung zur Telefonistin und die Arbeit in einem Callcenter, denn eine blinde Sozialarbeiterin findet sicher keinen Job. Die gut ausgebildete junge Frau ärgert sich, sie möchte in ihrem Beruf arbeiten. Sie wendet sich an die Berufliche Assistenz des Blinden- und Sehbehindertenverbandes. Dort wird sie bei der Erarbeitung ihrer Bewerbungsunterlagen unterstützt. Gemeinsam wird recherchiert, welche Institutionen eine Sozialarbeiterin brauchen und welches Betätigungsfeld infrage kommt. Monika Weinrichter schickt Bewerbungen ab, in denen sie klar deklariert, dass sie blind ist. Sie erhält keine einzige Rückmeldung.

Es muss einiges zusammen kommen, damit die Jobsuche erfolgreich verläuft, denn es gibt nicht sehr viele Firmen, die einen Menschen mit Behinderung einstellen wollen. Eine gute Ausbildung reicht nicht. Es bedarf des glücklichen Zufalls, dass der richtige Job gerade frei ist, dass man davon erfährt, dass man zum Bewerbungsgespräch eingeladen wird und dass schließlich auch noch die Chemie stimmt. Die Berufliche Assistenz des Blindenverbandes versucht, diesem glücklichen Zufall nachzuhelfen, und unterstützt blinde und sehbehinderte Menschen zwischen 14 und 65 Jahren dabei, den Arbeitsplatz zu sichern oder berufliche Perspektiven zu entwickeln und einen Job zu finden. Außerdem informiert und berät sie Firmen über Fördermöglichkeiten, wenn sie einen Menschen mit Behinderung anstellen, und bietet Hilfestellungen am Arbeitsplatz an. Die Berufliche Assistenz, die also Arbeitsassistenz, Jobcoaching und Jugendcoaching umfasst, wird vom Sozialministeriumservice gefördert.

Monika Weinrichter lässt sich bei ihrer Jobsuche nicht entmutigen, weder von den ausbleibenden Reaktionen auf ihr Bewerbungsschreiben noch von der pessimistischen Sicht ihrer AMS-Beraterin. Sie sucht erneut Stellen, schickt weitere Bewerbungen ab und erhält schließlich eine Einladung, die sie als ein gutes Omen deutet. Und tatsächlich, sie bewältigt das Assessment Center, also das personelle Auswahlverfahren, sowie das Bewerbungsgespräch sehr gut und bekommt den Job. Ihr Einstieg ins Berufsleben ist geschafft.

Eigentlich wollte Monika Weinrichter nach der Matura Psychologie studieren, allerdings ohne konkrete Berufsvorstellung. Als sie sich das Universitätsgebäude anschaut oder besser gesagt abgeht und sich vorstellt, wie viel Mühe es sie tagtäglich kosten werde, von Hörsaal zu Hörsaal zu gelangen, verwirft sie den Plan. Sie entscheidet sich nach einigem Hin und Her für die Ausbildung zur Sozialarbeiterin. Sie tut es nicht zuletzt deswegen, weil sie gehört hatte, dass es in Wien bereits einen blinden Sozialarbeiter gibt, und weil sie gern mit Menschen arbeitet.

Als besonders befriedigend erlebt sie, wenn viele kleine Schritte und Bemühungen sowie eine gute Teamarbeit letztlich doch etwas bewirken. So wie bei einer Teilnehmerin, die bereits das zweite Mal im Projekt ist und nach wie vor große Ängste, ja geradezu Panik davor hat, sich zu bewerben. »Ich hatte wieder ein Gespräch mit ihr und eigentlich habe ich befürchtet, dass auch diesmal nichts weitergehen wird. Aber dann hat sie gesagt: ›Schickt mich einfach zu einem Praktikum. Ich geh hin.‹ Und das haben wir gemacht.« Die junge Frau sucht und findet eine Firma, die sie interessiert, die Betreuerinnen organisieren dort ein Praktikum und coachen sie. Sie geht hin. Der Sprung ins kalte Wasser zahlt sich aus. »Sie ist dort aufgeblüht, arbeitet super und ist überglücklich, dass sie sich getraut hat, diese Arbeit anzugehen. Das ist ein Highlight. Und das Schöne daran ist, dass wir alle zusammengearbeitet haben. Ich glaube, wenn wir nicht alle mitgeholfen hätten, wäre es nicht gelungen.«

Monika Weinrichter ist eine große Tierfreundin. Sie hat drei Hunde. Drei Straßenhunde, die sie von ihren Urlauben im Süden mitgebracht hat – einen von einer Tandemradreise von Belgrad bis zum Eisernen Tor an der Donau, die beiden anderen von einem Familienurlaub auf der griechischen Insel Zakynthos. »In einen der griechischen Vierbeiner habe ich mich sofort verliebt. Er hat mich in seiner zurückhaltenden Art sehr an einen Hund aus meiner Kindheit erinnert.« Eine Freundin, die beim Tierschutz in Österreich arbeitet, wird angerufen und erklärt das Prozedere. Ein glücklicher Zufall führt die Familie in die Praxis einer österreichischen Tierärztin, die auf Zakynthos lebt. Dort werden die beiden Hunde untersucht, geimpft und entwurmt, mit einem Chip und einem EU-Pass ausgestattet. Es werden noch zwei Käfige organisiert und die Flugreise arrangiert. Das klingt einfacher, als es tatsächlich ist. Denn es tun sich noch einige Probleme auf. Da die Hunde nicht ins Hotel dürfen, übernachtet die Familie am Strand. Am letzten Tag geht Lilly, der kleinere der beiden Hunde, verloren und taucht gerade noch rechtzeitig auf. Da die beiden Tiere nicht in den Bus dürfen, muss in letzter Minute ein Mietauto aufgetrieben werden, um zum Flughafen zu gelangen. Dort muss, entgegen der ursprünglich eingeholten Auskunft, pro Kilo Hund für den Flug bezahlt werden, doch die Bankkarte funktioniert am Flughafen nicht. Nach einigen Diskussionen dürfen die beiden reisefertigen Hunde doch noch kostenlos mitfliegen und das Abenteuer findet ein gutes Ende.

Die Sozialarbeiterin wandert gerne und hat oft die Hunde dabei. Zwei Hunde sind an einer Leine, die sie schräg über dem Körper trägt. In einer Hand hält sie eine Leine mit dem Hund Lilly, in der anderen ihren weißen Langstock. Sie ist oft am Stadtrand von Wien unterwegs, am Kahlenberg, am Cobenzl, in Neuwaldegg, am Leopoldsberg oder in Sievering. Früher waren meistens ihre inzwischen erwachsenen Kinder dabei. Jetzt geht sie alleine und einmal in der Woche trifft sie sich mit zwei Freunden, die ebenfalls sehbehindert sind. Einer der beiden sei der Abenteuerlustige, der mit den Hunden querfeldein geht. Der andere, ausgestattet mit einem Sehrest, einem Navigationsgerät und einer Vergrößerungssoftware, achte auf die Sicherheit und die Wege. »Wir sind ein gutes Team«, findet Monika Weinrichter und fügt lachend hinzu: »Es ist schon lustig, wenn wir drei unterwegs sind. Wandern zu gehen und kaum etwas zu sehen, hat schon seinen Reiz.« Natürlich komme es vor, dass sie sich vergehen, dass sie nicht mehr wissen, wo sie sind, aber irgendwann kennen sie sich wieder aus und finden zurück. Sie sind eben ein gutes Team.

CHANCEN NUTZEN

Herbert Pichler, Abteilungsleiter und Präsident des Behindertenrates

Herbert Pichler und sein Team wollen Chefs, Arbeitgebern, Personalisten und Betriebsleitern erhöhte Chancen bieten, eine geeignete Mitarbeiterin zu behalten oder einen qualifizierten Mitarbeiter zu finden. Deshalb sollen jene Personen, die bei vielen Vorgesetzten nach wie vor ein schlechtes Image haben, die aber über vielfältige Begabungen und unterschiedliche Ausbildungen verfügen, ins rechte Licht gesetzt werden: Menschen mit Behinderungen. Sie seien nicht leistungsfähig, dafür aber unkündbar, so ein gängiges Vorurteil. Doch der erhöhte Kündigungsschutz, der de facto keiner mehr sei, werde nur vorgeschoben, so Herbert Pichler. »Es ist die Unsicherheit im Umgang mit uns Menschen mit Behinderung. Denn wenn Leute mit und ohne Behinderung getrennt aufwachsen und einander erst in der Arbeitswelt begegnen, dann ist die Verunsicherung groß. Alles, was verunsichert, schafft Angst, und das will man vermeiden.«

Wenn Kinder, ob mit oder ohne Behinderung, einander auf Spielplätzen, in Kindergärten und Schulen, in Sportvereinen und Freizeiteinrichtungen begegnen können, dann erleben sie, dass jeder Mensch Stärken und Schwächen sowie unterschiedliche Bedürfnisse hat. In Südtirol zum Beispiel, wird das schulische Miteinander schon lange gelebt. Aber darauf zu warten, dass der Nachwuchs hierzulande von der Krabbelstube bis zur Universität gemeinsam gefördert und gefordert wird, um in der Arbeitswelt offen, angstfrei und neugierig aufeinander zugehen zu können, ist Pichlers Sache nicht. Bereits im Jahr 2003 beginnt er gemeinsam mit seiner damaligen Chefin Renate Czeskleba, das Chancen Nutzen Büro im Österreichischen Gewerkschaftsbund (ÖGB) in Wien aufzubauen. »Wir hatten den Auftrag, dass wir in die Firmen gehen und dort die Leute beraten. Und uns war klar, wir wollen jene kontaktieren, die Einfluss haben und Entscheidungen treffen.« Es gibt ein klares Ziel, es gilt die Beschäftigungssituation von Menschen mit Behinderungen und von älteren Arbeitnehmerinnen und Arbeitnehmern zu verbessern. Das ÖGB Chancen

Nutzen Büro, das mit allen Sozialpartnern zusammenarbeitet, wird durch das Sozialministeriumservice (SMS) gefördert.

Viele Verantwortliche in großen Unternehmen wie in kleinen Betrieben fürchten sich, Menschen mit einer Behinderung einzustellen oder weiter zu beschäftigen. Es geht also darum, Missverständnisse aufzuklären, über Förderungen und Angebote zu informieren, und es geht vor allem darum, Berührungsängste abzubauen. In der Zeit von Jänner 2003 bis Dezember 2012 besuchen Herbert Pichler und sein Team ungefähr 1900 Unternehmen. Meistens führen sie zuerst mit einem Betriebsrat und einer Betriebsrätin ein Beratungsgespräch durch und diese stellen dann den Kontakt zur Unternehmensleitung her. »Es ist wichtig, in die Firmen hineinzugehen und mit den Belegschaftsvertretern, den Abteilungsleitern und Geschäftsführern zu reden. Wenn du mit diesen Leuten redest, erfährst du, wo es happert und warum es irgendwo happert.« Herbert Pichler erkennt bald, dass es in den Unternehmen nicht nur um die sichtbaren, sondern noch viel häufiger um die unsichtbaren Behinderungen geht, um Mitarbeiter und Mitarbeiterinnen, die chronisch oder psychisch krank sind.

In den ersten Jahren besucht Herbert Pichler selbst viele Firmen, oft mehrere an einem Tag. Er kündigt sich telefonisch an und vereinbart einen Termin mit einem Betriebsrat. »Einer hat mir später gesagt, dass er sich zuerst gedacht hat, wie er mich gesehen hat, um Gottes Willen, was will denn der Arme, der ist ja selbst behindert. Aber dann hat er gemeint: ›Jetzt, wo ich dich kenn, denk ich mir, du bist ja ganz normal‹.«

Das Team des Chancen Nutzen Büros führt intensive Gespräche, es ist eine Mischung aus Interview und Beratung. Dafür wurde ein neunseitiger Gesprächsleitfaden entwickelt. Die Befragungen wurden zu verschiedenen Zeitpunkten ausgewertet und die Zwischenergebnisse als Powerpointpräsentation zur Verfügung gestellt. »Wir waren 18 Jahre lang unterwegs. Wir sind in den Firmen ein, zwei, ja bis zu vier Stunden gesessen. Das war keine Husch-Pfusch-Aktion. Die ausführlichen persönlichen Gespräche haben viel gebracht, waren sehr interessant und wertvoll.«

Die Ergebnisse, die aus diesen Erstberatungen gewonnen werden, führen dazu, dass neue Angebote entwickelt werden. Das Team des Chancen Nutzen Büros hält seit Jahren in Unternehmen Seminare rund um das Thema Behinderung sowie chronische und psychische Erkrankungen in der Arbeitswelt ab. Es wird über die rechtliche Situation und über Förderungen informiert. Es werden Tipps zur Vernetzung mit verschiedenen Institutionen gegeben. Es wird aufgezeigt, warum es sich für einen Betrieb lohnt, einen Menschen mit einer Behinderung oder chronischen Erkrankung weiter zu beschäftigen oder einzustellen. Es gibt Workshops zur Sensibilisierung im Umgang mit Menschen mit einer Einschränkung, Workshops zur Stressbewältigung, zur Burnout-Prophylaxe und was bei Mobbing zu tun ist oder wie es sich verhindern lässt. Es wird Coaching offeriert sowie Einheiten über Konfliktmanagement und Sozialkompetenz. Das Angebot ist kostenlos und es ist immer ein Angebot nach Maß, denn die konkreten Inhalte werden jeweils auf die Wünsche und Anforderungen der Teilnehmerinnen und Teilnehmer abgestimmt. Es richtet sich an die Beschäftigten, an die Geschäftsführung, Betriebsräte und Behindertenvertrauenspersonen, an die Mitarbeiter der Personalabteilungen und Funktionäre aller Sozialpartner. Immer aber geht es darum, die Gesundheit der Mitarbeiterinnen und Mitarbeiter zu fördern, Wissen zu vertiefen und Verständnis zu wecken für die Situation von Kolleginnen und Kollegen, die eine Behinderung oder chronische Krankheit haben, Hilfsangebote aufzuzeigen und Informationen zu geben.

Eine Erwerbsarbeit ermöglicht einem Menschen mit Behinderung ein selbstbestimmtes Leben. Aber die Arbeit verschafft nicht nur ein Einkommen, sondern sie strukturiert den Alltag, sie ermöglicht Kontakte zu anderen, sie bietet die Gelegenheit, sich zu beweisen, Neues zu lernen, Teil einer Gemeinschaft zu sein. und im besten Fall vermittelt sie das Gefühl, etwas Sinnvolles und Nützliches zu tun. Mitarbeiter oder Mitarbeiterinnen mit einer Behinderung oder chronischen Erkrankung, die im Unternehmen einen guten Platz gefunden haben, sind in der Regel äußerst motiviert und engagiert, sie sind sehr loyal und identifizieren sich sehr stark mit dem Unternehmen. Ein Betrieb profitiert immer davon, wenn seine Angestellten ein positives Verhältnis zum Arbeitsplatz haben. Das Unternehmen wird in der Öffentlichkeit anders wahrgenommen, wenn es Menschen mit Behinderungen einstellt und das Betriebsklima verändert sich häufig. Die Beschäftigten gehen anders miteinander um, werden aufmerksamer, bauen im Kopf wie am Arbeitsplatz Barrieren ab und lernen ganz neue Seiten des Lebens kennen. Aber es kommt auch zu Spannungen und Konflikten, nicht alle sind für diesen Prozess bereit und auch ihre Stimmen wollen gehört werden. Es gilt, die Schwierigkeiten zu sehen und anzuerkennen, die Probleme zu lösen oder zu verringern.

Wenn die Firmenleitung eine Bewerberin oder einen Bewerber mit einer Behinderung zu einem Vorstellungsgespräch einlädt, dann sollte es zunächst einmal gar nicht darum gehen, in welcher Weise und wie sehr die Person beeinträchtigt ist. »Ich bevorzuge niemanden wegen seiner Behinderung. Ich habe in meinem Team zwei Personen. Die eine hat eine spastische Behinderung, die andere sieht sehr schlecht und hat Epilepsie. Aber für mich ist das weder ein Auswahlkriterium noch ein Ausschließungsgrund«, so Herbert Pichler, der seit 2008 Abteilungsleiter des Chancen Nutzen Büros im ÖGB ist. »Ich schaue mir die Person genau an: Passt sie ins Team? Wie ist ihre Arbeitseinstellung? Bringt sie die Fähigkeiten mit, die der Job erfordert? Es gibt ja nicht den schlechten Mitarbeiter, sondern den richtigen Mitarbeiter am richtigen Platz. Das ist auf jeden Fall meine Erfahrung.« Das gilt grundsätzlich. Denn ein Arbeitsplatz ist für eine Mitarbeiterin nur dann geeignet und passend, wenn diese auch in der Lage ist, die Leistungen zu erbringen, die dieser Arbeitsplatz erfordert. Menschen mit Behinderung und mit einer chronischen oder psychischen Erkrankung können gleichwertige Leistungen erbringen wie die Kolleginnen und Kollegen ohne Behinderung, wenn sie richtig beurteilt, gezielt eingesetzt, mit den nötigen Hilfsmitteln ausgestattet und gut eingeführt werden. Es gilt zu klären, welche Förderungen es gibt, wenn ein Lift eingebaut werden muss, damit der IT-Techniker, der im Rollstuhl sitzt, zu seinem Arbeitsplatz kommt, oder wenn der Computer für die sehbehinderte Mitarbeiterin mit einer Braillezeile und einer Sprachausgabe ausgestattet werden muss. Oft erweist es sich auch als äußerst unterstützend, wenn die Neue oder der Neue und das gesamte Team in der Anfangsphase professionell begleitet werden.

Herbert Pichler, der viele Gespräche mit Betriebsräten, Geschäftsführern und Unternehmensleitern geführt und zahlreiche Seminare gehalten hat, um Beschäftigte wie Vorgesetzte für die Situation von beeinträchtigten und älteren Arbeitnehmerinnen und Arbeitnehmern zu sensibilisieren und zur Zusammenarbeit zu motivieren, ist noch lange nicht am Ziel angelangt. Denn Menschen mit Behinderung haben es am Arbeitsmarkt nach wie vor sehr schwer. »Das hängt meines Erachtens mit der Zeit des Nationalsozialismus zusammen. Mit jener Zeit, wo man als Mensch mit Behinderung nicht leben durfte oder versteckt wurde, um überleben zu können.« Versteckt wurden Kinder mit Behinderung von ihren Angehörigen weit über die Nazi-Zeit hinaus, bis in die 1970er- und 1980er-Jahre hinein. Vereinzelt mag es noch immer vorkommen, dass Eltern ihre Söhne oder Töchter, die eine Beeinträchtigung haben, verbergen. Herbert Pichler, der seit seiner Geburt eine inkomplette Querschnittlähmung hat und entweder auf Krücken geht oder sich im Rollstuhl fortbewegt, ist als Kind auch versteckt worden. Er ist in einem kleinen Ort im Innviertel in Oberösterreich bei seinen geliebten Großeltern aufgewachsen und ist bereits neun Jahre alt, als die Behörde bemerkt, dass der Bub schulpflichtig ist.

Herbert kommt in eine Sonderschule für körperbehinderte Kinder in Wien-Mauer und wird im dazugehörigen Internat untergebracht. In der Schule habe er zwar kaum etwas gelernt, aber die Lehrkräfte seien sehr nett gewesen. Das Heim dagegen sei ein Alptraum und das Personal faschistoid gewesen. »Wir mussten uns stundenlang Geschichten anhören, wie toll Hitler war. Und man hat uns gequält.« So wurden die Kinder gezwungen, alles aufzuessen, selbst wenn sie erbrechen mussten. »Ich habe immer erbrochen, wenn es jeden ersten Mittwoch im Monat zu Mittag Champignonsauce gegeben hat. Aber du musstest es essen, auch das Erbrochene musstest du essen. Und wenn du Pech hattest und keinen Nachmittagsunterricht hattest, dann bis du bis acht Uhr am Abend vor dem Erbrochenen gesessen, bis du es endlich aufgegessen hattest. Der erste Mittwoch im Monat war ein Horror.« Der junge Bursche aus dem Innviertel versucht sich zu wehren, organisiert Hungerstreiks im Internat und viele Schulkollegen machen mit. Nachdem er seine Schulpflicht beendet hatte, sollte er bei Jugend am Werk einen Platz für eine Beschäftigungstherapie bekommen. Er aber will etwas anderes, kämpft für sich und erreicht, dass er einen Vorbereitungslehrgang besuchen darf. Seinen ersten Arbeitsplatz bekommt er in einem Versicherungsunternehmen in Wien.

Der junge Mann ist 19 Jahre alt, als er seine Arbeit in der Schadensabteilung aufnimmt. Wie er später erfährt, wurde er seinen Bürokolleginnen mit den Worten angekündigt: »Ihr kriegt einen Behinderten.« Niemand weiß so recht, welche Aufgaben der Neue erfüllen solle. Er wird beauftragt, die Post auszuteilen, Aktendeckel mit einer Nummer zu versehen, aus dem Buffet die Jause für die anderen zu holen, und er bekommt Tonbänder, die er abtippen soll. »Es war mir aber nicht möglich, das Fußpedal des Tonbandgerätes zu bedienen, ich konnte das Pedal nicht mit den Beinen erreichen. Deshalb war ich natürlich sehr langsam.« Der Berufseinsteiger teilt mit vier Kolleginnen das Zimmer. Eine von ihnen, eine Juristin, schirmt ihren Arbeitsplatz bereits vor seinem Kommen mit Zimmerpflanzen ab und beschwert sich regelmäßig bei ihrer Vorgesetzten über Herberts mangelnde Arbeitsleistung. Eine andere Kollegin verteidigt ihn genauso regelmäßig bei der Chefin. Die Juristin gibt dem jungen Mann Verhaltensanweisungen für den Fall, dass Kunden zu einem Beratungsgespräch ins Büro kommen. »Sie hat zu mir gesagt: ›Herr Pichler, ich bitte Sie, auf ihrem Sessel sitzen zu bleiben, wenn Leute kommen, denn den Kunden ist es nicht zuzumuten, sie auf ihren Krücken durch das Zimmer hüpfen zu sehen.‹«

Oft weiß der junge Mann nicht, wie er die Zeit herumbringen soll, denn die Arbeit, die er aufgetragen bekommt, erledigt er in kurzer Zeit. »Ab 14 Uhr habe ich Zeitung gelesen. Das hatte den Vorteil, dass ich auf diese Weise gut Rechtschreiben gelernt habe. Denn das konnte ich bis dahin nicht. Aber es war einfach zach, so zu tun, als ob ich arbeiten würde.« Im Sommer vertritt der Versicherungsangestellte einige Kolleginnen, die gerade Urlaub machen, und kann zeigen, was in ihm steckt. Er bearbeitet Schadensanträge und ist voll ausgelastet. »Ich habe die Anträge fix und fertig gemacht. Ich habe die Referenten so vertreten, dass kein einziger Akt auf dem Schreibtisch gelegen ist, als sie wieder aus dem Urlaub zurück waren.« Sein Einsatz hat im Herbst ein Nachspiel. Seine Vorgesetzte lässt ihn rufen und konfrontiert ihn damit, dass die Revision festgestellt hat, dass er Auszahlungen unterschrieben und Beratungen durchgeführt hat. »Die Chefin, das war eine ganz Liebe, die hat gesagt, das dürfen Sie nicht, Sie haben keine Prokura. Ich habe nicht einmal gewusst, was eine Prokura ist. Aber mir hat das Arbeiten großen Spaß gemacht, durch die Urlaubsvertretungen hatte ich endlich etwas zu tun.«

An seinem Arbeitsplatz erlebt Herbert Pichler, wie unfähig, aber auch wie herzlos und grausam manche Kolleginnen und Kollegen im Umgang mit einem Menschen mit Behinderung sind. So kommt es immer wieder vor, dass er das Büro verlassen und sich im Kopierraum aufhalten muss. Aber ein Ereignis trifft ihn besonders hart. Als er nach einem Termin beim Betriebsarzt wieder ins Büro zurückkommt, sind alle Fenster geöffnet und es riecht nach Lysoform mit

Tannenduft. »Eine Kollegin, die Juristin, zieht plötzlich ihren Spray heraus, rennt herum, sagt, ich halte das nicht aus, der Herr Pichler stinkt so und sprüht alle Räume durch, als würde sie Ungeziefer vernichten. Ich war fix und fertig.« Der junge Mann verbeißt sich die aufsteigenden Tränen, ersucht seine Chefin um Zeitausgleich, setzt sich ins Auto, fährt heim, heult und will nie wieder ins Büro zurück. Nachdem er sich etwas erholt und beruhigt hatte, erwacht sein Kampfgeist. »Ich habe mir gedacht, warte, dir werde ich es zeigen! Ich bin in die Versicherung zurückgefahren, habe meiner Chefin Bescheid gegeben, dass ich wieder da bin und weiter arbeite. Sie hat mich gefragt, ob ich mit ihr reden wolle, ich aber habe erwidert, dass ich das selbst erledigen möchte. Dieser Kollegin habe ich einen Geldschein für den Tannenspray hingeschmissen und habe bis knapp vor ihrer Pensionierung kein Wort mehr mit ihr geredet. Das Mobbing war damit beendet.«

Wer das Internat in Wien-Mauer überlebt, könne sich auch gegen diese demütigende Behandlung zur Wehr setzen, meint Herbert Pichler. Aber seine Kraft und seine Stärke kämen von woandersher, sagt er. »Es ist die große Liebe, die mir meine Großeltern geschenkt haben, diese Liebe, die ich in mir trage. Und ich habe immer einen Mentor oder eine Mentorin gehabt; das waren ja auch Menschen, die mich geliebt haben. In der Versicherungsanstalt war es die eine Kollegin, die mich so oft verteidigt hat. Ich hatte viele Gegner, aber ich hatte immer auch Freunde.«

Der junge Angestellte erkennt bald, dass ihm in der Versicherung enge Grenzen gesetzt sind, dass er praktisch keine Entwicklungsmöglichkeiten und Aufstiegschancen hat. Die Vorstellung, bis zu seiner Pensionierung dort zu arbeiten, lässt ihn erschauern. Er will lernen, sich Wissen aneignen, die Matura machen. Nach drei Jahren verlässt er seinen Arbeitsplatz, über den zweiten Bildungsweg absolviert er eine Handelsakademie, maturiert und beginnt zu studieren. Zuerst Wirtschaftspädagogik, dann eine Weile Rechtswissenschaften und Wirtschaftspädagogik gleichzeitig, schließlich entscheidet er sich für Jus. »Ich habe alle Prüfungen gemacht, bis auf eine. Das letzte Fach, das Bürgerliche Recht, fehlt mir noch immer, seit 15 Jahren. Ich werde es auch noch abschließen, aber ich habe so einen tollen Job und so interessante Aufgaben, dass ich zurzeit überhaupt nicht dazu komme.« Auch ein Psychologiestudium hätte ihn sehr interessiert. Aber ein Bekannter, der als Betriebspsychologe arbeitet, rät davon ab, erzählt,

dass man sich bei diesem Studium sehr viel mit Statistik und der Auswertung von Tests befassen müsse. »Und er hat noch einen wichtigen Satz zu mir gesagt: ›Wenn du die Welt verändern willst, denk
daran, Gandhi war Jurist.‹ Ich hab mir gedacht, da hat er die Latte
sehr hoch gelegt, aber im kleinen Österreich versuche ich trotzdem,
diesen Weg nachzugehen.«

Der Student engagiert sich bei der Dachorganisation der Behindertenverbände, früher ÖAR, heute Behindertenrat. Er berät Menschen mit Behinderung und arbeitet an der Entstehung des Pflegegeld-
gesetzes mit. Er macht mehr und mehr Beratungen für verschiedene
Behindertenverbände. Es wird immer anstrengender, zwei Studienrichtungen parallel zu absolvieren und zwischen der Wirtschaftsuniversität und dem Juridicum hin und her zu pendeln. Es ist zermür-
bend und mühsam, die Wege im Juridicum zu bewältigen, es fehlen
Aufzüge, Rampen und oft auch eine unbürokratische, spontane Hilfestellung. Irgendwann ist alles viel zu viel. »Ich war im Jahr 2000 kurz
vor dem Burnout und kurz davor, vom siebenten Stock hinunterzu-
springen. Ich hab nur nicht die Kraft gehabt, mich über das Geländer
zu heben. Ich war völlig ausgelaugt.« Er muss zurückschalten, sucht
Unterstützung und kommt langsam wieder zu Kräften.

Als Herbert Pichler im Jahr 2003 das Angebot erhält, im ÖGB
an einem Projekt mitzuarbeiten, das die Beschäftigungssituation von
Menschen mit Behinderungen und chronischen Erkrankungen verbessern soll, steigt er voll ins Berufsleiben ein. Das Bürgerliche Recht
muss warten. Jetzt interessieren ihn Ausbildungen im psychosozialen
Bereich viel mehr. Berufsbegleitend absolviert er eine Ausbildung zum
Coach, zum Trainer, zum Mediator, zum Lebens- und Sozialberater
und Supervisor. Er, der ohnehin sehr viele Leute kennt, lernt noch
mehr kennen, vernetzt sich, macht andere miteinander bekannt, weil
er findet, dass es gut ist, dass es etwas bringt, wenn sich die Leute
kennen. Er ist in verschiedenen Gremien aktiv, war jahrelang Vize-
präsident und ist seit dem Jahr 2017 Präsident des Österreichischen
Behindertenrates, vormals ÖAR Österreichische Arbeitsgemeinschaft
für Rehabilitation, dessen über 80 Mitgliedsvereine ungefähr 400.000
Menschen mit Behinderungen repräsentieren. Der Behindertenrat
arbeitet für eine inklusive Gesellschaft, für mehr Selbstbestimmung
und mehr Teilhabe von Menschen mit Behinderungen in der Gesellschaft. Er setzt sich dafür ein, die Interessen von Menschen mit Behinderungen zu wahren, zu vertreten und zu fördern. Sein Präsident

ist das Gesicht des Behindertenrates und vertritt die Anliegen nach außen. Herbert Pichler engagiert sich in vielerlei Weise dafür, dass Menschen mit Behinderungen und chronischen oder psychischen Erkrankungen nicht länger diskriminiert werden, sondern einen Platz in der Mitte der Gesellschaft finden.

IM DOPPELPACK

Christopher Seper, Gärtner

Dort, wo der Arbeitseinsatz der beiden Gärtner beginnt, herrscht Dickicht und Wildwuchs, das Gelände ist voller Gestrüpp und mit Unkraut überwuchert. Wenn sie nach vielen Monaten oder mehreren Jahren ihren Einsatzort verlassen, ist das Areal nicht wiederzuerkennen: Ein verwilderter Park wird ein gepflegter Schlossgarten, ein Gelände, das zu einer Müllhalde verkommen ist, wirkt wie ein Golfplatz. Die beiden Männer, Christopher Seper und sein Mentor Zlatko Andelic, die von Anfang Mai bis Ende Oktober gemeinsam tätig sind, vollbringen kleine Wunder. So auch auf einem Grundstück der Wiener Universität für Bodenkultur, das von der Bundesimmobiliengesellschaft verwaltet wird. Früher wurde auf dem Gelände erforscht, wie sich bestimmte Unkräuter am besten bekämpfen lassen. Es wurden zunächst Wildkräuter gezüchtet und dann Gegenmaßnahmen erprobt. Die Versuche wurden nach einer bestimmten Zeit eingestellt, die Pflanzen wuchsen jedoch weiter, bekamen dicke Stängel und waren zwei bis drei Meter hoch, als die beiden Gärtner ans Werk gingen. »Das hab ich gemacht«, sagt Christopher Seper stolz und zeigt zufrieden auf die gemähte Wiese. »Hab alles schön gemacht. Rasen mähen, das war schwer, Rasenmäher bleibt immer stehen.« Beim Eingang des großen Areals befindet sich ein kleines Haus. Dort kochen die zwei Männer Kaffee, bewahren die Geräte auf, finden Schutz vor einem Unwetter und besprechen ihre anstehenden Tätigkeiten.

Christopher Seper und Zlatko Andelic arbeiten vormittags von Montag bis Donnerstag, 20 Stunden pro Woche. »Christopher kommt gewöhnlich eine halbe Stunde vor mir zur Arbeit«, erzählt sein Betreuer. »Er holt die Rasenmäher aus dem Container, säubert sie und tankt. Wenn ich komme, begrüßen wir uns und setzen uns noch kurz zusammen.« Dann trinken sie einen Kaffee, unterhalten sich ein bisschen und gehen an die Arbeit. »Christopher weiß schon, was er zu tun hat, denn wir besprechen das immer am Tag davor. Er plant mit, er sagt, was wichtig wäre, und wir diskutieren das. Ich bin sein

Mentor, aber ich freue mich, wenn er selbst Entscheidungen trifft. Das ist für ihn sehr wichtig und für mich auch.«

Die beiden mähen, schneiden Bäume und Hecken, rechen Gras, Laub und Unkraut, legen Komposthäufen an, graben Wurzeln aus der Erde aus, säubern Wege, räumen Müll und Hundekot weg, reparieren bei leichten Defekten die Arbeitsgeräte und bessern den Zaun aus. »Christopher mäht selbstständig den Rasen, das macht er sehr gut. Er geht mit mir zur Tankstelle den Sprit kaufen und kann selbst den Kanister befüllen. Er ist überall mit dabei und greift bei allen Arbeiten an. Natürlich braucht er auch Unterstützung, deshalb bin ich ja da.«

Christopher, der 1984 geboren wurde, sei als gesundes Baby auf die Welt gekommen, erzählt Renate Seper. »Wie mein Sohn einein- halb Jahre alt war, muss etwas passiert sein, vielleicht durch eine Imp- fung. Ab da war er extrem hyperaktiv und konnte sich nicht konzen- trieren. Er hat alles im Vorbeigehen aufgeschnappt und gemacht. Es war irrsinnig anstrengend. Und mit der Zeit hat sich auch eine ko- gnitive Behinderung herausgestellt.« Christopher ist bereits als klei- nes Kind im Laufschritt unterwegs. Betritt der Kleine einen Raum, nimmt er innerhalb weniger Sekunden sämtliche Gegenstände, die er erreichen kann, in die Hand und reißt sie herunter. Renate Seper und ihr Mann, die fest zusammenstehen und sich gegenseitig unter- stützen, sind enorm gefordert. Sie versuchen, die Hyperaktivität ih- res Sohnes in Bahnen zu lenken und betreiben sehr viel Sport mit ihm. Wenn sie eine Radtour machen, legt ihr Sechsjähriger 60 Kilo- meter in zwei Stunden zurück. Die Eltern hecheln hinterher, kom- men dem Buben kaum nach und sind am Ende der Tour völlig er- schöpft. Wieder daheim, fragt Christopher erwartungsvoll, was sie jetzt unternehmen würden. »Dann sind wir mit ihm zur Donauin- sel. Dort hat er zwei Stunden lang wie ein Wilder einen Basketball in den Korb geworfen und wir haben in der Zeit glücklicherweise sitzen können. Erst dann war er müde.«

Als der Bub eingeschult wird, er besucht eine Integrationsklasse, gibt seine Mutter ihren Beruf auf. Sie hatte eine interessante Arbeit im Finanzreferat der Unfallversicherungsanstalt und wollte Karriere machen. »Aber ich habe mich gefragt, wie wir das schaffen sollen, wie wir das in den Ferien und an den Nachmittagen machen sollen. So habe ich schweren Herzens gekündigt und hatte vor, in zehn Jah- ren wieder arbeiten zu gehen, wenn mein Sohn mit der Schule fertig war. Das war allerdings sehr naiv gedacht von mir.«

Renate Seper hat jetzt eine neue Tätigkeit, allerdings eine unbezahlte. Sie kämpft dafür, dass ihr Sohn einen Platz in der Gesellschaft hat und sie setzt sich dafür ein, dass er eine Integrationsklasse besuchen kann. Christopher geht gerne in die Schule, hat Freunde, seine Mutter lädt am Nachmittag oft andere Kinder ein und unternimmt etwas mit ihnen. Nach der Volksschule wechselt der Bub in eine Integrationsklasse an einer Schule für schwerstbehinderte Kinder. Er wird nach dem Lehrplan der Allgemeinen Sonderschule unterrichtet. Seine Mutter übt jeden Tag eineinhalb Stunden mit ihm, damit er das Erlernte behalten kann. »Mein Sohn hatte einen tollen Lehrer, einen ausgebildeten Psychologen. Der wusste zum Beispiel genau, dass Christopher Ruhe braucht, wenn er geprüft wird. So hat er diese Schuljahre gut über die Bühne gebracht.«

Doch wie soll es nach der Schule weitergehen? Christopher ist 16 Jahre alt und will einen Beruf erlernen, er möchte Gärtner werden. Aber wie? Im Jahr 2000 gibt es in Österreich für Jugendliche, die am Ende der Pflichtschule einen onderpädagosgischen Förderbedarf hatten, nur die Beschäftigungstherapie in einer Tagesstätte für Menschen mit Behinderung, aber keine anerkannte Berufsausbildung. Seine Mutter weiß, dass er das Zeug zum Gärtnerberuf hat und setzt sich intensiv dafür ein, dass Christopher sein Ziel erreichen kann. »Ich habe wie eine Wilde geschuftet und gerackert, dass mein Sohn einen Ausbildungsplatz bekommt. Ich habe fünf Jahre gebraucht, bis ich einen Lehrplatz auf die Füße gestellt habe. Mein großes Glück war, dass dann die integrative Berufsausbildung gekommen ist.«

Die integrative Berufsausbildung ermöglicht Jugendlichen, die keine herkömmliche Lehre absolvieren können, eine Ausbildung. Junge Menschen, die Lernschwierigkeiten, eine Behinderung oder keinen Pflichtschulabschluss haben, können eine verlängerte Lehre oder eine Teilqualifizierungslehre machen. Bei letzterer werden nur bestimmte Teile eines Berufes erlernt. Die Ausbildungsziele werden individuell erhoben und genau festgelegt. Die Lehrzeit wird auf die persönlichen Fähigkeiten und Bedürfnisse der jungen Menschen abgestimmt und dauert ein bis drei Jahre. Der Lehrling kann am Ende der Lehrzeit eine Abschlussprüfung machen und erhält, wenn er sie besteht, ein Zertifikat, das von der Wirtschaftskammer Österreich anerkannt wird. Für den Lehrling gibt es unterstützende Maßnahmen wie Berufsausbildungsassistenz und Jobcoaching. Die zuständige AMS-Geschäftsstelle informiert über die integrative Berufsausbildung.

Mit großem Einsatz gelingt es Renate Seper, dass ihr Sohn, obgleich als arbeitsunfähig eingestuft, beim Arbeitsmarktservice gemeldet ist. Die gesetzlichen Rahmenbedingungen für die integrative Berufsausbildung schaffen jedoch nur die Möglichkeit für eine Lehre, den Lehrplatz muss Renate Seper selbst finden. Sie fragt bei der Gemeinde Wien nach. Sie findet, dass der größte Lehrlingsausbildner der Stadt auch jungen Menschen mit Behinderung eine Ausbildungsmöglichkeit bieten sollte. Sie ist hartnäckig und ausdauernd und schließlich bekommt Christopher eine Lehrstelle und einen Mentor. »Mein Sohn mit seiner Art von Behinderung braucht jemanden, der für ihn zuständig ist und der für ihn da ist, wenn er Hilfe benötigt. Er ist auf einen Erwachsenen angewiesen, der die Arbeit einteilt, der ihn anleitet und ihm Sachen beibringt, dann kann er die Dinge später alleine machen. Aber ohne Mentor geht es nicht.«

Christoph Seper werden zwei Jahre für die Teilqualifizierungslehre genehmigt. Es ist keine einfache Zeit. Er hat mehrere Mentoren, nicht alle wissen, wie sie mit einem Menschen mit Behinderung am besten umgehen. Nicht alle können verständnisvoll und geduldig auf den jungen Mann reagieren. Einem der Betreuer ist es zu viel und zu anstrengend, mit Christopher zu arbeiten. Einem anderen ist die Bezahlung zu gering. Auch mit den Kolleginnen und Kollegen ist es für den Lehrling nicht immer einfach. Es gibt freundliche, es gibt aber auch andere, von denen er sich mitunter grausame und menschenverachtende Kommentare anhören muss. »Vor meinem Sohn haben sich manche kein Blatt vor den Mund genommen. Jemand hat gesagt: ›Früher hätte man solche Leute umgebracht. Und diese Leute setzt man uns jetzt bei der Arbeit herein.‹ Mein Sohn kann sich nicht wehren, er hat mir nie viel erzählt. Ich habe diese Aussprüche von seinem Mentor erfahren, wenn er sie zufällig gehört hatte.«

Christopher wird von seinen Eltern sehr unterstützt, sie lassen ihn wählen, aber sie fordern ihn auch. »Wir haben ihm klar gesagt, wenn du dir etwas aussuchst, dann machst du es auch fertig. Er hat es gebraucht, dass wir ihm seine Möglichkeiten und Grenzen aufzeigen.«

Als Lehrling arbeitet der junge Mann ganztags und besucht einmal in der Woche die Berufsschule. Er schafft seine Prüfungen und ist voller Stolz, als er sein Zeugnis in Händen hält. »Er hat sich so gefreut, das werde ich nie vergessen«, erinnert sich seine Mutter. Sie ist glücklich, dass sich sein Berufswunsch erfüllt hat und er jetzt ausgebildeter Landschaftsgärtner ist. Zugleich steht Renate Seper vor der Frage, wie es für ihren Sohn beruflich weitergehen kann. Bei einem Fernsehbericht über die Schuhmanufaktur Reiter kommt ihr eine Idee. Das Gut Süßenbrunn in Wien soll der neue Standort des Unternehmens werden. Als sie im Beitrag sieht, dass das Renaissanceschloss und die Wirtschaftsgebäude in einem verwilderten Park liegen, weiß sie, was sie zu tun hat. Sie wendet sich an die Firma Reiter und unterbreitet ihren Vorschlag. Sie erklärt, sie habe zwei Gärtner, die den Park roden und wieder in Stand setzen würden. Sie sagt, es gebe für das Unternehmen Förderungen, wenn es einen Menschen mit Behinderung anstelle und sie kümmere sich darum, dass die Betreuungstätigkeit des Mentors vom Sozialministeriumservice finanziert werde. Bereits im darauffolgenden Frühjahr beginnt das Team mit seiner Arbeit und in fünf Saisonen wird aus einem verwahrlosten und ungepflegten 30.000m² großem Gelände ein schöner Schlosspark. Christopher erledigt schwere körperliche Arbeiten, ist mit viel Energie und Einsatzfreude bei der Sache und findet im Unternehmen einen guten Platz. In der Mittagspause spielt er oft mit einigen Arbeitern Volleyball. Aber nach fünf Jahren wird das Duo nicht mehr weiter beschäftigt und Renate Seper steht erneut vor der Aufgabe, einen Arbeitsplatz für ihren Sohn zu finden.

Sie begibt sich auf die Suche nach verwahrlosten, verwilderten und verrotteten Grundstücken, recherchiert, wer die Eigentümer sind und nimmt schließlich mit der Bundesimmobiliengesellschaft (BIG) Kontakt auf. Die BIG ist eines der größten Unternehmen im Bereich Gebäudeverwaltung und Gebäudeneubau und gehört der Republik Österreich. Wieder stellt Christophers Mutter ihr Konzept vor, erneut gelingt es ihr, einen Arbeitsplatz für ihren Sohn und seinen Mentor zu organisieren.

Das neue Areal, das im dritten Wiener Gemeindebezirk liegt, ist fast dreimal so groß wie der Park in Süßenbrunn, es hat knapp 80.000m². Aber Christopher bewies bereits als Gärtner der Schuhmanufaktur Reiter, was in ihm steckt. Sein Mentor Zlatko Andelic erinnert sich: »In einer Saison haben wir im Schlosspark ungefähr zwölf LKW-Ladungen Erdreich von einem Ort zum anderen gebracht. Aber wir haben die Erde mit der Scheibtruhe geführt, sind am Tag oft 200 Mal hin und her gefahren, wochenlang. Das war körperlich sehr anstrengend, auch für mich. Doch wir haben genau gesehen, was wir schon geschafft haben, das hat uns angespornt.«

Christopher sei fleißig, gut zu motivieren und nehme seine Arbeit sehr ernst. Er wisse, dass er für seine Tätigkeit bezahlt werde und er wolle eine entsprechende Leistung erbringen. Zlatko Andelic, der seit 2014 mit dem großgewachsenen, kräftigen jungen Mann zusammenarbeitet, schätzt Christopher. Die Chemie zwischen ihnen stimme und es habe sich ein freundschaftliches Verhältnis entwickelt, wie dies bei Arbeitskollegen manchmal so sei. Die erste Zeit ist für den Mentor jedoch alles andere als leicht. Zlatko Andelic, er ist ausgebildeter Behindertenbetreuer, muss Christopher erst kennenlernen, erst herausfinden, wie er denkt und handelt, was er kann und was ihn interessiert. Christopher braucht Zeit, um Vertrauen zu fassen, um sich sicher zu sein, dass sein Mentor bleibt, dass er von ihm nicht gleich wieder im Stich gelassen wird. Denn der junge Mann hat bereits mehrmals erlebt, dass Betreuer gegangen sind, weil es ihnen zu viel geworden ist. Zlatko Andelic: »Christopher hat zu mir gesagt, du wirst mich sicher verlassen. Er weiß, dass er ein bissl anstrengend ist und dass er das nicht ändern kann. Er war manchmal wirklich so anstrengend, dass ich mich gefragt habe, wieso ich diese Arbeit mache. Aber im zweiten Jahr war es schon viel besser, im dritten war es problemlos und jetzt ist es wirklich ein freundschaftliches Verhältnis mit viel Gefühl und Verständnis füreinander.«

Christophers Betreuer ist in Kroatien aufgewachsen und hat dort eine Schule für Forstwirtschaft besucht. Nach der Matura absolviert er in Karlovac noch einen weiterführenden Lehrgang. Da er in seiner Heimat keine Arbeit findet, geht er zunächst in die Schweiz und kommt später nach Wien. Auch in Österreich gibt es für ihn keinen Job in der Forstwirtschaft und deshalb nimmt er eine Arbeit bei der Caritas an. Er ist für den Transport der pflegebedürftigen, hochbetagten und behinderten Bewohnerinnen und Bewohner des Hauses der Barmherzigkeit zuständig, bringt sie zur Therapie und wieder zurück. So manche schließt er ins Herz und betreut sie ein wenig mit. Seine Vorgesetzten schätzen seinen respektvollen Umgang mit den Menschen im Haus und bieten ihm an, auf einer Station zu arbeiten. Der ausgebildete Forstwirt drückt noch einmal die Schulbank und macht bei der Caritas eine Ausbildung. Inzwischen hat er als Betreuer von Menschen mit Behinderung schon viel Erfahrung gesammelt. Er habe nie vorgehabt, einen sozialen Beruf zu ergreifen, das habe sich in Wien so ergeben. »Ich habe jetzt meine soziale Tätigkeit mit dem Beruf verknüpft, den ich ursprünglich erlernt habe. Ich liebe es, in der Natur zu sein und ich mag meine Arbeit mit Christopher.« Neben seiner Mentorentätigkeit arbeitet Zlatko Andelic in einer Wohngemeinschaft für psychisch kranke Menschen der Caritas. Dort ist er unter anderem für die Gartengruppe zuständig.

Was ist Zlatko Andelic wichtig im Umgang mit Menschen mit Behinderung? »Das wichtigste ist, dass man der Person auf Augenhöhe und mit Achtung begegnet. Und dass man die Beziehung stärkt. Ich motiviere, ich gebe Kraft. Ich bin derjenige, der sagt, wir geben nicht auf, wir können das und wir machen das. Aber man darf nichts Falsches versprechen. Man muss als Mentor selbst daran glauben und muss das, was möglich ist, unterstützen.« Aus diesem gemeinsamen Tun entstehe dann etwas Neues. »Ich mag das, was ich mache. Ich freue mich, wenn sich etwas bewegt und in eine positive Richtung entwickelt. Das gibt mir Kraft. Es kommt viel zurück.«

Inzwischen kennt der Mentor seinen Schützling gut. Er weiß, dass Christopher nicht warten kann, dass es ihn sehr unruhig und nervös macht. Wenn ein Besuch oder eine Lieferung angekündigt ist, teilt er es ihm nicht mehr mit. So können beide bis zum Eintreffen in Ruhe arbeiten. Wenn Christopher um 12:45 Uhr von seiner Mutter abgeholt werden soll, steht er bereits ab 12:30 Uhr beim Tor. Das sei einfach so, das könne man nur akzeptieren, stellt sein Betreuer fest. Als Mentor leite er an, unterstütze, lobe, zolle immer wieder Anerkennung. »Er braucht sehr viel Bestätigung. Er muss wissen, dass das gut ist, was er gemacht hat. Ich weiß das schon, wenn er mich anschaut. Manchmal sage ich etwas, manchmal genügt ein Blick oder ein Okay mit dem Daumen.« Dann kann weiter gearbeitet werden, gerodet, gemäht, gegraben oder Hecken geschnitten und Steine weggeschleppt werden. Nach ungefähr 45 Minuten wird eine kurze Pause gemacht, etwas getrunken, man bespricht sich und freut sich über das, was man schon geschafft hat. In der Früh ist der großgewachsene junge Gärtner voller Kraft, am späten Vormittag lässt seine Konzentration nach. Wiederholt will er wissen, wann seine Mutter kommt. »Aber ich kann ihn immer motivieren, dass wir fertig machen, was wir begonnen haben. Er ist nicht einer, der sagt, das gefällt mir nicht, das mag ich nicht, egal wie schwer die Arbeit ist. Wir haben zwei Rasenmäher, wir können manchmal 5000m² an einem halben Tag mähen.«

Der motivierte Gärtner ist, wie schon erwähnt, Saisonarbeiter und für 20 Stunden pro Woche angestellt. Er hat Anspruch auf die Mindestsicherung, da sein Einkommen unter dem Mindeststandard liegt. Da er also weniger verdient als die Mindestsicherung ausmacht, erhält er die Differenz auf die Mindestsicherung ausbezahlt. »Es ist sehr wichtig, dass mein Sohn die Mindestsicherung bekommt und in dieser Rückversicherung drinnen ist«, sagt Renate Seper. »Denn ein Mensch mit einer geistigen Behinderung, der es wagt, eine Ausbildung zu machen und arbeiten zu gehen, braucht eine Absicherung. Viele Leute haben Angst, dass sie wieder aus dem sozialen Netz herausfallen.« Von Mai bis Oktober ist der junge Mann als Gärtner angestellt, von November bis April ist er beim AMS gemeldet. Für seine Mutter bedeutet dies viele Amtswege und viel Bürokratie. »Es ist schon ein riesiger Aufwand. Es müssen jedes Monat Lohnzettel und andere Bestätigungen gebracht werden. Ich habe fünf Ordner, nach denen ich lebe.«

Christopher hat ganz verschiedene Interessen und Hobbies. Er macht einen Kochkurs und ist sehr sportlich, fährt Rad, spielt Tennis, Basketball oder Volleyball. Er beschäftigt sich mit dem Computer, ist ein Musikfreak und verwaltet ungefähr 4000 Lieder, bei einigen singt er mit, wenn er sie hört. Bei der Millionenshow, beim Spiel zur Fernsehsendung, ist er inzwischen sehr erfolgreich. Er besucht Kabarettvorstellungen, die Programme von Michael Riecker gefallen ihm besonders gut. Mit seinen Eltern unternimmt er Reisen und hat schon viel von der Welt gesehen. Er geht gerne zu Eishockeyspielen, aber seine ganz große Leidenschaft ist der Fußball oder genauer gesagt sein Fußballclub. »Kein Rapidspiel lass ich aus. Hab eine Abokarte.« Und der Rapidfan stellt fest: »Der Trainer ist net gut.« Wenn Rapid gewinnt, ist die Welt in Ordnung. Wenn sein Club verliert, dann wird es kritisch, dann achtet sein Betreuer am nächsten Morgen auf jedes seiner Worte. »Dann kann es passieren«, erzählt Zlatko Andelic, »dass Christopher zu mir in der Früh, wenn ich ihn begrüße, sagt: ›Bist entlassen! Geh nachhause!‹ Dann mache ich die Containertür wieder zu und klopfe noch einmal an. Er sagt: ›Herein!‹ Und dann ist es so, als ob nichts gewesen wäre.« Der junge, kräftige Gärtner spricht seinen Betreuer manchmal mit seinem Vornamen an, manchmal nennt er ihn Chef, manchmal Mentor. »Manchmal bin ich der Beste und er sagt zu mir: ›Dich gebe ich nicht her.‹ Wir ergänzen uns sehr, sehr gut.«

Zlatko Andelic begleitet schon jahrelang Klientinnen und Klienten bei Besorgungen, Arztbesuchen oder Amtswegen. Als er auf der Webseite von Behindertenarbeit.at Renate Sepers Anzeige sieht, dass ein Mentor für Christopher gesucht wird, schreibt er kurz entschlossen ein E-Mail, erhält umgehend eine Antwort und die beiden treffen einander bereits am nächsten Tag. Bald steht fest, dass der gelernte Forstwirt und Behindertenbetreuer diese Aufgabe übernehmen wird. Wenngleich die erste Zeit mit dem jungen Gärtner schwierig war, ist Zlatko Andelic überzeugt, dass es sich bei diesem Modell um eine äußerst sinnvolle und produktive Alternative zu einer Beschäftigungstherapie handelt. Er kennt beides. »Was Christopher mit einem Mentor schafft, das schafft eine ganze Gartengruppe von zehn Leuten in einer Behindertenwerkstätte nicht. Da ist aber auch ein Betreuer dabei.« Das habe damit zu tun, dass Christopher seine Arbeit ernst nehme. Er könne ihn anleiten, fordern und fördern. Betreuer und Betreute müssten zusammenpassen und nicht zusammengewürfelt werden. Er sei fest davon überzeugt, dass Menschen mit einer Behinderung sehr viele Dinge lernen und tun können, wenn sie eine Person an ihrer Seite haben, die sie unterstützt, tröstet und lobt. »Viele glauben, dass es sich um Menschen handelt, die nichts können. Aber das stimmt überhaupt nicht. Das stimmt weder für die Arbeit noch für den Urlaub oder für die Haushaltsführung. Wenn du einem Menschen mit einer kognitiven Behinderung dreimal oder fünfmal zeigst, wie man einen Schweinsbraten macht, dann kann er es.« Er wünscht sich, dass die Politik klare Rahmenbedingungen schaffe, dass es jedem Menschen mit Behinderung möglich sei, einen Arbeitsplatz mit einem Mentor zu haben und ein selbstständiges Leben führen zu können. »Es macht mich sehr traurig, wenn ich sehe, wieviel Potential in den Leuten steckt und ungenutzt bleibt. Die Zukunft ist draußen, nicht in Heimen und Wohngemeinschaften. Viele Menschen mit Behinderung könnten arbeiten und selbstständig leben, wenn sie dabei gut unterstützt werden.« Zlatko Andelic wünscht sich auch mehr gesellschaftliche Anerkennung und eine bessere Bezahlung für diese wichtige, anstrengende und mitunter auch belastende Arbeit als Mentor. »Es wird oft unterschätzt, was wir leisten. Es ist körperlich anstrengend und es ist auch immer wieder psychisch eine Herausforderung.«

Von ihrem Arbeitgeber, der BIG, fühlen sich die beiden unterstützt und geschätzt. Wenn es mit den Arbeitsgeräten ein Problem gibt, ist man von Seiten der BIG bemüht, dieses so rasch wie möglich zu lösen. Musste der Mentor im ersten Jahr noch täglich genaue Aufzeichnungen über das erbrachte Arbeitspensum vorlegen, wissen die Verantwortlichen in der BIG inzwischen genau, welche Leistungen Christopher und sein Betreuer erbringen. Jetzt kommt ihr Chef einmal oder zweimal im Monat vorbei, plaudert mit ihnen, lässt sich zeigen, was seit dem letzten Besuch alles gemacht wurde und spart nicht mit Lob und Anerkennung. »Das tut sehr gut«, erzählt Zlatko Andelic. »Das gibt dem Christopher sehr viel Kraft und Vertrauen. Das ist sehr wichtig.« Renate Seper ist überzeugt, dass die Leitung eines Unternehmens wirklich bereit sein muss, einen Menschen mit Behinderung einzustellen. »Der Dienstgeber muss es freiwillig tun. Ich kann niemanden zwingen. Aber wenn er es will, darf ich ihn nicht überfordern und meinen Sohn einfach in den Betrieb hineinsetzen. Christopher braucht einen Mentor und er hat einen ganz wunderbaren. Die zwei sind ein Team, das ist ein Traum. Ein Quäntchen Glück muss es schon geben.«

Renate Seper engagierte sich viele Jahre ehrenamtlich im Vorstand von Integration Wien. Das ist eine Beratungsstelle für Eltern von Kindern, Jugendlichen und jungen Erwachsenen mit Behinderung. Gefördert wird Integration Wien vom Sozialministeriumservice und vom Fonds Soziales Wien. »Wir sagen«, so Christophers Mutter, »jeder Mensch kann in eine Schulklasse und in die Arbeitswelt integriert werden, außer er ist ein Pflegefall. Wir setzen uns dafür ein, dass Menschen mit Behinderung an allen Lebensbereichen teilhaben können.« Eltern werden über vorschulische wie schulische Inklusion und finanzielle Leistungen beraten. Es gibt Informationsveranstaltungen und Diskussionsrunden. Eltern von Kindern mit Behinderung können andere Betroffene kennenlernen, sich austauschen und vernetzen. Sie können sich über Berufsausbildungen und Arbeitsmöglichkeiten informieren. Junge Menschen mit Behinderung werden bei Integration Wien dabei unterstützt, individuelle Lebens- und Zukunftsperspektiven zu entwickeln. Angebote wie Teilbetreutes Wohnen, Freizeitassistenz und das Projekt P.I.L.O.T. tragen dazu bei, dass die Pläne umgesetzt werden. Es geht also darum, einen geeigneten Job am allgemeinen Arbeitsmarkt zu finden, seine Freizeit auch mit anderen Jugendlichen und nicht nur mit den Eltern verbringen zu können und in einer eigenen Wohnung selbstständig zu leben.

Ehrenamtliche wie angestellte Mitarbeiterinnen und Mitarbeitern setzen sich auch dafür ein, dass gesetzliche Rahmenbedingungen geschaffen werden, die die Inklusion vorantreiben. Renate Seper findet es sehr wichtig, dass Eltern von behinderten Kindern im Verein mitarbeiten. »Die, die das professionell machen, können es nie so rüberbringen, wie es Eltern und ihren behinderten Kindern geht. Nur Betroffene machen das mit so viel Herzblut.« Mit ihrem Einsatz und ihrer Arbeit bei Integration Wien hat Renate Seper viel für ihren Sohn und für viele andere junge Menschen mit Behinderung erreicht. Oft war es ein Kampf, oft ist sie auf verständnislose Blicke gestoßen, immer wieder aber auch auf Menschen, die ihr Anliegen verstanden und die sie unterstützt haben. Nach wie vor setzt sie sich dafür ein, dass Menschen mit Behinderung selbstbestimmt leben können.

Christopher Seper ist im Alter von 29 Jahren in seine eigene Wohnung gezogen. Bevor er diesen Schritt machte, gab es noch eine Probezeit, zwar auch schon in einer eigenen Wohnung, aber im selben Haus wie seine Eltern, nur einen Stock tiefer. Das habe ihm gut gefallen, erzählt seine Mutter. »Ich wusste, dass er das kann, weil er praktisch veranlagt ist. Dann haben wir ihn gefragt, ob er ein eigenes Zuhause haben möchte und ihm, ungefähr zwölf Minuten mit dem Auto von uns entfernt, eine Wohnung gekauft.« Renate Seper ist glücklich, dass ihr Sohn diesen großen Schritt gut geschafft hat. Er genießt es, seinen eigenen Bereich zu haben. Er räumt seine Sachen weg und den Geschirrspüler ein und aus, er hängt die nasse Wäsche auf und nimmt die trockene ab. Andere Haushaltsdinge wie Putzen, Waschen und Einkaufen übernimmt seine Mutter. Sie kommt in der Früh und fährt ihn zur Arbeit. Sie achtet darauf, dass er sich der Witterung entsprechend kleidet. »Christopher würde dauernd das Falsche anziehen. Wenn es warm ist, kommt er im langärmeligen Pullover, wenn es minus sechs Grad hat, trägt er ein kurzärmeliges T-Shirt. Er kann auch keine Socken anziehen, also schon irgendwie, mit der Ferse nach oben. Aber da würde er Blasen bekommen. Also ich muss schon da sein, gewisse Sachen gehen einfach nicht.«

Viele andere gehen gut. Christopher benützt die öffentlichen Verkehrsmittel, wenn er seine Eltern besucht oder zu einem Fußballspiel fährt. Wenn sein Arbeitsplatz näher bei seiner Wohnung wäre, könnte er alleine dorthin fahren. Christophers Mutter, die sich von Anfang an voll für ihr Kind eingesetzt hat, möchte sich mehr und mehr aus dieser täglichen Betreuungstätigkeit zurückziehen. Vereine wie Integration Wien haben entsprechende Angebote. Aber wie kann Christopher sich die Unterstützung leisten, die er braucht, wenn er alleine lebt? Dafür sind finanzielle Mittel notwendig. Er bekam immer Pflegestufe zwei. Als er in seine eigene Wohnung zog, suchte seine Mutter um die Pflegestufe drei an. Der Antrag wurde zunächst abgelehnt, nachdem sie geklagt hatte, bekam er die Pflegestufe drei. »Wie kann es sein, dass ich dazu verdonnert sein soll, meinen Sohn bis an mein Lebensende zu versorgen? Er selber kann es nicht.« Deshalb organisiert Renate Seper für Christopher eine ambulante Wohnbegleitung. So erhält er Hilfe beim Einkaufen, Saubermachen, bei Arzt- und Amtswegen und wird angeleitet, möglichst viele Dinge selbst zu erledigen.

Renate Seper hat sich viele Jahre angestrengt und gekämpft, Rückschläge hinnehmen und Hindernisse überwinden müssen. Oft hat sie Unterstützung in dieser ohnehin schwierigen Situation vermisst, aber heute kann sie sagen: »Wir haben es geschafft.« Und es erfüllt sie mit Stolz und Freude, dass Christopher glücklich darüber ist, zu arbeiten und ein selbstständiges Leben zu führen.

DIE ARBEIT IM TEAM MACHT STARK

Editha Maurer, Hilfskraft in einem Gärtnereibetrieb

Wo sich früher einmal der Kräutergarten der Pfarre St. Nikolai befand, stehen heute in Villach die Gewächshäuser der Gärtnerei Moser. Editha Maurer, Hilfskraft im Betrieb, führt durch das Rosen- und Gerberahaus, zeigt, wo die Callas und Zinnien wachsen, wo die Steigen und Utensilien wie Steine, rosa Sand, Schwämme, Gefäße, Kerzen und Kerzenleuchter aufbewahrt werden. »Heute hab ich mit den Mädchen Plumeria geerntet, Kornblumen und Dahlien. In der Früh tun wir zuerst unsere Blumen putzen, die wir gepflückt haben. Dann die Blumen, die geliefert werden. So ist es eine gute Reihenfolge, weil sonst haben wir das Malheur.« Die Schnittblumen, die von Editha und den Lehrmädchen hergerichtet werden, sind für den Verkauf im Blumensalon Moser am Villacher Hauptplatz bestimmt. Die Gärtnerei, wo die junge Frau mit drei Kolleginnen und einem Kollegen arbeitet, und das Geschäft in der Stadt werden von Hubert und Damara Marko geführt.

Editha Maurer schlichtet Steigen und Kisten, kehrt zusammen und bringt den Müll weg, säubert Schnittblumen und hilft beim Unkraut jäten. Sie arbeitet von Montag bis Donnerstag von 8 bis 12:45 Uhr, am Freitag hat sie frei. Sie wohnt in der Nähe der Gärtnerei und kann zu Fuß zur Arbeit gehen. Viele Handgriffe sind der jungen Frau inzwischen vertraut. »Ich tu immer das Laub und den Mist weg in den Glashäusern. Das Dürre tun wir bei den Blumen abzupfen, das Braune schneiden wir weg. Die Blätter und die überzähligen Blüten werden von den Rosen entfernt, denn die Rosen brauchen Licht.« Bevor Editha Maurer den Job in der Gärtnerei erhält, arbeitete sie ehrenamtlich in einem Hort in Villach mit. Dort habe sie Kartoffeln geschält, geputzt, sei einkaufen gegangen und habe mit den Kindern gespielt. »Zum Geburtstag hat es immer einen Kuchen oder eine Torte für die Kinder gegeben. Wir haben viel gebastelt. Für Ostern und Weihnachten haben wir eine Dekoration gemacht. Der Hort hat leider zugesperrt.«

Editha Maurer gilt per Bescheid als arbeitsunfähig. Es kommt immer wieder vor, dass bereits junge Menschen mit Behinderungen als erwerbsunfähig eingestuft werden. Damit wird ihnen der Zugang zum Arbeitsmarkt erschwert, meistens aber verbaut. Einen Ausweg findet die junge Villacherin über das ChancenForum. Das ist ein Angebot von autArK, einem Unternehmen, das Menschen mit Behinderungen dabei unterstützt, möglichst eigenständig arbeiten und leben zu können. Gefördert wird autArK unter anderem vom Land Kärnten und vom Sozialministeriumservice.

Das ChancenForum bietet Menschen mit Behinderungen, die per Bescheid als dauerhaft erwerbsunfähig gelten, unter bestimmten Voraussetzungen die Möglichkeit zu einer Beschäftigung am allgemeinen Arbeitsmarkt. Wer als arbeitsunfähig eingestuft ist, hat kaum eine Chance auf ein sozialversicherungspflichtiges Arbeitsverhältnis. Also kaum eine Aussicht auf ein Gehalt, auf Arbeitslosen-, Kranken- und Pensionsversicherung. Meistens heißt dies, dass die betroffene Person einen Platz in der Fähigkeitsorientierten Beschäftigung, also in einer Beschäftigungswerkstätte oder in einer Tagesstätte, bekommt. Dort werden Tätigkeiten verrichtet, die mit einem Taschengeld abgegolten werden, aber nicht mit einer sozialen Absicherung verbunden sind, wie dies bei einer Beschäftigung der Fall ist. Menschen, die ihre Zeit in einer Behindertenhilfeeinrichtung verbringen, sind in der Regel mit einem Elternteil, mit einem unterhaltspflichtigen Angehörigen mitversichert »Das bedeutet«, so Andreas Jesse, Geschäftsführer von autArK, »eine lebenslange Abhängigkeit von Sozialleistungen.«

Viele Menschen mit Beeinträchtigungen wollen und können arbeiten. Auch jene, die einen erhöhten Unterstützungsbedarf haben. Und die UN-Behindertenrechtskonvention, die von Österreich im Jahr 2008 ratifiziert wurde, besagt, dass alle Menschen ein Recht auf Arbeit haben. Wer als arbeitsunfähig eingestuft ist, hat zwar kein Arbeitsverbot, aber keinen Zugang zum Arbeitsmarktservice (AMS) und zu jenen Maßnahmen, die dazu dienen, Menschen mit Behinderungen in den allgemeinen Arbeitsmarkt zu bringen. Es gibt in Österreich aber einige Initiativen wie das ChancenForum, die einen Weg eröffnen aus der Fähigkeitsorientierten Beschäftigung – früher hat man dazu Beschäftigungstherapie gesagt – in die Arbeitswelt, also aus der Betreuungsmaßnahme in die Erwerbsarbeit.

Bereits im Jahr 2003 startet autArK den ersten Versuch, einem jungen Mann mit Down-Syndrom und einer jungen Frau mit einer kognitiven Beeinträchtigung einen Job zu vermitteln. Der Versuch gelingt, noch heute ist der inzwischen über 30-Jährige beim ChancenForum angestellt und arbeitet als Küchengehilfe in einem städtischen Kindergarten. Die junge Frau übersiedelt nach einigen Jahren mit ihrer Familie nach Wien und scheidet deshalb aus dem ChancenForum aus. »Dann sind weitere Personen hinzugekommen und jetzt haben wir 120 Leute«, so Andreas Jesse. »Sie sind Dienstnehmer von autArK, bekommen eine Kollektiventlohnung, haben eine eigene Sozialversicherung und werden von uns an Unternehmen am allgemeinen Arbeitsmarkt überlassen.«

Assistentinnen und Assistenten begleiten diesen Prozess. Wer schon länger als arbeitsunfähig eingestuft und in einer Einrichtung der Behindertenhilfe ist, wer in der Beschäftigungsmaßnahme unterfordert, am allgemeinen Arbeitsmarkt ohne Unterstützung überfordert ist, wer arbeiten will und über bestimmte Kompetenzen verfügt, kann sich beim ChancenForum bewerben, wenn eine freigewordene Stelle ausgeschrieben wird. Ist die Person geeignet, erarbeitet die Assistentin gemeinsam mit ihr ihre Stärken, Interessen und Wünsche. Es wird geklärt, welche Tätigkeit für die betreffende Person in Frage kommt, und dann wird ein Betrieb für ein Praktikum oder eine Arbeitserprobung gesucht. Die Assistentin geht am Anfang mit in das Unternehmen, leitet bei der Arbeit an und unterstützt bei den jeweiligen Tätigkeiten, bis diese dann selbstständig ausgeführt werden können. Sie bespricht mit der Chefin oder dem Chef, wie der Arbeitsablauf ausschauen könnte, beantwortet die Fragen der Mitarbeiterinnen und Mitarbeiter und begleitet den Dienstnehmer oder die Dienstnehmerin des ChancenForums während der gesamten Dauer der Beschäftigung.

Editha Maurer macht ihr Praktikum im Jahr 2016 in der Gärtnerei Moser. Danach sei es ziemlich spannend gewesen, erzählt die junge Frau. »Werd ich genommen oder werd ich nicht genommen? Okay, es geht schon, hat der Chef gesagt, aber alleine arbeiten geht nicht. Ich kann schon etwas alleine machen, aber es muss immer jemand da sein. Es ist immer wer von den Mädchen da, einmal die Nina, einmal die Karin oder die Anna. Der Werner, der hat sich erst daran gewöhnen müssen, wie ich arbeite. Der hat zuerst Schwierigkeiten gehabt, aber einmal hat er gesagt, kannst du bitte die Tür aufhalten. Er hat die Tulpen hereinbringen müssen. Ich war dann die Türsteherin und er ist hin und her gegangen. Dann hat er gesagt, kannst schon die Tulpen putzen.«

Als Hubert Marko sich entscheidet, die junge Frau nach dem Praktikum in seiner Gärtnerei aufzunehmen, weiß er, was das für ihn bedeutet. Denn er hatte schon in seinem vorigen Betrieb einen Menschen mit Behinderung beschäftigt. Es sei für ihn und für alle Mitarbeiterinnen und Mitarbeiter eine Aufgabe, Editha im Team zu haben, so der Chef. »Aber es ist eine Aufgabe, die uns weiterbringt, die uns zum Lernen, Denken und Handeln anregt. Es ist oft anstrengend mit ihr, sie ist nicht immer einfach und das beschäftigt uns dann alle. Ich muss mich manchmal völlig zurücknehmen, muss schauen, dass ich mein Tempo drossle und mich darum kümmere, dass es uns allen wieder gut geht.« In einer Gärtnerei kann die tägliche Arbeit nur bedingt geplant werden. Denn oft kommen unvorhergesehene Aufträge, die rasch und termingerecht erledigt werden müssen. Es werden Kränze für eine Beerdigung oder Tischdekorationen für eine Veranstaltung bestellt. Festtage, Hochzeiten oder der Villacher Kirchtag sorgen für eine erhöhte Auftragslage, es müssen oft fünf Sachen gleichzeitig erledigt werden und der Stress steigt. »Damit kann die Editha schwer umgehen. Der Druck wirft sie aus ihren Bahnen. Dann müssen wir uns auch zurücknehmen«, erzählt der Chef.

Die betreuende Assistentin kommt jede Woche oder alle 14 Tage in der Gärtnerei vorbei. Sie erkundigt sich bei der Gärtnergehilfin, ob alles passt, fragt beim Geschäftsführer nach, ob es etwas zu besprechen gibt, schreibt Edithas Arbeitszeiten auf und unterstützt sie bei der Urlaubsplanung. Dem Betrieb entstehen keine Lohnkosten. Wer wie Editha eine Beschäftigung über das ChancenForum erhält, ist eine Dienstnehmerin oder ein Dienstnehmer von autArK. Das Geld, das zuvor vom Land Kärnten für die Behindertenhilfeeinrichtung aufgewendet wurde, wird jetzt für die Entlohnung verwendet.

Dem Betrieb koste die Arbeitskraft zwar kein Geld, so Mag. Alexandra Schmidt-Bearzi, die Leiterin des ChancenForums, aber gratis sei sie nicht. »Es kostet dem Betrieb Zeit. Zeit, die für Gespräche mit der Assistentin, mit den anderen Mitarbeiterinnen und Mitarbeitern und natürlich auch mit der beschäftigten Person selber gebraucht wird.« Außerdem stellt das Unternehmen zwei Mentoren zur Verfügung, sie sind die ersten Ansprechpartner für den Arbeitnehmer mit einer kognitiven Behinderung. In der Gärtnerei Moser übernehmen Hubert und Damara Marko diese Mentorentätigkeit. Mag. Schmidt-Bearzi: »Unsere Klientel braucht mehr Zeit, Zuspruch und Verständnis als andere Arbeitnehmer. Die Dienstgeber müssen auch wissen, dass sich eine Arbeitskraft mit einer kognitiven Behinderung nicht beständig steigert wie dies bei einem Lehrling der Fall ist. Es wird deshalb ein genauer Arbeitsplan erstellt und die Leistung bewegt sich nur innerhalb dieses Rahmens.« Alexandra Schmidt-Bearzi nimmt einen bildhaften Vergleich zur Hilfe, um zukünftigen Arbeitgebern zu veranschaulichen, welche Leistung sie erwarten können. »Wir symbolisieren das mit Autos. Wir sagen, ein Chef ist so leistungsstark wie ein Ferrari, Mitarbeiter wie ein Mittelklassewagen. Und eine Arbeitskraft, die über das ChancenForum vermittelt wird, haben wir mit einem Mopedauto symbolisiert. Es kann im Straßenverkehr, sprich am Arbeitsleben, teilnehmen, beständig 40 oder 50 Kilometer pro Stunde fahren, aber es kann nicht auf der Autobahn fahren. Mit einem Mittelklassewagen kann ich im Ortsgebiet langsam, auf der Autobahn schnell fahren. Er kann bepackt werden und Steigungen locker überwinden. Beim Mopedauto geht das alles nur bedingt. Und die Assistentin, die den Prozess begleitet, vergleichen wir mit einer Zapfsäule.«

Es sei zwar alles andere als leicht, einen Betrieb zu finden, der mit dem ChancenForum zusammenarbeiten wolle, wenn dies aber gelinge, würden die meisten die Kooperation weiterführen, obwohl gerade die Anfangsphase sehr schwierig sei. »Ich glaube, das hängt mit mehreren Dingen zusammen«, so die Leiterin des ChancenForums. »Da spielt sicher das soziale Engagement aufseiten der Unternehmerinnen und Unternehmer mit. Ganz wichtig aber ist die Rolle der Assistentin. Die Gewerbetreibenden fühlen sich geschätzt und ernst genommen. Wir verstehen, dass ihr Betrieb florieren soll und dass sie nur begrenzt belastbar sind. Sie wissen, dass es uns nicht darum geht, Arbeitskräfte um jeden Preis in ihrem Betrieb zu belassen, sondern dass es für beide Seiten wirklich passen muss.« Es gebe einen vertrauensvollen, respektvollen Umgang miteinander. Das sei eine gute Basis, kommende Krisen und Probleme zu bewältigen, so Alexandra Schmidt-Bearzi.

Es braucht Zeit, bis Hubert Marko einschätzen kann, welche Arbeiten seine Hilfskraft alleine erledigen kann und bei welchen Tätigkeiten sie im Team besser aufgehoben ist. Auch die junge Villacherin braucht Zeit, sich einzugewöhnen und Arbeitsabläufe zu verstehen. »Blumen ernten tu ich meistens mit den Mädchen. Und wenn sie zu mir sagen, tu alte Gerbera wegzupfen, das weiß ich schon, das versteh ich gleich, das mach ich dann. Aber bei der Arbeit mit der Erde, da passieren einige Fehler. Ich hab früher immer Angst gehabt, noch einmal zu fragen, wenn ich etwas nicht verstanden habe. Aber das habe ich in der Gärtnerei gelernt, es ist besser zweimal zu fragen als einmal einen Fehler zu machen.« Am Anfang habe sie noch kein Selbstvertrauen gehabt, erzählt die junge Frau, aber das habe sich verändert.

Es ist für Editha sehr wichtig, dass sie ganz genau weiß, welche Arbeit sie zu erledigen hat. Was aber sind die innerbetrieblichen Voraussetzungen, dass sie sich am Arbeitsplatz wohl fühlt und jene Leistungen erbringen kann, die ihr möglich sind? Und dass auch die Angestellten mit einer Kollegin gut zurechtkommen, die eine Beeinträchtigung hat? Wichtig sei, so der Gärtnermeister, dass alle Mitarbeiterinnen und Mitarbeiter ihr Handwerk sehr gut beherrschen, dass alle alles machen können. Die Lehrlinge der Gärtnerei Moser können und dürfen bereits nach dem ersten Lehrjahr alle Produkte herstellen. Es ist für die jungen Menschen befriedigend zu erleben, was ihnen alles gelingt. Und es ist für den Chef ein großer Vorteil, wenn er jeden Mitarbeiter und jede Mitarbeiterin für alle Tätigkeiten einteilen kann, besonders dann, wenn es sehr viel zu tun gibt. Außerdem komme es auch Editha zugute, wenn seine Angestellten fachlich sehr gut ausgebildet seien, findet Hubert Marko. »Wenn jeder alles kann, dann kann auch jeder eine Mitarbeiterin wie die Editha führen. Dann entsteht so ein Automatismus wie in einer gut funktionierenden Familie, wenn es zum Beispiel ums Essen geht. Der eine kocht, der andere deckt den Tisch und sorgt für die Getränke, der dritte wäscht ab, jeder weiß, was gerade zu tun ist. Denn Stress entsteht ja häufig, wenn wir nicht mehr wissen, was zu tun ist. Aber wenn wir wissen, was wir machen müssen, wenn wir gut ausgebildet sind und Erfahrung haben, dann funktioniert es.«

Hubert Marko ist stolz auf seine Angestellten. Seine Lehrlinge nehmen immer wieder an Wettbewerben teil und eines seiner Lehrmädchen gewann 2017 den Lehrlingswettbewerb der Wirtschaftskammer und wurde als beste Jungfloristin Österreichs ausgezeichnet. Genauso freut er sich darüber, dass seine Mitarbeiterinnen und Mitarbeiter zusammenhalten, sich gegenseitig helfen und voneinander lernen. »Es ist schön zu sehen, wie nett die miteinander sind. Sie haben Spaß bei der Arbeit und tauschen sich aus. Wenn eine krank ist, ruft sie die andere an und sagt, geh du für mich arbeiten. Wenn sie mir diese Sachen abnehmen, dann kann ich mich auf etwas anderes konzentrieren. Das ist für uns unbezahlbar.« Editha könne sich, wenn sie etwas brauche, an jede Person im Betrieb wenden. Am häufigsten aber würde sie zu ihren beiden Kolleginnen Nina und Anna gehen, mit denen sie viel zusammenarbeitet.

Es herrsche ein herzlicher Umgangston in der Gärtnerei, aber natürlich gebe es manchmal Spannungen oder ein ärgerliches Wort, auch Editha gegenüber. Sie könne sehr eigensinnig sein, meint der Chef. »Wenn sie etwas beim ersten Mal nicht macht und beim zweiten Mal nicht macht, dann muss ich ihr sagen, Editha, ich sag es dir schon zum dritten Mal, mach es jetzt, bitte. Ich finde es ganz wichtig, dass ich mit ihr wie mit jedem anderen im Betrieb ganz klar rede und ganz direkt umgehe. Aber sie ist auch sehr lustig, wir lachen manchmal Tränen mit ihr. Sie ist wie ein großes Kind für uns und sie ist ein wichtiger Teil von uns.«

Die junge Hilfskraft braucht Routine, Sicherheit, klare Aufgaben und viel Zeit, um ihre Arbeit zu erledigen. Sie hat ein anderes Tempo als die anderen im Betrieb. Es ist ihr auch nicht möglich, ihr Arbeitstempo vorübergehend zu erhöhen, wenn sehr viel los ist. Es geht ihr nicht darum, die Dinge in einer bestimmten Zeit zu tun. Zeit spielt für sie, wenn sie zum Beispiel zehn Gläser reinigen soll, eine untergeordnete Rolle. Wichtig ist ihr vielmehr, die Gläser sauber zu machen. »Das ist oft schwer, denn wir haben eine ganz andere Geschwindigkeit. Dann gehst du bei ihr vorbei und sie wäscht eine halbe Stunde ein Glasl ab. Dann sag ich schon, jetzt tu ein bissl weiter. Also, ich glaub nicht, dass ich sie mit Glacéhandschuhen angreifen muss, aber ich muss akzeptieren, dass wir unterschiedliche Geschwindigkeiten haben. Das ist immer unser Lernprozess.«

Es ist grundsätzlich wichtig, dass ein neuer Mitarbeiter oder eine neue Mitarbeiterin in das Team und in den Betrieb passt. Wird aber eine Person mit einer kognitiven Behinderung aufgenommen, trifft dies besonders zu. Der Vorgesetzte muss auch bereit sein, Aufgaben zu finden, die tatsächlich erledigt werden können und er muss akzeptieren, dass es sich bei der Einschulung um einen langwierigen Prozess handelt. Hubert Marko: »Bis man diesen Mitarbeiter dort hat, wo man ihn im Betrieb haben will, braucht man für ihn immer eine Begleitperson. Diese Begleitung muss gut damit umgehen können. Das muss nicht nur eine Person sein, das können mehrere sein. Also, ich sag dann, bitte nimm du heute die Editha zum Ernten mit, morgen macht das jemand anderer. Man muss am Anfang jedem Mitarbeiter zeigen, wie die Arbeit geht, aber bei der Editha ist die Einschulung natürlich viel aufwendiger.«

Es ist für einen Chef oder eine Chefin nicht immer leicht einzuschätzen, wie viel eine Arbeitskraft mit einer kognitiven Beeinträchtigung leisten kann. Einer Person mit einem Down-Syndrom sieht man die Behinderung an, dadurch fällt es leichter, die Situation angemessen zu beurteilen. Anders verhält es sich bei einem Menschen, dem man die Beeinträchtigung nicht ansieht und der außerdem in der Lage ist, sich gut auszudrücken. Alexandra Schmidt-Bearzi vom ChancenForum: »Bei unsichtbaren Behinderungen habe ich das Problem, dass man im Betrieb ungeduldig wird und sich denkt, jetzt ist die Person schon so lange da, warum versteht sie es noch immer nicht?! Es ist eine mühevolle Arbeit, Vorgesetzten klarzumachen, dass eine Person zwar gut reden kann, weil sie sich das vielleicht antrainiert hat, aber dass sie bestimmte Abläufe trotzdem nicht erfassen und kaum oder gar keine Zusammenhänge herstellen kann.«

Wenn in der Gärtnerei Hochbetrieb herrscht und niemand Zeit hat, Editha mitarbeiten zu lassen, gibt es bestimmte Aufgaben, die sie alleine erledigen kann. »Wenn sie klare Vorgaben hat, dann fühlt sie sich wohl. Und wir können in stressigen Situationen zu ihr sagen, Editha, kehr bitte aus oder räum die Kisten weg. Sie macht das, bis wir wieder Zeit und Energie haben, sie einzubeziehen und gut mir ihr umzugehen. Das ist für sie wichtig, aber auch für uns«, sagt Hubert Marko.

Sein soziales Engagement und sein fördernder wie fordernder Führungsstil speisen sich aus zwei sehr unterschiedlichen Quellen. Das Elternhaus vermittelte ihm Werte wie Verlässlichkeit und Vertrauen. Von seinem Lehrherrn lernte er, wie er es auf gar keinen Fall machen möchte. »Lehrjahre sind keine Herrenjahre. Ich hatte wirklich keine Herrenjahre. Ich bin in den 1970er-Jahren ausgebildet worden. Da war es noch gang und gäbe, dass man einen Tritt bekommen hat. Da ist man mit den Lehrlingen wie mit Leibeigenen umgegangen. Mir hat sich damals eingeprägt: So nicht! So kannst du Menschen nicht führen. Natürlich sage ich meinen Angestellten, dass wir eine bestimmte Leistung erzielen müssen, um erfolgreich zu sein. Und dass ich von ihnen erwarte, dass sie ihre Arbeit gut machen, pünktlich und pflichtbewusst sind. Wenn sehr viel zu tun ist, verlang ich auch einmal mehr, wenn weniger los ist, können wir es etwas lockerer angehen. Es ist ja auch wichtig, dass wir uns körperlich und geistig wieder ausrasten können und vor allem, dass wir Freude an der Arbeit haben.«

Es gibt viele Tätigkeiten in der Gärtnerei, die Editha Maurer gerne macht wie Blumen ernten und für den Verkauf herrichten, Erde in Töpfe geben, Behälter schlichten, Gefäße wegräumen, den Mist mit der Scheibtruhe wegführen oder Dinge aus dem Auto holen. »In der Früh«, erzählt sie, »schieb ich die leeren Mülltonen gleich wieder an ihren Platz, damit der Chef nicht extra aus dem Auto aussteigen muss, wenn er kommt.« Sie bringt Dekorationsmaterial für den Valentinstag und den Villacher Kirchtag von der Gärtnerei ins Geschäft im Zentrum der Stadt. Wird Efeu geschnitten, räumt sie das Laub an seinen Platz und führt die Abfälle weg. Es fallen aber auch Arbeiten an, auf die sie, wie sie sagt, »keinen Bock hat«. »Also, Gerberahaus putzen, das mag ich net so gern tun. Aber ich sag net, ich hab keine Lust. Ich meckere net herum. Ich halt meinen Mund. Ich mach die Arbeit, auch wenn ich net begeistert bin. Ich hab Respekt. Ich bin den Leuten dankbar, dass sie mich nehmen. Ich bin froh, dass ich Arbeit hab, besser als nix tun.«

Die junge Frau erzählt, dass sie bei ihrer Geburt im Jahr 1992 fast gestorben wäre und ohne Geschwister aufgewachsen sei. Aber bei der Arbeit habe ihr noch nie jemand vorgehalten, dass sie ein typisches Einzelkind sei. Sie käme mit allen gut aus. Sie zeigt auf die Schule, die gleich neben der Gärtnerei ist. In der Friedensschule verbrachte sie vier Jahre. Nach der Pflichtschule absolvierte das Mädchen eine Anlehre im bfz, im Sozialpädagogischen Zentrum in Klagenfurt. Sie könne lesen, habe aber Schwierigkeiten beim Schreiben. Wenn es ums Schreiben geht, würden die Lehrmädchen einspringen und ihr immer helfen. Die Arbeiten in der Gärtnerei seien nicht einfach, aber sie habe sich schon gut eingelebt und viel gelernt. »Irgendwie hoff ich, dass ich noch stärker werde, so wie die Mädchen. Ich glaub, ich werd net so stark werden wie die Mädchen. Aber ich bin schon viel stärker geworden und ich kämpf mi weiter.«

Einer Arbeit nachzugehen, Kolleginnen und Kollegen zu haben, Monat für Monat ein Gehalt zu bekommen, ein Teil der Gesellschaft zu sein, stärkt das Selbstvertrauen. »Es ist hochinteressant zu sehen, wie sich Menschen entwickeln, die in der Behindertenhilfe bleiben, und wie sich Leute entwickeln, die aus der Behindertenhilfe aussteigen und ins ChancenForum gehen«, sagt Andreas Jesse, Geschäftsführer von autArK. »Die Menschen werden viel selbstständiger und viel selbstbewusster. Das ist schon großartig.« Vielen gelingt der Schritt in den allgemeinen Arbeitsmarkt und für die allermeisten lohnt sich dieses Wagnis. Aber wer die Beschäftigungswerkstätte und seine vertraute Umgebung verlässt, verliert auch seine langjährigen Freunde und Kollegen – »seine Peergroup«, wie es Andreas Jesse ausdrückt. »Es besteht die Gefahr der sozialen Isolation, der Vereinsamung. Sie sind dann in der Erwerbsarbeitswelt, und am Arbeitsplatz funktioniert häufig alles sehr gut, sehr kollegial. Aber es ist ganz oft so, dass es über den Arbeitsplatz hinaus keinen Kontakt zwischen Menschen mit Behinderung und Menschen ohne Behinderung gibt.«

Die Mitarbeiterinnen und Mitarbeiter vom ChancenForum reagieren darauf und organisieren Treffen für ihre Dienstnehmerinnen und Dienstnehmer. Diese arbeiten in großen Möbelfirmen und Baumarktketten genauso wie in Familienbetrieben, Kindergärten und in der Gastronomie. Die 120 Plätze sind auf ganz Kärnten verteilt, vom Mölltal bis zum Lavanttal, damit der Arbeitsplatz möglichst nahe am Wohnort ist und in der jeweiligen Region. Von Wolfsberg bis Spittal an der Drau finden einmal im Monat Treffen und Veranstaltungen wie ein Tanzabend statt. Dort kann man alte Bekannte wiedersehen und neue Leute kennenlernen. Wenn es passt, trifft man sich privat, geht nach der Arbeit einen Kaffee trinken oder unternimmt vielleicht einmal am Wochenende etwas gemeinsam. Die Erwerbsarbeit verändert das Leben der Menschen, die bis dahin in einer Einrichtung der Behindertenhilfe waren.

Und es verändert auch das Leben jener, die den Arbeitsplatz mit einer Kollegin oder einem Kollegen mit Behinderung teilen. »Ich würde jedem, der einen Betrieb führt, so eine Zusammenarbeit mit dem ChancenForum wärmstens ans Herz legen, wenn die Person gut in den Betrieb passt und wenn man als Vorgesetzter bereit ist, sich die Zeit dafür zu nehmen«, sagt Geschäftsführer Hubert Marko. »Denn es ist für jeden Mitarbeiter, für uns alle eine Bereicherung, weil wir sehen, worauf es im Leben ankommt. Nicht nur auf Leistung, Leistung und noch einmal Leistung. Natürlich ist die Leistung wichtig, aber es gibt auch die Menschlichkeit und den sozialen Zusammenhalt. Wir dürfen uns nicht nur über unsere Stärken definieren. Wir alle haben unsere Schwächen. Nur wir können unsere Schwächen besser verbergen als ein Mensch wie Editha, die halt so offen und ehrlich ist.«

Wenn Menschen mit und ohne Behinderung zusammenarbeiten, fließen andere, ungewohnte Aspekte in die Arbeitswelt ein. Wenn ein

Mensch mit Beeinträchtigung einer Erwerbsarbeit nachgeht, führt es dazu, dass er selbstständiger und selbstbestimmter leben kann. Beim ChancenForum überlegen und planen die Mitarbeiterinnen und Mitarbeiter bereits weitere Schritte. Denn ihren Dienstnehmerinnen und Dienstnehmern sollte es auch möglich sein, selbst eine Wohnung mieten zu können. Andreas Jesse: »Sie sollen so wie andere auch als Mieter auftreten können, dass sie wirklich selber eine Wohnung mieten können. Das ist der nächste logische Schritt, denn sie haben ja ein Einkommen und sie können einen Mietkostenzuschuss beantragen. Wo sie Unterstützung brauchen, bekommen sie diese Hilfe. So wie es beim Job eine Arbeitsassistenz gibt, steht ihnen fürs Wohnen eine Wohnassistenz zur Verfügung.« Dabei soll individuell erhoben werden, in welchen Bereichen und in welchem Ausmaß die Unterstützung benötigt wird. Sei es beim Kochen, Saubermachen, Waschen, Einkaufen, bei der Körperpflege oder bei Arztbesuchen, Behördengängen und bei der Freizeitgestaltung. So könnten die Dienstnehmerinnen und Dienstnehmer des ChancenForums schließlich, wenn sie ihre Pension antreten, ihren Ruhestand in den eigenen vier Wänden erleben.

WEITER LERNEN UND SICH WEITER ENTWICKELN

Michael Grantner, Hilfskraft in einem Elektronikfachgeschäft

Die Technik-Welt Villach, ein Fachgeschäft für Elektronik und Technik, bietet Ersatzteile wie Schalter, Batterien oder Kabel. Ein Bastler findet dort das nötige Zubehör, wenn er sich eine automatische Bewässerungsanlage für seinen Garten bauen möchte. Eine Kundschaft, die ein defektes Gerät mit einem abgerissenen Kabel bringt, erhält Hilfe. Es werden technische Bauelemente beschafft, Informationen weitergegeben sowie Reparaturen von industriellen Steuerungen und Platinen, also Leiterplatten, durchgeführt. Aber Christian Cebular, Chef des kleinen Unternehmens, handelt nicht nur mit elektronischen Bauelementen und technischem Zubehör und versorgt seine Kundinnen und Kunden mit den benötigten Ersatzteilen und hilfreichen Tipps, sondern entwickelt selbst Produkte. So zum Beispiel einen Hochleistungsmixer speziell für grüne Smoothies, für kalte Mixgetränke aus Gemüse und Obst. Denn erst die hohe Drehzahl bewirke, so der ernährungsbewusste Techniker, dass die grünen Blätter von Salat, Spinat, Rohnen und Kräutern so zerkleinert und aufgespalten werden, dass die Wirkstoffe vom Körper bestmöglich aufgenommen werden können.

»Ich bin reiner Techniker, aber ich hatte weit über 100 Kilogramm«, erzählt Christian Cebular. Sein Übergewicht veranlasst ihn, sein Essverhalten zu überdenken. Er beschäftigt sich mit Ernährung, probiert verschiedene Diäten und Nahrungsmittel aus, so auch grüne Smoothies, und entwickelt ein geeignetes und kostengünstiges Gerät, um diese nährstoff- und vitaminreichen Getränke zubereiten zu können. Dieser Mixer eröffnet Michael Grantner den Zugang zur Arbeitswelt, der ihm bis dahin verschlossen geblieben war. Michael, der im bfz, im Sozialpädagogischen Zentrum in Klagenfurt, einige Jahre eine Anlehre gemacht und diese im Alter von 20 Jahren abgebrochen hatte, ist als erwerbsunfähig eingestuft. So steht ihm praktisch nur die Fähigkeitsorientierte Beschäftigung, also ein Platz in einer Behindertenhilfeinrichtung offen.

Als etliche Jahre später, Michael ist inzwischen Ende 20, eine Mitarbeiterin des ChancenForums an Christian Cebular herantritt und ihn fragt, ob er in seinem kleinen Familienbetrieb eine Tätigkeit hätte, die ein junger Mann und zukünftiger Dienstnehmer des ChancenForums ausführen könnte, fallen dem Chef sofort die Mixer ein, die in Taiwan gefertigt, nach Villach geschickt und in der Technik-Welt vor dem Verkauf überprüft werden müssen. Eine andere Aufgabe gebe es nicht. »Wir sind ein kleines Unternehmen, wir sind nur fünf Leute und jeder ist sehr gut ausgebildet und macht viele verschiedene Tätigkeiten. Meine Sekretärin ist nicht nur top in der Administration, sie kann auch löten. Ich konnte mir gut vorstellen, diese einfache Arbeit dem jungen Mann zu übergeben. Wie ich aber den Michael zum ersten Mal gesehen habe, habe ich mir gedacht, um Gottes Willen, das funktioniert nie.«

Der junge Kärntner, der in Velden am Wörthersee daheim ist, wird bei seinem ersten Gespräch mit dem Inhaber der Technik-Welt von seiner Arbeitsassistenz begleitet. Er sitzt da, bringt kein Wort heraus, ist völlig in sich zurückgezogen. »Heavy Metal« fällt dem Chef dazu ein. »Ich hätte es aus unternehmerischer, aber auch aus menschlicher Sicht völlig abgelehnt, den Michael ins Team zu nehmen. So wie er damals drauf war, war er für mich als Mitarbeiter total ungeeignet und unbrauchbar.«

Christian Cebular geht das Wagnis im Februar 2015 trotzdem ein, denn er vertraut Michaels Arbeitsassistenz. Sie versichert ihm glaubhaft, dass der extrem introvertierte und scheue junge Mann in der Lage sei, diese Aufgabe zu erfüllen. »Wenn ich die Mixer überprüfe«, erzählt Michael Grantner, »packe ich als erstes das ganze Gerät und das ganze Zubehör aus. Ich schau die Becher an, ob irgendwo ein Sprung drinnen ist. Dann dreh ich das Messer an und schau, ob alles schön fein läuft. Danach schau ich das Gerät selber an, ob es irgendwelche Kratzer hat, ob es dreckig ist, ob es beschädigt ist. Dann schalte ich es ein, schau, ob es überhaupt läuft. Wenn alles gut ist, pack ich es wieder ein und stell es an seinen Platz, dass es für den Verkauf gleich zum Hernehmen ist.«

Michael Grantners Einstieg in die Arbeitswelt wird gut vorbereitet. Er braucht einen ruhigen Arbeitsplatz. Es wird ein geschützter Bereich gefunden, wo die anderen Angestellten nicht ständig vorbeigehen müssen und die Kundinnen und Kunden keinen Zutritt haben. Der Platz ist zwar abgeschieden, aber nicht völlig abgetrennt. Michael bekommt mit, was im Verkaufs- und Arbeitsbereich vor sich geht und gesprochen wird. In der ersten Woche wird er von seiner

Betreuerin ins Geschäft begleitet und bei den einzelnen Tätigkeiten unterstützt. Die Assistentin ist die ganze Zeit dabei, erklärt, was zu tun ist, übt mit ihm die Handgriffe ein und versucht, den Einstieg zu erleichtern. Ab der zweiten Woche arbeitet Michael bereits selbstständig. Die Arbeitsassistenz kommt ab jetzt nur noch regelmäßig vorbei, um sich bei allen Beteiligten zu erkundigen, wie es läuft, und um auftretende Fragen zu klären und anstehende Probleme zu lösen. Die Aufwärmphase, erinnert sich der Chef, habe drei oder vier Monate gedauert. »Aber ich habe gesehen, dass der Michael seine Sachen von Anfang an gut gemacht hat. Das hat mich sehr positiv überrascht.« Was in seinem verschlossenen und schweigsamen Mitarbeiter vor sich geht, bleibt dem Chef zunächst gänzlich verborgen. Doch er bekundet deutlich sein Interesse für ihn. »Um zu verstehen, wer der Michael ist, habe ich ihn viel gefragt. Ich bin ganz offen auf ihn zugegangen. Irgendwann hatte er so viel Vertrauen zu mir, dass er angefangen hat, mit mir zu sprechen.«

Christian Cebular nimmt sich immer wieder Zeit für ein Gespräch mit seinem, wie er sagt, »menschenscheuen Mitarbeiter«. Er beobachtet seine Reaktionen genau, gibt ihm ein ehrliches und zugleich wertschätzendes Feedback, versucht ihm aufzuzeigen, dass man die Dinge so, aber auch anders sehen und machen kann. Es geht um Kleinigkeiten. So wird Michael in der Früh immer ein Glas Wasser hingestellt, denn alle anderen in der Firma trinken Wasser, um den Durst zu löschen. Dem jungen Mann ist dies fremd, aber er merkt, dass es ihm guttut. »Früher habe ich acht oder zehn Tassen Kaffee am Tag getrunken. Jetzt trink ich Wasser, kaum noch einen Kaffee. Dank ihm«, sagt er auf seinen Chef deutend. Früher sei er sehr unruhig gewesen, hätte es keine fünf Minuten auf seinem Platz ausgehalten, jetzt könne er sitzen bleiben, einem Gespräch folgen und sich beteiligen.

Alexandra Schmidt-Bearzi, die Leiterin des ChancenForums, freut sich sehr über diese Entwicklung. Michael vertraue inzwischen seiner Arbeitsassistentin und seinem Mentor im Betrieb, und auch die Betreuerin und der Chef können von Michael viel mehr erwarten, als die ärztlichen Gutachten vermuten ließen. »Kognitive Beeinträchtigung, Lernschwäche, Autismus, die anderen haben sich sehr auf diese Diagnosen verlassen. Und es ist für ihn ja auch bequem, wenn ihn keiner fordert und wenn jemand anderer die Verantwortung übernimmt. Wir haben immer gesagt, dass im Michael eine Menge drinnen steckt. Und es ist so schön zu sehen, wie viel sich für ihn verändert hat, seit er in der Technik-Welt Villach arbeitet. Heute kann er sagen, was er will und was ihm guttut, er macht seine Arbeit und erzählt sogar in einem Interview oder bei einer Veranstaltung darüber. Das wäre zwei, drei Jahre vor seinem Arbeitseinstieg völlig undenkbar gewesen.«

Schon als Kind ist Michael sehr in sich gekehrt. Seine Eltern sind immer wieder ratlos. Wenn der Bub ein neues Spielzeugauto bekommt, fährt er nur kurz damit herum. Ihn fasziniert etwas anderes. »Ich hab die Autos aufgeschraubt, denn es hat mich schon immer interessiert, was drinnen ist. Ich hab sie auseinander genommen. Ich hab zuhause alle alten Geräte zerlegt. Hab die 1000 Teile liegen gelassen, hab nie etwas zusammengebaut.« Die Eltern ärgern sich, schimpfen und regen sich über das Verhalten ihres Sohnes auf. Sie sind überfordert, verstehen nicht, was in ihrem Kind vor sich geht. Der Bub kehrt sich mehr und mehr in sich, vereinsamt und findet in der Welt der Computerspiele eine Art Trost und Halt. Früh, zu früh spielt er Spiele, die für Kinder und Jugendliche nicht geeignet sind. Die Eltern verbieten ihrem Sohn Ego-Shooter-Spiele. »Aber«, so Michael, »dann habe ich sie mir heimlich besorgt und sie heimlich gespielt.« Als Michael Grantner im Alter von 20 Jahren seinen Platz im bfz, im Sozialpädagogischen Zentrum in Klagenfurt verliert, hat er keine Tagesstruktur mehr. »Damals habe ich immer Freizeit gehabt und sonst nix. Da wäre ich fast verrückt geworden, wie ich nur daheim herumgesessen bin.« Fernsehen und Spielen werden immer wichtiger und Michael verbringt vor allem nachts viel Zeit vor dem Computer. Das habe sich verändert, seit er in der Technik-Welt arbeite, jetzt spiele er unter der Woche viel weniger, denn ansonsten käme er in der Früh gar nicht aus seinem Bett heraus.

Der junge Kärntner hat im Haus seiner Eltern eine eigene Wohnung und fährt jeden Tag mit dem Auto von Velden nach Villach zur Arbeit. »Jetzt habe ich wieder einen vernünftigen Tagesablauf«, stellt er erleichtert fest. »Auch wenn oft noch viel Freizeit ist, wo ich nicht weiß, was ich treiben soll.« Michael Grantner arbeitet, wie viele Dienstnehmer des ChancenForums, 19 Stunden pro Woche. Das hat verschiedene Gründe. Das ChancenForum bezahlt seine Dienstnehmerinnen und Dienstnehmer mit dem Tagsatz, der ansonsten für die Betreuungsmaßnahme in der Behindertenhilfeeinrichtung zur Verfügung stehen würde. Mehr als 19 Stunden pro Woche gehen sich mit diesem Tagsatz nicht aus. Hinzu kommt, dass diese Wochenarbeitszeit für viele angemessen und ausreichend ist, manche arbeiten überhaupt nur 14 oder 15 Stunden pro Woche. »Unsere Zielgruppe ist ja als erwerbsunfähig eingestuft. Also 38 Stunden pro Woche wären viel zu viel«, so Andreas Jesse, der Leiter von autArK, dem Kärntner Sozialunternehmen, das das ChancenForum initiiert hat. Mit diesem Einkommen könne man natürlich nicht sein Auskommen haben. »Aber hier ist es wie bei allen anderen Erwerbstätigen. Wenn ich zu wenig verdiene, dann gibt es Zuzahlungsleistungen wie Wohnungszuschuss, Heizkostenzuschuss, Mindestsicherung. Das ist in jedem Bundesland ein bisschen anders geregelt, aber es gilt für alle, ob jemand behindert ist oder nicht behindert ist.«

Wer als erwerbsunfähig eingestuft ist, hat kein Arbeitsverbot, darf also jederzeit arbeiten, wenn es gelingt, einen Job zu finden. Dieser Status ist aber mit bestimmten Leistungen verbunden wie zum Beispiel mit einer erhöhten Familienbeihilfe für die unterhaltspflichtigen Angehörigen oder einer Waisenpension, wenn die Eltern sterben. Diese soziale Absicherung ist also gegeben, wenn jemand als arbeitsunfähig gilt. Wer jedoch arbeitet, ist per Gesetz selbsterhaltungsfähig. Was aber passiert, wenn der Arbeitsversuch scheitert? »Dann habe ich das Problem«, so Andreas Jesse, »dass diese anderen Leistungen weg sind. Das ist genau der Graubereich, wo wir uns inhaltlich oft bewegen, wo man schaut, dass dieser Status ›Erwerbsunfähigkeit‹ gestrichen wird. Ich bin überzeugt davon, dass es viele Personen in der Behindertenhilfe gibt, die arbeiten können und arbeiten wollen, aber aufgrund dieses Risikos den Arbeitsversuch nicht wagen.«

Die Mitarbeiterinnen und Mitarbeiter des ChancenForums versuchen, dieses Risiko möglichst gering zu halten. Sie informieren sehr genau darüber, wie der Schritt aus der Fähigkeitsorientierten Beschäftigung in ein Dienstverhältnis bei autArK aussieht und welche Folgen er hat. So erhalten die Betroffenen und vor allem ihre unterhaltspflichtigen Angehörigen eine gute Entscheidungsgrundlage. Wenn sich jemand für ein Dienstverhältnis interessiert, klären die Assistentinnen und Assistenten genau ab, ob die betreffende Person geeignet ist. Sie suchen eine Aufgabe, die von ihr bewältigt werden kann, und vor allem einen Betrieb, wo die Führungskräfte und Angestellten bereit sind, sich auf einen Menschen mit einer kognitiven Behinderung einzustellen.

Wenn ein Arbeitsplatz gefunden und die Tätigkeit genau festgelegt ist, wird ein Praktikum oder eine Probezeit absolviert. Wenn alles passt, wird zunächst ein befristeter Dienstvertrag ausgestellt und der gesamte Prozess wird von ein und demselben Betreuer begleitet. »Mit der Orientierungs- und Arbeitserprobungsphase sind ungefähr einenhalb Jahre vergangen, die die betreffende Person schon im Unternehmen verbracht hat«, so der Leiter von autArK. »Beide Seiten haben sich schon gut kennengelernt und die Erfahrung gemacht, dass es funktioniert. Erst dann gibt es den fixen Dienstvertrag. Natürlich kommt es vor, dass ein Arbeitsverhältnis scheitert, aber das passiert ja auch bei Arbeitnehmern, die keine Behinderung haben. Bei uns ist es in der Regel so, dass wir dann für unseren Dienstnehmer einen neuen Arbeitsplatz finden.«

Nicht in Kärnten, aber in Wien gibt es den Arbeitskreis Rückversicherung, der sich ganz konkret mit der Frage beschäftigt, wie Menschen trotz eines gescheiterten Arbeitsversuches sozial abgesichert bleiben können. In diesem Arbeitskreis haben Vertreterinnen und Vertreter des Sozialministeriumservice, des Fonds Soziales Wien, des AMS Wien, der Pensionsversicherungsträger und Finanzverwaltung Regelungen entwickelt, wie die Sozialhilfeleistungen wiedererlangt werden können, wenn der Arbeitsversuch scheitert. Vorausgesetzt, es werden die klar definierten Vorgehensweisen eingehalten. Andreas Jesse von autArK: »Es gibt also schon dieses Modell, dass man ins alte System zurückkehren kann, wenn es für die Person mit einer Behinderung beim Arbeiten doch nicht funktioniert. Es wird Lobbying gemacht, dass man solche Arbeitskreise auch in den anderen Bundesländern einsetzt. Denn so eine Rückversicherung würde es vielen Menschen, die arbeiten können und arbeiten wollen, sehr erleichtern, einen Arbeitsversuch zu wagen.«

Die Arbeitsassistenz steht den Dienstnehmerinnen und Dienstnehmern des ChancenForums während der gesamten Beschäftigungszeit zur Verfügung. Und zwar für eine bestimmte Anzahl von Stunden pro Woche. Dies sei ein Teil des Erfolgsrezeptes, so der Leiter von autArK. »Unsere kompetenten und professionellen Assistentinnen können sehr schnell reagieren, wenn es irgendwo kriselt. Wenn es eine vertrauensvolle, eine gut funktionierende Beziehung zwischen Betreuer, Klient und Mentor gibt, dann kann man Probleme, die auftreten, fast immer gut lösen.«

Es braucht Zeit, bis sich ein gutes Verhältnis zwischen diesen drei Personen entwickelt. Außerdem erfordert es von Seiten der Chefin oder des Chefs Einfühlungsvermögen und einen höheren, einen anderen Einsatz als gewöhnlich. Es sei wichtig, offen zu sein und den Menschen so zu akzeptieren, wie er ist, meint Christian Cebular von der Technik-Welt Villach. »Natürlich stoße ich dabei auch an meine eigenen Grenzen. Manchmal tät ich den Michael am liebsten packen und wohin stellen, weil wieder einmal gar nichts geht. In so einer Situation bin ich selber sehr gefordert. Da muss ich etwas dazulernen, aber das ist ja auch das Spannende dabei. Ich habe sofort gesehen, wie der Michael zu uns gekommen ist, dass ich mit ihm nicht so umgehen kann wie mit meinen anderen Angestellten. Ich hab mir selber einiges erarbeiten müssen, um dorthin zu kommen, dass man eine Beziehung schafft, wo dann ein bissl was möglich ist. Wo man auch einmal einen Spaß haben kann.«

In einer vertrauensvollen Atmosphäre kann ein Mensch Neues lernen und Selbstvertrauen entwickeln. Michael Grantner überprüft nicht mehr bloß Mixer. Er beschäftigt sich inzwischen mit defekten Geräten, nimmt sie auseinander und, im Gegensatz zu früher, setzt er sie wieder instand. »Wenn ich jetzt etwas aufschraube, muss ich es wieder zusammenbauen, sonst gibt mir mein Chef eins auf den Deckel. Also, jetzt pass ich auf, wenn ich etwas auseinandernehme, damit ich später weiß, wie es zusammengehört.« Michael erledigt für die Sekretärin kleine Arbeiten wie Lieferscheine abhaken, Rechnungen sortieren oder abheften. Er recherchiert im Internet, wenn eine Kundschaft ausgefallene Ersatzteile benötigt, lötet, baut Stecker um und fertigt Kabel. Es sei ein großes Glück, dass sich sein Mitarbeiter grundsätzlich für technische Dinge interessieren würde, so sein Chef. »Darauf kann er aufbauen, mein Angebot dazu hat er. Was er daraus macht, bleibt ihm überlassen. Wenn er mehr über Elektronik wissen will, dann werden wir für ihn einen Elektronikkurs machen. Das liegt ja auf der Hand, aber das ist überhaupt erst möglich, weil sich zwischen uns ein Vertrauensverhältnis entwickelt hat.«

Was motiviert einen Geschäftsmann wie Christian Cebular, sich für Michael Grantner einzusetzen und in seinem kleinen Betrieb einen Aufgabenbereich für ihn zu schaffen? Er lerne gerne und er sei es gewohnt zu helfen. »Wenn jemand mit einem Problem zu mir ins Geschäft kommt, dann hat er entweder bald keines mehr oder er versteht, warum er eines hat. Ich mache das tagtäglich und ich lerne im technischen Bereich ständig dazu. Das ist notwendig. Das Technische war mir aber irgendwann zu einseitig. Dann habe ich mich mit anderen Dingen beschäftigt, mit mentaler Stärke, erhöhtem Bewusstsein, gesteigerter Aufmerksamkeit. Der Autor und spirituelle Lehrer Eckhart Tolle war einer meiner Mentoren. Das war lange bevor der Michael zu uns gekommen ist. Und es ist so, ich fördere meine Mitarbeiter immer, wenn sie es wollen und annehmen.«

Er selbst wäre nie auf die Idee gekommen, einen Menschen mit Behinderung einzustellen, erzählt der Chef der Technik-Welt Villach. Er habe sich dies erst überlegt, als eine Mitarbeiterin des ChancenForums auf ihn zugekommen sei. »Es fehlt an Information. Und man hat gar keine Vorstellung, dass so ein Arbeitsverhältnis gelingen kann. Damit es aber gelingt, muss es unbedingt begleitet werden. Also der Betrieb braucht eine professionelle Unterstützung, so wie das in unserem Fall durch autArK geschieht.«

Was könnte Vorgesetzte veranlassen, einen Menschen mit Behinderung einzustellen? Information, gelungene Bespiele und professionelle Unterstützung seien genauso wichtig wie ein gewisser unternehmerischer Pioniergeist, findet Christian Cebular. Ein Unternehmer, eine Chefin müssten bereit sein, mehr als nur die Gewinnmaximierung in den Blick zu nehmen. »Wenn ich ausschließlich an den Profit denke, dann wird es nicht funktionieren. Wenn ich aber sage, ich gebe einem Menschen eine Chance, und wenn etwas dabei herauskommt, freuen wir uns alle, dann ist das ein ganz anderer Zugang. Man muss sich klar sein, dass man vor allem in den ersten Monaten selber sehr viel einbringen muss und wenig bekommt und dass man den Arbeitsplatz auf den Menschen zuschneiden muss und nicht umgekehrt. Aber vielleicht hat man eines Tages einen Mitarbeiter, den man nicht mehr missen möchte und der einem in einer Art und Weise an die Hand geht, die man sich gar nicht hätte vorstellen können.«

Christian Cebular schätzt es, dass sein Mitarbeiter aufgeschlossen ist und über ein bestimmtes Maß an Willenskraft verfügt. So ist es dem jungen Kärntner möglich, sich für Dinge zu interessieren, bei Aktivitäten im Betrieb mitzumachen und Neues auszuprobieren. Michael Grantner, der seit Februar 2015 einen Job in der Technik-Welt Villach hat, über seine Ziele: »Ich möchte mich auf jeden Fall noch weiterentwickeln und Sachen dazu machen, die ich bis jetzt noch nicht kann.« Aber er kennt auch die Gegenspieler zu Engagement und Interesse. »Ich komm in der Früh nur schwer aus dem Bett heraus, weil die Trägheit und die Faulheit, weil du magst net aufstehen. Trotzdem musst schauen, dass du zur Arbeit kommst. Gestern war ich zu spät. Aber ich schaff es immer wieder, rechtzeitig zu kommen.«

Am liebsten hätte Michael einen Chauffeur, der ihn jeden Tag zu seinem Betrieb bringt. Am liebsten würde er es sich auf dem Beifahrersitz bequem machen und von Velden nach Villach chauffieren lassen. Da aber niemand diesen Dienst übernehmen möchte, fährt er selbst zur Arbeit. Und der einst so verschlossene und zurückgezogene Mitarbeiter hat sich inzwischen an seine Kolleginnen und Kollegen gewöhnt. Es seien ja nur wenige und es seien alles freundliche Leute, meint er: »Ich komme mit allen gut aus. Das ist das Wichtigste für mich, dass es eben passt.«

Michael Grantner erzählt, dass auch seine Eltern sehr froh seien, dass er eine Arbeit habe. »Weil ich ihnen schon zu viel auf die Nerven gegangen bin, immer daheim herumsitzen. Weil ich so viele Sachen zerlegt habe, weil ich schon nicht mehr gewusst habe, was ich machen soll vor lauter Langeweile.« Dieser Langeweile wirkt Michaels Chef aktiv entgegen. Er überlegt sich, welche Arbeiten der junge Mann noch ausführen könnte, geht auf seine Kunden zu, fragt nach, ob sie ein konkretes Anliegen, eine bestimmte Aufgabe hätten, die sein Mitarbeiter übernehmen könnte. Christian Cebular interessiert sich auch für die Aktivitäten von autArK. Wenn er Zeit hat, besucht er ein Treffen, das für die Dienstnehmerinnen und Dienstnehmer des ChancenForums organisiert wird. Er ist fest davon überzeugt, dass sich weitere Unternehmerinnen und Unternehmer gewinnen ließen, einen Menschen mit Behinderung aufzunehmen. Er glaubt daran, dass diese Arbeitsverhältnisse gelingen könnten, vorausgesetzt es gebe keinen wirtschaftlichen Druck und Erfolgszwang, sondern eine professionelle Begleitung sowie die Bereitschaft, etwas Neues auszuprobieren und die Mitarbeiterinnen und Mitarbeiter mit Beeinträchtigungen in ihren Stärken und Schwächen zu akzeptieren.

Das ChancenForum bietet eine Möglichkeit, das in der UN-Behindertenrechtskonvention festgeschriebene Recht auf Arbeit für Menschen umzusetzen, die arbeiten wollen und können, auch wenn sie per Gesetz als erwerbsunfähig gelten und einen hohen Unterstützungsbedarf haben. »Recht auf Arbeit bedeutet nicht, dass man versucht, die Behinderung abzutrainieren, wegzutherapieren oder wegzuassistieren. Das geht auch gar nicht«, so Andreas Jesse von autArK. »Es ist ein Angebot für Menschen, die trotz Behinderung und trotz Assistenzbedarf arbeiten und möglichst selbstbestimmt leben wollen.« Dieses Angebot folge dem Inklusionsprinzip, denn es trage dazu bei, Menschen mit Beeinträchtigungen am Arbeitsleben teilhaben zu lassen anstatt sie in Sondereinrichtungen unterzubringen. Zudem sei es kostenneutral. Andreas Jesse: »Das Land Kärnten nimmt für ein Dienstverhältnis beim ChancenForum das gleiche Geld in die Hand wie für eine Unterbringung in einer Behindertenhilfeeinrichtung. Als Dienstnehmer des ChancenForums bin ich aber am allgemeinen Arbeitsmarkt und habe gleichzeitig alle Unterstützungsmaßnahmen, die ich benötige. So wird der Mensch mit Behinderung auch als Leistungsträger gesehen.« Wenn eine Gesellschaft erlebt, dass Menschen, die einen hohen Unterstützungsbedarf haben, arbeiten können, dann verändert sich auch die Wahrnehmung. Dann ist ein Mensch mit Behinderung nicht jemand, der ausschließlich Hilfe braucht, sondern eine Person, die Stärken und Schwächen hat, die etwas kann und tut, die gibt und nimmt, die Leistung vollbringt und Unterstützung benötigt. So wie dies eben in der einen oder anderen Art und Weise für jeden Menschen zutrifft.

DANK

Mein Dank gilt allen Gesprächspartnerinnen und Gesprächspartnern, die mir wichtige Informationen und Gedankenanstöße gaben. Und vor allem jenen, die bereit waren, mir ihre Geschichte zu erzählen, wie sie einen Job fanden und wie es ihnen in ihrem Arbeitsalltag ergeht.

»Die Behinderung ist ein Teil meines Lebens, aber sie ist nicht mein Leben.« Diesen Satz habe ich so oder ähnlich von vielen gehört. Eine Behinderung ist fraglos eine Bürde, aber sie ist für die Betroffenen selten jene Tragödie, als die sie von Außenstehenden häufig gesehen wird. Ein schwerer Unfall, eine lebensbedrohliche oder chronische Krankheit verändern das Leben völlig, aber dieses einschneidende Ereignis ermöglicht auch neue Sicht- und Lebensweisen. »Ich war ein Workaholic und wahrscheinlich wäre ich heute ein Alkoholiker und die lange Zeit in der Rehaklinik zählt zu den besten Erfahrungen in meinem Leben«, bringt es Patrick Idinger, der bei einem Unfall seinen rechten Unterschenkel verloren hat, auf den Punkt.

Um diese neue Lebenseinstellung gewinnen zu können, bedarf es der anderen und deren Unterstützung. Seien es Eltern, die kämpfen, Lehrkräfte, die ermutigen, medizinisches Personal, das engagiert und mit großem Können Hilfe leistet, Freundinnen und Freunde, Arbeitgeberinnen und Vorgesetzte, Beamte und professionelle Helferinnen, die den Menschen und nicht die Behinderung sehen.

Ich danke allen, die in diesem Buch zu Wort kommen, aber auch jenen, die namentlich nicht aufscheinen. Sie haben dazu beigetragen und mich dabei unterstützt, dass dieses Buch zustande gekommen ist.

Ich bin bei der Arbeit daran vielen Menschen begegnet, die mutig und mit viel Energie ihre Ziele verfolgen, die stets neu versuchen, ihren Mitmenschen vorurteilsfrei zu sehen und die sich immer wieder dafür einsetzen, dass Menschen mit Behinderungen ihren Platz mitten in der Gesellschaft finden. Für diese Begegnungen bin ich dankbar. Sie haben auch meine Sicht auf das Leben verändert.

Tanja Gausterer danke ich für die mühevolle und lohnende Lektoratstätigkeit. Danke dem Regisseur Stefan Bohun und dem Kameramann Gregor Centner, die einige Arbeitsbiografien auf geglückte Weise filmisch umgesetzt haben.

Mein ganz besonderer Dank gilt dem Bundesministerium für Arbeit, Soziales, Gesundheit und Konsumentenschutz, das den Druck des Buches und die Produktion des Films gefördert hat. Ohne diese Förderung hätte das Projekt nicht verwirklicht werden können. Ebenso danke ich dabei-austria, dem Dachverband berufliche Integration Austria, für seine Unterstützung.

QUELLEN

Stand: 21.08.2018

Teil eins: Arbeit und Behinderung

Die Situation von Menschen mit Behinderungen am Arbeitsmarkt
Aktuelle Informationen über alle wesentlichen Themen im Bereich Menschen mit
  Behinderungen: www.help.gv.at/Portal.Node/hlpd/public/content/k199/Seite.
  1990000.html
Arbeitsassistenz Tirol Mittendrin: www.arbas.at/unsere-angebote/mittendrin
autArk – ChancenForum: www.autark.co.at/angebote-zur-chancengleichheit/chancen
  forum
Behindertenanwalt – Anwalt für Gleichbehandlungsfragen für Menschen mit Behin-
  derung: www.behindertenanwalt.gv.at (Bericht der Bundesregierung über die
  Lage der Menschen mit Behinderungen in Österreich 2016, BMASK: 17,9 %
  der Männer und 18,8 % der Frauen ab 15 Jahren haben eine dauerhafte Beeinträchtigung.)
Der Behindertenanwalt des Bundes ist erreichbar unter der Telefonnummer 0800/80
  80 16 (gebührenfrei) oder per E-Mail unter office@behindertenanwalt.gv.at.
Behinderteneinstellungs- und Behindertengleichstellungsgesetz: www.ris.bka.gv.at
Bundesweite Koordinierungsstelle AusBildung bis 18: www.bundeskost.at/wp-
  content/uploads/2018/01/aass_teilnahmen_bundesweit_dezember_2017.pdf
dabei-austria: www.dabei-austria.at
Disability Studies Austria / Forschung zu Behinderung, Österreich: dista.uniability.org
EASPD – European Association of Service Providers for Persons with Disabilities:
  www.easpd.eu/en/content/employment-declaration-opening-labour-market-
  persons-disabilities
Inklusion als Menschenrecht: www.inklusion-als-menschenrecht.de
Institut für Sozialdienste Spagat: www.ifs.at/spagat.html
NEBA – Netzwerk Berufliche Assistenz: www.neba.at
netmoms: www.netmoms.de
paradisi.de: www.paradisi.de
Zeitklicks: www.zeitklicks.de/nationalsozialismus

Lohnt sich Inklusion?
Sebastian Brettl, Viktoria Kandler, Marlies Lehner, Philip Zagler: Barrierefrei: Wege
  zur inklusiven Organisation als Wettbewerbsvorteil (Leitung: Heike Mensi-
  Klarbach): 7coinqmhbl3myqtc495xxs18-wpengine.netdna-ssl.com/wp-content/
  uploads/sites/3/2017/12/Studie-WU-Wien_Endbericht.pdf
Bernd Geropp: Der Geschäftsführercoach: www.mehr-fuehren.de

Gabler Wirtschaftslexikon: wirtschaftslexikon.gabler.de
simonsen: management: simonsen-management.de

Mit der Wirtschaft zur inklusiven Gesellschaft
myAbility: www.myability.org
Unternehmenszahlen REWE für 2016: www.rewe-group.at/de/newsroom/presse
mitteilungen/rewe-1716-geschaeftsjahr-wachstum

Für eine Welt ohne Barrieren
Zero Project: zeroproject.org/

Teil zwei: Unbehindert arbeiten

»Auch aus Steinen, die einem in den Weg gelegt werden, kann man etwas bauen«
Arbeitsmarktservice – Persönliche Assistenz: www.ams.at/persoenliche-assistenz
DocCheck Flexikon – Parese: flexikon.doccheck.com/de/Parese
Help.gv.at – Pflegegeld: www.help.gv.at/Portal.Node/hlpd/public/content/36/Seite.
360510.html
Neuro 24 – Lähmungen: www.neuro24.de/laehmungen.htm
Verein Österreichisches Kuratorium für Therapeutisches Reiten: www.oktr.at/web
Wikipedia – Spastik: de.wikipedia.org/wiki/Spastik
WAG Assistenzgenossenschaft: www.wag.or.at
Wien Work: www.wienwork.at

»Meine Arbeit bedeutet für mich Glück und Erfüllung«
DolmetschServicePlus: www.dolmetschserviceplus.at
Equalizent: www.equalizent.com
Fachgebärdenplattform GESTU – gehörlos erfolgreich studieren TU Wien:
fachgebaerden.tuwien.ac.at/startseite
Gehörlosenserver – Universität Klagenfurt: deaf.uni-klu.ac.at/deaf/index.shtml
GEOlino – Gebärden: www.geo.de/geolino/mensch/1854-rtkl-gebaerden-gebaerden
sprache
Gesundheit.gv.at – Hörbehinderung / Gehörlosigkeit: www.gesundheit.gv.at/krank
heiten/behinderung/taubheit
Marien Apotheke in Wien: www.marienapo.eu
ÖGLB Österreichischer Gehörlosenbund: www.oeglb.at
Österreichischer Gebärdensprach-DolmetscherInnen- und -ÜbersetzerInnen-Ver-
band: www.oegsdv.at/gehoerlosigkeit-gebaerdensprache/gehoerlosigkeit
Österreichischer Gehörlosenbund – Gebärdensprache: www.oeglb.at/gebaerdensprache
planet wissen – Gebärdensprachen: www.planet-wissen.de/gesellschaft/behinderungen/
gehoerlose_leben_in_der_stille/pwiegebaerdensprachen100.html
Wikipedia – Gebärdensprache: de.wikipedia.org/wiki/%C3%96sterreichische_Geb%
C3%A4rdensprache
Wikipedia – Gehörlosigkeit: de.wikipedia.org/wiki/Geh%C3%B6rlosigkeit
WITAF: www.witaf.at

»Das Mittelmaß hat mir nie gereicht«

AK Arbeiterkammer: www.arbeiterkammer.at

Arbeiterkammer – Kündigungsschutz: www.arbeiterkammer.at/beratung/arbeitund
recht/arbeitundbehinderung/Kuendigungsschutz.html

beinamputiert-was-geht – Die Amputation: www.beinamputiert-was-geht.de/die-
amputation

Bundesministerium Arbeit, Soziales, Gesundheit und Konsumentenschutz – Kündigungsschutz: www.sozialministeriumservice.at/site/Menschen_mit_Behinder
ung/Ausbildung_Beruf_und_Beschaeftigung/Erhoehter_Kuendigungsschutz
www.sozialministerium.at/site/Arbeit_Behinderung/Berufliche_Integration/
Behinderteneinstellungsgesetz/Besonderer_Kuendigungsschutz

C. Beuthel – Das Sanitätshaus – Beinamputation: www.beuthel.de/blog/beinam
putation-leben-mit-beinprothese

Friseursalon Feinschnitt: www.treatwell.at/ort/feinschnitt

Gastgewerbefachschule: www.gafa.at/de/programs.html

Help.gv.at – Förderungen: www.help.gv.at/Portal.Node/hlpd/public/content/124/
Seite.1241000.html

Integratio – Initiative zur beruflichen Integration und Rehabilitation von Menschen mit Behinderung: www.integratio.at/?q=selbststaendig_mit_behinderung

Otto Bock – Beinamputation und Rehabilitation: www.ottobock.at/prothetik/
informationen-fuer-amputierte/von-amputation-bis-rehabilitation/leben-mit-
beinamputation

Sozialministeriumservice: www.sozialministeriumservice.at

Wiener Wirtschaftsagentur – Ein Fonds der Stadt Wien: wirtschaftsagentur.at

Wirtschaftskammer Österreich – Begünstigte behinderte Arbeitnehmer: Arbeit-
geberkündigung: www.wko.at/service/arbeitsrecht-sozialrecht/Beguenstigte_
behinderte_Arbeitnehmer_Arbeitgeberkuendigung.html

»Ich brenne noch immer für meinen Arbeitsplatz«

DocFinder – Multiple Sklerose: www.docfinder.at/ratgeber/multiple-sklerose-2683

Fonds Soziales Wien, Sozialer Stützpunkt: www.fsw.at

Gesundheit.gv.at – Multiple Sklerose: www.gesundheit.gv.at/krankheiten/gehirn-
nerven/multiple-sklerose/inhalt

Multiple Sklerose Gesellschaft Wien: www.msges.at/multiple-sklerose

netdoktor – Multiple Sklerose: www.netdoktor.at/krankheit/ms-7417

Österreichische Multiple Sklerose Gesellschaft: www.oemsg.at

Pensionsversicherungsanstalt: www.pensionsversicherung.at

Im Schichtbetrieb

bento – Kleinwuchs: www.bento.de/politik/keinzwerg-menschen-mit-kleinwuchs-
erklaeren-was-fuer-sie-ok-ist-und-was-nicht-645856

Bundesverband Kleinwüchsige Menschen und ihre Familien e. V. – Kleinwuchs:
www.bkmf.de/kleinwuchs

Fröling: www.froeling.com/at.html

Joker Hof Tollet: joker.ooe-ziv.at

Tech-Trade.at: www.foton-traktor.com/heizkessel

Wikipedia – Kleinwuchs: de.wikipedia.org/wiki/Kleinwuchs

Über Depressionen spricht man nicht

Dr-Elze.com – Soziale Phobie: dr-elze.com/soziale-phobie-icd-10

Hans Morschitzky – Soziale Phobie: www.panikattacken.at/sozialphobie/sozial.htm

Humanomed – Der Weg aus der Depression: www.humanomed.at/magazin/der-weg-aus-der-depression

ICD-Code: www.icd-code.de/icd/code/F40.01.html

netdoktor – Depression: www.netdoktor.at/krankheit/depression-7498

Pro mente Austria: www.promenteaustria.at/de

Pro mente Wien: www.promente-wien.at

Seele und Gesundheit – Soziale Phobie: www.seele-und-gesundheit.de/diagnosen/soziale-phobie.html

»Jede Abteilung braucht ein bisschen was von mir«

Berufsförderungsinstitut BFI – Gesundheitsbeauftragte(r): www.bfi.wien/kurs/4026/gesundheits-und-sozialberufe/wohlbefinden/gesundheitsbeauftragte-r-im-betrieb

ÖZIV Bundesverband: www.oeziv.org

WIFI Österreich – Ausbildertraining: www.wifi.at/karriere/meisterpruefungen/lehrlingsausbilder

Wirtschaftskammer Österreich – Sicherheitsvertrauensperson: www.wko.at/service/arbeitsrecht-sozialrecht/Sicherheitsvertrauensperson_Aufgaben_und_Rechtsstellung.html

Der Verkaufsraum als Bühne

Arbeitsmarktservice – Arbeit und Behinderung: ams.brz.gv.at/arbeitundbehinderung/data/13.html

Arbeitsmarktservice – Einstellung von Menschen mit Behinderungen: www.ams.at/_docs/001_sfu_einstellung_behinderung.pdf

Asai: asai.at

Der Sonnenberghof: www.dersonnberghof.at/der-sonnberghof.html

Deutsches Krebsforschungszentrum / Krebsinformationsdienst: www.krebsinformationsdienst.de

DocFinder – Brustkrebs: www.docfinder.at/ratgeber/brustkrebs-2552

foodspring – Superfood-Liste: www.foodspring.at/superfood-liste-15-superfoods-auf-einen-blick

früh erkennen – Österreichisches Brustkrebs-Früherkennungsprogramm: www.frueherkennen.at

Gesundheit.gv.at – Brustkrebs: www.gesundheit.gv.at/krankheiten/krebs/brustkrebs/symptome

Krebs im Fokus – Brustkrebs: www.krebsimfokus.at/ueber-krebs/brustkrebs/im-ueberblick.html

Kurort Bad Sauerbrunn: www.tourismus-badsauerbrunn.at

löwenzahn – Superfood: www.loewenzahn.at/magazin/heimische-superfoods

Monster – Behinderte anstellen bringt Vorteile: arbeitgeber.monster.at/hr/personal-tipps/personalmanagement/arbeitsrecht/behinderte-anstellen-81849.aspx

Ratgeber Vegan: ich-lebe-vegan.de

Sozialministeriumservice: www.sozialministeriumservice.at

Universitätsklinik für Innere Medizin I: innere-med-1.meduniwien.ac.at
Unternehmensserviceportal – Förderung für Behinderteneinstellung: www.usp.gv.at/
    Portal.Node/usp/public/content/foerderungen_und_ausschreibungen/
    foerderungen/fuer_unternehmen/behinderteneinstellung/Seite.1240900.html
WAFF: www.waff.at
Wien Work: www.wienwork.at
Wikipedia – Superfood: de.wikipedia.org/wiki/Superfood
Wirtschaftskammer Österreich – AMS-Förderungen für Arbeitgeber: www.wko.at/
    service/arbeitsrecht-sozialrecht/AMS-Foerderungen_fuer_Arbeitgeber.html
Wirtschaftskammer Österreich: Begünstigte Behinderte Arbeitnehmer: www.wko.at/
    service/Beguenstigte-Behinderte-Arbeitnehmer.html

Traumberuf Bäcker

Arbeiterkammer – Verlängerte Lehre und Teilqualifizierung: www.arbeiterkammer.at/
    beratung/bildung/lehre/Berufsausbildung_mit_verlaengerter_Lehrzeit_oder_
    Teilqualif.html
Arbeitsmarktservice – Arbeit und Behinderung: ams.brz.gv.at/arbeitundbehinderung/
    data/7.html
Back ma's: www.caritas-linz.at
Jugendcoaching: www.neba.at
Jugendwegweiser – Jugendcoaching: www.jugendwegweiser.at/eltern/bildung-und-
    beruf/beratungsstellen/jugendcoaching
Lehrlingsportal.at – Integrative Berufsausbildung: www.lehrlingsportal.at/integrative-
    berufsausbildung
Netzwerk Berufliche Assistenz – Jugendcoaching: www.neba.at/jugendcoaching/
    warum-jugendcoaching
Qualität in der Lehre – Verlängerte Lehre und Teilqualifizierung: www.qualitaet-lehre.at/
    duale-berufsbildung/vielfalt-lehre/verlaengerte-lehre-und-teilqualifikation

Talente und Potentiale sichtbar machen

Peer Counseling: www.peer-counseling.org/index.php
Bizeps – Zentrum für Selbstbestimmtes Leben: www.bizeps.or.at
Wikipedia – Peer-Beratung: de.wikipedia.org/wiki/Peer-Beratung
MyHandicap – Spastische Lähmung: www.myhandicap.de/gesundheit/koerperliche-
    behinderung/laehmung/spastische-laehmung
Ambulanz für Manuelle Medizin / Rheintalklinik Bad Krozingen – Tetraplegie, Di-
    plegie, Hemiplegie: www.amm-rheintalklinik.de/amm06/DE/Erkrankungen/
    TetraDipleHemiplegie.php
Schritt für Schritt – Diplegie: www.schrittfuerschritt.at/schritt/behindertes-kind/
    diplegie
Deutscher Bundesverband für Logopädie e.V. – Stottern: www.dbl-ev.de/kommuni
    kation-sprache-sprechen-stimme-schlucken/stoerungen-bei-kindern/stoerungs
    bereiche/sprechen/stottern.html
ABAk – Arbeitsassistenz für AkademikerInnen mit Behinderung und/oder chroni-
    scher Erkrankung: www.abak.at
SLIÖ – Selbstbestimmt Leben Österreich: www.xn--sli-una.at
Uniability: www.uniability.org/de

Bis zur Erschöpfung arbeiten

Docfinder – Burnout: www.docfinder.at/ratgeber/burnout-die-vielen-facetten-des-ausgebranntseins-3189

Marie P.: members.aon.at/marie-p

netdoktor – Burnout: www.netdoktor.at/krankheit/burnout-7558

Pro mente Austria: www.promenteaustria.at/de

Pro mente Wien: www.promente-wien.at

Psychotherapie Wien – Hilfe und Therapie bei Burnout: www.wienerpsychothera peut.at/therapeutische-behandlung/hilfe-und-therapie-bei-burnout-erschoep fungsdepressionen-verhindern-und-behandeln

SER Solutions Österreich – Personalmanagement: www.ser.at/themen/personal management.html

Wikipedia – Kunsttherapie: de.wikipedia.org/wiki/Kunsttherapie

Lektorieren, kodifizieren, indizieren

Autismus-Kultur – Autismus: autismus-kultur.de/autismus/autismus-spektrum-was-ist-autismus.html

Beobachter Gesundheit – Asperger-Syndrom: www.beobachter.ch/gesundheit/krank heit/asperger-syndrom

Dachverband der österreichischen Autistenhilfe: www.autistenhilfe.at

Gesundheit.gv.at – Asperger-Syndrom: www.gesundheit.gv.at/krankheiten/psyche/asperger-syndrom-diagnose-therapie

netdoktor – Asperger-Syndrom: www.netdoktor.de/krankheiten/asperger-syndrom

Rainman's Home – Tagesstruktur für Menschen mit Autismus: rainman.at

Specialisterne Austria: at.specialisterne.com

Wikipedia – Kodifikation: de.wikipedia.org/wiki/Kodifikation

WUK Bildung und Beratung: www.wuk.at/wuk-bildung-und-beratung

ZASPE – Zentrum für Autismus und spezielle Entwicklungsstörungen: www.autismus.at

»Ich will alle Rollen spielen«

ASSITEJ Austria – Junges Theater Österreich: www.assitej.at/projekte/stella

Dschungel Wien: www.dschungelwien.at

Gesundheit.gv.at – Polio: www.gesundheit.gv.at/leben/gesundheitsvorsorge/impfungen/polio

Musik und Kunst Privatuniversität der Stadt Wien – Schauspiel: www.muk-schauspiel.at

netdoktor – Poliomyelitis: www.netdoktor.at/krankheit/poliomyelitis-7670

Oberösterreichische Nachrichten – Stella-Theaterpreis: www.nachrichten.at/nach richten/kultur/Der-Stella-Theaterpreis-wurde-gestern-in-Linz-vergeben;art16, 2381227

Volkstheater – Nancy Mensah-Offei: www.volkstheater.at/person/nancy-mensah-offei

Wikipedia – Obuasi: en.wikipedia.org/wiki/Obuasi

Eine große Tierfreundin, die gerne mit Menschen arbeitet

Barrierefreiheit im Internet – Braillezeile: www.einfach-barrierefrei.net/verstehen/
hilfsmittel/braillezeile.html

BSVÖ – Blinden- und Sehbehindertenverband Österreich: www.blindenverband.at

BSVWNB – Blinden- und Sehbehindertenverband Wien, Niederösterreich und Burgenland: www.blindenverband-wnb.at

Hilfsgemeinschaft der Blinden und Sehschwachen Österreichs: www.hilfsgemeinschaft.at

VIDEBIS – Brailleprodukte: www.videbis.at/Brailleprodukte-2

Chancen nutzen

Chancen Nutzen Büro des ÖGB: www.oegb.at

Der-Querschnitt.de – Inkomplette Querschnittlähmung: www.der-querschnitt.de/
archive/21962

Österreichischer Behindertenrat: www.behindertenrat.at

Stiftung MyHandicap: www.myhandicap.de/gesundheit/koerperliche-behinderung/
querschnittlaehmung/inkomplette-querschnittlaehmung

Im Doppelpack

Arbeitsmarktservice – Arbeit und Behinderung: ams.brz.gv.at/arbeitundbehinderung/
data/256.html

Arbeitsmarktservice – Informationen zur Integrativen Berufsausbildung: ams.brz.gv.at

Behindertenarbeit: www.behindertenarbeit.at

Bizeps – Teilqualifizierungslehre: www.bizeps.or.at/teilqualifizierungslehre-neue-
chance-fuer-jugendliche-mit-lernschwierigkeiten

Bundesimmobiliengesellschaft: www.big.at

Bürgerinitiative Vianova: vianova-austria.at

Integration Wien: www.integrationwien.at

Lehre.at – Teilqualifizierungslehre: www.lehre.at/Contents/96/teilqualifizierungslehre

Die Arbeit im Team macht stark

Arbeiterkammer – Prüfung der Arbeitsfähigkeit: www.arbeiterkammer.at/beratung/
arbeitundrecht/Arbeitslosigkeit/Pruefung_der_Arbeitsfaehigkeit.html

autArK: www.autark.co.at

Bfz – Sonderpädagogisches Zentrum Klagenfurt: www.bfz.at

ChancenForum: www.autark.co.at

Gärtnerei Moser: www.blumen-moser.at

Institut für Arbeitsfähigkeit: www.arbeitsfaehig.com/de/konzept-der-arbeitsfaehig
keit-282.html

Kurier – Arbeitsfähigkeit: kurier.at/wirtschaft/abgestempelt-als-arbeitsunfaehig-der-
steinige-weg-zurueck-in-den-arbeitsmarkt/261.449.303

Roman Poeschl – Feststellung der Arbeitsfähigkeit: www.abif.at/deutsch/news/events
2008/goldenhandshake/Roman_Poeschl.pdf

Weiter lernen und sich weiter entwickeln

Arbeitskreis Rückversicherung: www.koordinationsstelle.at

Behindertenarbeit.at – Arbeitsfähigkeit: www.behindertenarbeit.at/62346/buerger
  initiative-fordert-ende-der-diskriminierung-durch-feststellung-von-arbeitsun
  faehigkeit

Österreichischer Behindertenrat – Arbeitsfähigkeit: www.behindertenrat.at/2018/02/
  dabei-austria-und-vianova-fordern-menschen-mit-behinderungen-duerfen-
  nicht-als-arbeitsunfaehig-eingestuft-werden

Technik-Welt Villach: www.technik-welt.at

LITERATURHINWEISE

Biermann, Horst (Hrsg.): Inklusion im Beruf. Kohlhammer 2015 (= Inklusion in Schule und Gesellschaft, Band 3).

Böhm, Stefan A. / Baumgärtner, Miriam K. / Dwertmann, David J.W. (Hrsg.): Berufliche Inklusion von Menschen mit Behinderung. Best Practices aus dem ersten Arbeitsmarkt. Springer Gabler 2013.

Düwell, Franz-Josef / Beyer, Christoph: Das neue Recht für behinderte Beschäftigte. Inklusion am Arbeitsplatz – Bundesteilhabegesetz als Herausforderung für Vertretungen, Arbeitgeber und Anwaltschaft. Nomos 2017.

Eikötter, Mirko: Inklusion und Arbeit. Zwischen Rechts- und Ermessensanspruch: Rechte und Leistungen zur Teilhabe am Arbeitsleben von Menschen mit Behinderungen nach Inkrafttreten der UN-Behindertenrechtskonvention in Deutschland. Beltz Juventa 2017.

Felder, Franziska: Inklusion und Gerechtigkeit. Das Recht behinderter Menschen auf Teilhabe. Campus Verlag 2012 (= Campus Forschung, Band 956).

Fischer, Erhard / Heger, Manuela / Laubenstein, Desiree (Hrsg.): Perspektiven beruflicher Teilhabe. Konzepte zur Integration und Inklusion von Menschen mit geistiger Behinderung. ATHENEA Verlag 2010.

Scholz, Torsten: Inklusion von Menschen mit geistiger Behinderung am Arbeitsplatz vor dem Hintergrund der UN-Konvention für Behindertenrecht. Die aktuelle Beschäftigungssituation in den Werkstätten für behinderte Menschen (WfbM) und ein Ausblick in die Zukunft. Bachelor + Master Publishing 2012.

Scholz, Torsten / Haas, Franziska / Vera Papadopoulos: Das Recht auf Arbeit. Menschen mit Behinderung in der Arbeitswelt. Science Factory 2014.

Schwalb, Helmut / Theunissen, Georg (Hrsg.): Unbehindert arbeiten, unbehindert leben. Inklusion von Menschen mit Lernschwierigkeiten im Arbeitsleben. Kohlhammer 2012.

Theunissen, Georg / Schirbort, Kerstin: Inklusion von Menschen mit geistiger Behinderung. Zeitgemäße Wohnformen – Soziale Netze – Unterstützungsangebote. Kohlhammer 2018.